# 这十年

## 先进制造领域科技发展报告

科学技术部 主编

**图书在版编目（CIP）数据**

这十年——先进制造领域科技发展报告/科学技术部主编. --北京:科学技术文献出版社，2012.7
ISBN 978-7-5023-7366-5

Ⅰ.①这… Ⅱ.①科… Ⅲ.①制造工业—技术发展—研究报告—中国 Ⅳ.①F426.4

中国版本图书馆CIP数据核字（2012）第134800号

**这十年——先进制造领域科技发展报告**

策划编辑:科　文　　责任编辑:杨　然　　责任校对:赵文珍　　责任出版:王杰馨

| | |
|---|---|
| 出 版 者 | 科学技术文献出版社 |
| 地 址 | 北京市复兴路15号　邮编　100038 |
| 编 务 部 | （010）58882938，58882087（传真） |
| 发 行 部 | （010）58882868，58882866（传真） |
| 邮 购 部 | （010）58882873 |
| 官方网址 | http://www.stdp.com.cn |
| 淘宝旗舰店 | http://stbook.taobao.com |
| 发 行 者 | 科学技术文献出版社发行　全国各地新华书店经销 |
| 印 刷 者 | 北京金其乐彩色印刷有限公司 |
| 版 次 | 2012年7月第1版　2012年7月第1次印刷 |
| 开 本 | 787×1092　1/16开 |
| 字 数 | 304千 |
| 印 张 | 20 |
| 书 号 | ISBN 978-7-5023-7366-5 |
| 定 价 | 168.00元 |

# 编委会

《这十年——先进制造领域科技发展报告》

# 编写组《这十年——先进制造领域科技发展报告》

组　长　赵玉海

副组长　杨咸武　秦　勇　王琦安

成　员　（按姓氏笔画排列）

于海斌　王建民　王田苗　王　娟　区和坚　孙立宁
孙林夫　孙　波　孙　权　刘进长　刘　峰　李冬茹
李小虎　宋海刚　宋　锐　陈智立　陈大鹏　陈殿生
陈晓东　苏宏业　邵新宇　闵　昊　张革军　杨建坤
杨华勇　杨海成　杨志家　孟　光　周　平　赵　杰
赵蔚文　夏善红　贾培发　陶　永　尉迟坚　黄　田
黄　强　黄庆安　黄　涛　黄永友　董景辰　敬石开
褚　健　谭　民　谭　杰　魏　榛

# 序一

## “支撑发展　引领未来”的壮丽篇章





当今，人类社会正处在一个科技创新不断涌现的重要时期，同时，也是经济结构加快调整的重要历史阶段。世界科技发展的势头更加迅猛，正孕育着新的重大突破。信息科技成为推动经济增长和知识传播应用的重要引擎，能源科技为化解世界性能源和环境问题开辟途径，纳米科技带来深刻的技术变革，空间科技促进人类对太空资源的开发和利用，高新技术正在催生新一轮产业变革。

党的十六大以来，我国高新技术发展与产业化工作，在党中央、国务院的正确决策和坚强领导下，在全国科技系统及科技部门的全力支持下，依靠全体高新技术发展和产业化战线科技人员齐心协力和团结奋斗，充分发挥科技对经济和社会发展的支撑和引领作用，我国高新技术各领域取得了丰硕的成果，铸造了巨大的辉煌，有效地推进了我国产业结构调整、经济增长方式转变和社会和谐发展。

十年来，我国高新技术领域自主创新能力显著提升。“神威蓝光”千万亿次高效能计算机采用自主研发的“申威1600”十六核通用处理器，是我国首台全部采用国产CPU和全套国产软件系统构建的千万亿次计算机系统，标志着我国成为继美国、日本之后，世界上第三个能够采用自主CPU构建千万亿次计算机的国家；和谐号动车组CRH380最高试验速度达到486.1km/h；“蛟龙号”深海载人潜水器成功入潜5057m海底，标志着我国成为继美国、法国、俄罗斯、日本之后第五个掌握3500m以上大深度载人深潜技术的国家。

十年来，我国高新技术重点领域实现重大跨越。在能源领域，中国首个快中子反应堆——中国实验“快堆”成功实现并网发电运行，标志着我国成为全球为数不多的掌握快中子堆技术的国家之一；在自动化领域，工厂自动化用以太网（EPA）配置设计成为德国标准，开创了我国工业自动化领域以标准形式进行技术出口的先河；在材料领域，成功研发具有自主知识产权的硅衬底功率型LED芯片，白光光效大于110 lm/W，成果已实现产业化，标志着我国成为世界上唯一实现硅衬底LED芯片批量生产的国家。一大批重点领域科技创新成果的取得，将我国高新技术重点领域带入新的历史发展阶段，实现了大跨越。

十年来，我国高新技术支撑经济、惠及民生的能力不断增强提高。在材料领域，低温低压铝电解技术实现重要突破，吨铝直流电耗降低至11 900度以下，吨铝电耗减少1200度，两家示范企业实现年节电4.2亿度，减少氟碳化合物排放50%以上，为我国铝电解工业节能减排提供了产业化支撑技术，引领了国际电解铝技术的发展。在产业化环境建设领域，88家国家高新技术产业开发区、3家国家自主创新示范区、86家大学科技园等蓬勃发展。2011年，88家国家高新区上报统计的企业总计5.96万家，实现营业总收入13.16万亿元，工业总产值10.49万亿元，工业增加值2.74万亿元，净利润7672亿元，出口总额3000亿美元，上缴税额6613亿元。其中，工业增加值占同期全国第二产业增加值的比重达到12.4%。在民生科技创新上，区域协同医疗示范工程共吸纳了16家三级医疗机构，68家二级和一级医疗机构，以及263家社区卫生医疗服务中心或服务站参与了应用示范，实现了我国医疗卫生协同服务模式的创新，取得了丰富的经验和良好的效果。数字教育公共服务示范工程共建立了30个国家级数字教育公共服务体系示范点，面向1487个学习中心开展远程教育与培训服务的“连锁加盟式”综合示范应用，截止2009年第一季度，已使162.2万人次的用户在学习过程中受益，推动了学习型社会的建设与发展，取得了明显的社会效益。另外，数字医疗、数字教育、医疗机器人等一大批民生科技成果得到推广和应用，为科学发展提供了强有力的科技支撑。

十年来，我国高新技术引领战略性新兴产业的培育和发展取得巨大进展。半导体照明产业，太阳能、核电、风电新能源产业，新能源汽车，智能制造，现代服务业等战略性新兴产业经过近两个五年规划的引导和培育，打下了扎实的产业基础，取得快速发展。我国半导体照明产业从无到有快速发展。2010年，我国LED相关专利申请共30 682项，约占全球LED专利申请数量的27%，道路等功能性照明应用领域处于国际领先地位。2011年半导体照明整体产业规模达到1560亿元。“十二五”期间，19个高新技术领域重点专项规划将相继出台，进一步引领我国战略性新兴产业的发展。

回首这十年，全国高新技术发展和产业化工作成绩骄人。展望未来，机遇和挑战犹存，需要各级科技部门和全体科技工作者继续凝心聚力，大力提升自主创新能力，加快建设创新型国家。让我们更加紧密地团结在以胡锦涛同志为总书记的党中央周围，全面贯彻落实科学发展观，团结奋斗、扎实工作，以优异成绩迎接党的十八大胜利召开。

科学技术部部长 万钢

二〇一二年六月一日

# 序二

## 坚定不移走中国特色自主创新道路





党的十六大以来的十年，是我国高新技术及其产业迅猛发展的十年。十年来，我国高新技术发展与产业化工作认真贯彻党的十六大、十七大精神，积极响应胡锦涛总书记在全国科学技术大会上向全党全社会发出的“坚持走中国特色自主创新道路、加快推进创新型国家建设”号召，坚持统筹规划、高起点部署，坚持以深化改革为动力、汇聚海内外优秀人才、集中优势资源加强攻关，在中国特色自主创新道路上不断探索、开拓创新，为支撑引领经济社会科学发展做出了重要贡献。

当前，我国科技发展还存在一些薄弱环节。关键技术自给率还不高，自主创新能力特别是原始创新能力还不强。高新技术产业和科技服务业在经济中所占比重还需要进一步提高。优秀拔尖人才不足，科技人员的积极性创造性有待进一步发挥。我们必须立足我国的基本国情，坚定走中国特色自主创新道路的信心和决心，充分发挥社会主义制度集中力量办大事的优越性，进一步深化科技体制改革和扩大开放，加强高层次创新人才队伍建设，加快国家创新体系建设，推动我国经济社会发展尽快走上创新驱动的轨道。

走中国特色自主创新道路，建设创新型国家，必须大力提升自主创新能力，推动科技与经济更紧密结合。十年来，在党中央、国务院的领导下，我国自主创新能力显著增强。基础研究和前沿技术研究取得重大突破，载人航天、千万亿次高性能计算机、中微子振荡等成就举世瞩目，16个国家科技重大专项带动战略性新兴产业跨越式发展，超级杂交水稻技术为粮食连续八年增长和农民收入连续八年快速增加提供了有力支撑。知识创新工程和技术创新工程成效明显，企业在技术创新中的地位和作用显著提升。我国正在成为汇聚全球创新资源和创新人才的热土，已经成为具有重要世界影响力的科技大国。面向未来，我们要按照自主创新、重点跨越、支撑发展、引领未来的指导方针，加强原始创新、集成创新和引进消化吸收再创新，大力推进协同创新。坚持立足长远，超前部署基础研究和前沿技术研究，力争取得更多原创性突破。坚持有所为有所不为，选择关系国计民生和国家安全的关键领域，集中力量、重点突破产业关键共性技术，培育和发展新兴产业，加快传统产业转型升级，提升产业核心竞争力，支撑经济社会持续协调发展。

走中国特色自主创新道路，建设创新型国家，必须坚持以改革促发展，加快推进科技体制机制创新。党的十六大以来，中央做出增强自主创新能力、建设创新型国家的重大战略决策，科技体制改革进入全面推进中国特色国家创新体系建设的新阶段。十年来，通过深化科技体制改革，激励自主创新的法律框架和政策体系不断完善。组建了一批科研基地、创新平台和创新团队，促进了政产学研用结合和军民融合。深入落实人才规划纲要，创新型人才队伍规模不断壮大。改革为科技创新增添了新的动力，以市场为导向的科技力量配置格局基本形成，推动我国科技发展进入重要跃升期。下一步，深化科技体制改革，要建立健全科学合理、富有活力、更有效率的国家创新体系。进一步完善科技创新的政策环境，加强科技工作宏观统筹，推进各具特色的区域创新体系建设，鼓励发展科技中介服务，深化科研经费管理制度改革，促进科技资源开放共享和高效利用，完善科技成果评价奖励制度，更好地激发科技人员的积极性、创造性。

走中国特色自主创新道路，建设创新型国家，必须坚持发挥我国社会主义制度的优越性，集中力量办大事。十年来，通过组织实施国家科技重大专项，市场经济条件下新型举国体制的探索取得新进展，决策、执行、评估相对分离的项目管理体制机制基本形成。国家科技计划布局更加合理，配合更加紧密，863、973和科技支撑计划定位更加清晰。高新技术领域依托863计划和支撑计划，集中资金支持一大批重大科技攻关项目，产学研合作更加紧密，取得辉煌成果。进一步发挥社会主义制度优越性，要坚持政府支持、市场导向，统筹发挥政府在战略规划、法规标准、政策引导等方面的作用与市场在资源配置中的基础性作用，营造支持创新的良好环境。坚持统筹协调、遵循规律，统筹落实中长期科技、教育、人才规划纲要，发挥中央和地方两方面积极性，强化地方在区域创新中的主导地位，按照经济社会和科技发展的内在要求，整体谋划、有序推进科技改革发展。

走中国特色自主创新道路，建设创新型国家，必须坚持人才是第一资源的理念，培养和造就一支规模宏大的创新人才队伍。

十年来，我们着力培养具有创新精神的科技领军人才，依托国家重大人才培养计划、重大科研和重大工程项目、重点学科和重点科研基地，积极推进创新团队和产业技术创新联盟建设，培养出一大批德才兼备、国际一流的学者和产业科技创新领军人才。积极引进海外高层次人才，吸引了大批出国留学人员回国创业。面向未来，我们要进一步统筹各类创新人才发展，完善人才激励制度。深入实施重大人才工程和政策，培养造就世界水平的科学家、科技领军人才、卓越工程师和高水平创新团队。加强科研生产一线高层次专业技术人才和高技能人才培养。健全科技人才流动机制，鼓励科研院所、高等学校和企业创新人才双向交流。加强科学道德和创新文化建设，加强科研诚信和科学伦理教育，引导科技工作者自觉践行社会主义核心价值体系，大力弘扬求真务实、勇于创新、团结协作、无私奉献、报效祖国的精神，进一步形成尊重劳动、尊重知识、尊重人才、尊重创造的良好风尚。

展望未来，中央提出到2020年我国进入创新型国家行列，到本世纪中叶成为世界科技强国，任务艰巨，使命光荣。全国科技战线的同志们要更加紧密地团结在以胡锦涛同志为总书记的党中央周围，牢牢把握“自主创新、重点跨越、支撑发展、引领未来”的指导方针，坚定走中国特色的自主创新道路，奋发努力、扎实苦干，为建设创新型国家而努力奋斗，以优异成绩迎接党的十八大胜利召开。

科学技术部党组副书记　副部长　王志刚

二〇一二年六月一日

# 《这十年——先进制造领域科技发展报告》目录

# 第一章 发展综述





## 第一节　先进制造技术内涵及发展趋势

### 一、先进制造技术内涵与意义

先进制造技术是在制造系统和制造过程中有机融合并有效应用微电子、信息、管理等现代科学技术，优质、低耗、高效、低成本、及时地开发和制造出满足市场需求的产品和装备的先进工程技术的总称。先进制造技术是一门综合性、交叉性前沿技术，学科跨度大，内容广泛，涉及制造业生产与技术、经营管理、设计、制造、市场各个方面。先进制造技术是制造技术与现代高新技术结合而产生的一个完整的技术群，是一类具有明确范畴的新的技术领域，是面向21世纪工业应用的技术。

制造业是国家经济发展和国防建设的重要支柱，制造业的水平综合体现着一个国家或地区的经济实力、科技水平、生活水准和国防实力。在将先进制造技术看作国家或地区制造业发展的决定性生产力的认识基础上，自20世纪80年代起，各工业发达国家纷纷制订发展战略，强力推进先进制造技术的研发和应用。1993年，美国政府批准了由联邦科学、工程与技术协调委员会（FCCSET）主持实施的先进制造技术（Advanced Manufacturing Technology，AMT）计划，其目标是研究开发世界领先的先进制造技术，以满足美国制造业对先进制造技术的需求，提高制造业的竞争力。主要内容包括先进设计技术、先进工艺与装备技术、支撑核心技术以及制造技术基础设施的研发与建设。因此，该计划是美国根据本国制造业面临的挑战和机遇，为增强美国制造业的竞争力和促进美国国家经济增长而提出的战略。1990年，日本通产省提出“智能制造”国际合作计划，除日本以外还邀请美国、加拿大、欧盟成员国等参加，以官产学研的方式推进流程工业无污染生产、并行工程、全球协同制造、全能制造系统、快速成型、设计制造知识体系化等方面的研究与应用。欧盟则在ESPRIT和BRITE-EURAM计划下，推进微电子、计算机集成制造、材料、制造加工、设计、工厂系统等方面的研究与应用。

早在1995年4月，时任国家科委主任宋健在接见参加“先进制造技术发展战略研讨会”的专家时指出：“发展制造技术是国家目标、国家利益、全社会利益。”同时指出，“要加强对制造技术的宣传和认识，在基础研究、应用研究和高技术研究等各个方面，制造技术都应占据重要地位”。

## 二、先进制造技术发展趋势

进入21世纪以来，在经济全球化和社会信息化的背景下，国际制造业竞争越来越剧烈，发展模式正在发生深刻的变化，对先进制造技术的需求越加迫切。而在这种背景下，通过多学科交叉及系统优化集成、制造技术与生产管理统一、先进制造技术与高新技术进一步融合，呈现出全球化、精益化、服务化、绿色化、智能化、微细化的发展趋势。

### （一）全球化

全球经济一体化及信息网络化推动着全球产业链的形成。制造企业突破传统企业—社会—国家的界限，在全球范围内优化配置资源，参与全球协作和市场竞争，实现产品研发、生产制造、采购和销售服务的全球协作，从而提升企业的全球市场竞争力。互联网等网络技术的发展带动了以网络化设计制造为代表的先进制造技术的深化应用，跨企业跨地域跨国际的广范围大协作成为可能。

### （二）精益化

在日趋激烈的市场竞争环境中，制造企业通过优化业务流程和资源配置，强化运行细节管理和过程管理，实现企业内部的精细化管控和产业链上下游的紧密协作，从而推动企业不断适应内外环境的变化，提高企业的核心竞争力。管理思想和方法与制造技术不断融合，推进了以“人”为中心、以“简化”为手段、以“改善”为宗旨的先进制造管理技术的发展和应用实施。

### （三）服务化

在同质化竞争和供大于求的全球市场环境下，制造业产业价值链的高端向研发和产品运营维护等服务生命周期转移，制造企业不再仅仅提供产品，而是成为提供产品、服务、支持、自我服务和知识的集合体。服务与制造相互渗透与融合，从生产型制造走向服务型制造，制造业的服务化已成为当今制造业发展的大趋势。信息采集和处理技术与专业维护运行、资源服务方法相结合，形成了有效的制造服务技术。

### （四）绿色化

面对经济社会可持续发展提出的低碳环保和循环利用要求，制造企业推进绿色相关技术在材料与产品开发设计、加工制造、销售服务及回收利用等产品全生命周期中的应用，形成高效、节能、环保和可循环的新型制造工艺和装备，不断降低企业产品生产制造及使用过程的资源消耗和环境影响，实现企业经济效益和社会效益的协调优化。

### （五）智能化

随着泛在网络、信息技术和智能控制技术的发展，越来越多的制造企业通过应用嵌入式技术、计算机技术、微电子技术等新型信息技术于企业产品及制造过程，提升产品智能化程度和研发设计、生产制造和经营管理智能化水平，打造高端产品和装备，占据产业制高点。

（六）微细化

微小型产品装备发展的需求带动了微电子技术与加工工艺技术的融合，形成了微纳米精密加工工艺和装备技术，实现了超精密微细机械加工、光刻、刻蚀、淀积、扩散、离子注入、封装等工艺，推动着大规模和超大规模集成电路、光电器件、智能材料、微型传感器、微型军事武器等高精尖功能器件的实用化。

## 第二节　我国先进制造技术的发展历程

### 一、跟踪与探索

20世纪80年代以来，我国推进改革开放，国家始终强调科学技术对经济建设的重大作用。早在1978年3月18日全国科学大会上，邓小平同志就指出，“四个现代化，关键是科学技术的现代化”，并强调必须“承认科学技术是生产力”。在国家经济建设发展的需求背景下，国家科委在充分论证的基础上，于1986年和1987年分别提出在国家高技术研究发展计划（863计划）设立智能机器人主题和计算机集成制造系统主题（CIMS），在工艺装备和制造业信息化两个方面推进对世界先进制造高技术的跟踪、吸收、消化与探索。

此后，国家科技部把握国际制造业发展趋势，立足我国制造业发展需求，通过布局863计划、国家科技支撑计划（国家科技攻关计划）等，有计划地引导和大力推动先进制造技术的研发、成果转换与应用，依靠科技进步促进高技术与制造业的融合，带动制造企业做大做强，并取得了重大成果，产生了显著的社会影响。例如，在制造业信息化工作方面，20世纪90年代初，在原国务委员兼国家科委主任宋健同志关于“甩掉图板”的倡导下，科技部联合中科院等八部委向国务院办公厅提出了《关于大力协同开展我国“CAD应用工程”的报告》并得到了批复，从此掀起了“甩掉图板”浪潮。此后的“八五”和“九五”期间，科技部以“抓应用、促发展、见效益”为工作方针，组织实施了CAD/CIMS应用工程，引发了制造业产品设计、企业管理的变革，探索了制造业信息化科技工作与经济紧密结合的道路。在智能机器人技术方面，重点围绕水下探测、核作业、精密装配、核化车、壁面清洁等5类型号机器人研制开展跟踪研究，随后进一步发展了自主工业机器人与特种机器人的研发与应用示范，取得了开创性的标志性成果。我国智能机器人技术的研究准确把握了智能化、标准化、网络化的发展趋势，成功研制了6000m水下机器人、脑外科机器人等并取得了实际应用。

## 二、创新与发展

改革开放30多年来，我国制造业获得了长足发展。从规模上，我国已成为全球第二制造大国，许多制造业产品的产量位居世界第一，华为、联想、海尔等一批最优秀的大型制造企业已经走出国门，发展成为世界级的制造企业，“中国制造”享誉全球。然而，进入21世纪以来，在全球制造业发展的大趋势下，我国的低技术工业化发展模式已经走到了尽头。我国制造业要做大做强，必须切实解决制约我国制造业发展的自主创新能力弱、产业结构不合理、资源环境压力大、制造业物流成本高等诸多挑战，实现从低技术制造向智能制造转型，从生产型制造向服务型制造转型，从粗放型制造向绿色制造转型，最终实现从制造价值链低端迈向高端。因此，“转型升级”是我国制造业发展的核心问题和主旋律。

近十年来，国家科技部以《国家中长期科学和技术发展规划纲要（2006—2020年）》为指导，贯彻落实“信息化与工业化融合”的国家战略，面向国民经济主战场和国防建设需求，加大了科技引领创新的力度，应时循势，在863计划和国家科技支撑计划的框架下，布局了绿色制造、智能制造、微纳制造、制造服务、智能机器人等领域，同时设立重大/重点项目，有重点地开展了先进制造技术的开发与应用工作，取得了一大批系统性成果。

十年间，我国先进制造技术实现了三大跨越。

### （一）工艺装备从依赖进口到自主创新，从中低端向中高端跨越

十年间，针对我国航空航天、电子、核电、汽车、船舶、数控机床、工程机械等行业对重大装备与工艺技术的需求，国家高技术研究与发展计划（863计划）和国家科技支撑计划先后围绕高档数控机床与基础制造装备、微电子制造、绿色制造、工程机械、高端基础件、高效精密特种加工、精密测量、重大产品与重大设施可靠性与寿命预测等重点部署了一批重点项目和目标导向类课题，为航空航天、电子、汽车等国防军工和国民经济支柱产业提供了一大批具有自主知识产权，且达到国际先进水平的重

大工艺装备，打破国外技术长期垄断，有力地支持了装备制造业及相关行业的科技进步和产业发展。特别是2008年以后，先进制造技术领域在高档数控机床与基础制造装备和微电子制造装备方面的工作成果为国家重大科技专项的提出和实施奠定了坚实的基础。在绿色制造方面，建立了我国绿色制造技术研究体系和产业联盟，形成一批绿色制造技术标准，为科技部“十二五”绿色制造重大专项的实施奠定了坚实的基础。先进制造技术领域 “十二五”战略发展规划已明确将重大装备与工艺技术列为主题方向之一。

### （二）制造业信息化从单元技术应用阶段向综合集成阶段跨越发展

制造业信息化是以信息技术为核心的高技术促进我国制造业发展的全局性、持续性、服务性系统工程。十年来，结合最新信息技术的发展，攻克了一批制造业信息化核心关键技术，如CAD、CAPP、PDM、ERP等核心关键技术以及软件架构与企业业务模型、业务集成、数据交换、全生命周期统一建模与控制、工业以太网实时通讯及标准等使能关键技术，占据了高技术前沿领域的一席之地。十年来，持续推动国产制造业核心软件产品的研发，持续支持了国产CAD、CAPP、PDM/PLM、ERP以及面向专业领域的专业化软件和构件的研发，促进了国产软件产业的发展，扩大了自主知识产权软件的市场份额，有效制衡国外软件在我国制造业领域中的市场扩展。十年来，通过制造业信息化科技工程的实施，我国企业制造业信息化应用水平大幅提高，截至2008年末，处于内部集成阶段企业比例为62.2%，外部集成阶段企业比例达到21.8%，表明制造企业信息化已经基本完成了从单元技术应用迈入集成应用阶段。我国制造业信息化的发展历程证明，推进制造业信息化是科技支撑发展、技术引领进步、高技术集成创新的最佳实践，是科技服务制造业和国民经济发展的一面旗帜。持续推进制造业信息化是落实党的十七大提出的“推进信息化与工业化融合”战略的重大举措，是依靠“科技进步和创新”推进“经济结构战略性调整、加快转变经济发展方式”的重要体现，是《国家中长期科学和技术发展规划纲要（2006—2020年）》的重要内容。

### （三）机器人实现了从远程遥控到自主载人，从服务工业领域到服务全领域的跨越

十年来，我国机器人技术主要面向国家战略发展需求，以智能机器人

前沿技术发展为牵引，重点发展了工业机器人与服务机器人产品及其应用工程，并从机器人化的机器的角度拓展了智能技术向相关的装备与领域应用，包括支持微纳操作机器人形成了微纳制造技术主题，支持先进数控系统与机床、IC制造工艺与装备形成了国家重大02专项和04专项，支持了深海载人潜水器并发展了海洋重大装备等。这十年主要实现了由工业机器人应用向工业机器人核心部件攻关及工业自动化生产线应用工程方面发展的跨越，实现了从水下6000m无人机器人向水下7000m载人潜水器发展的跨越，实现了仿生机器人向仿人机器人作业方向发展的跨越，实现了从一般服务机器人技术发展向国家重大安全应用反恐防爆与抢险救援机器人、未来战略新兴产业培育助老助残机器人等跨越发展，实现了从机器人智能技术发展向重大工程装备渗透发展等。

本报告汇集了近十年先进制造技术相关领域的重要成果，系统总结了工作经验，以期扩大宣传影响，并为今后的工作提供借鉴和参考。

# 第二章 重大装备与工艺技术

## 第一节　概述

工艺与装备技术是装备制造业支撑国防建设和国民经济又好又快发展的重要使能技术。智能化、数字化、精密化、高速化、绿色化、复合化、极端化从不同侧面反映了工艺与装备技术的发展趋势。2006年国务院颁布的《装备制造业振兴计划》，以及2009年国务院颁布的十大产业调整与振兴计划都强调了工艺与装备技术对提升产品自主创新能力和产业结构调整的重要作用。

“十五”以来，针对我国航空航天、电子、核电、汽车、船舶、数控机床、工程机械等行业对重大装备与工艺技术的需求，国家高技术研究与发展计划（863计划）和国家科技支撑计划先后围绕高档数控机床与重大基础制造装备、微电子制造装备、绿色制造、智能工程机械、高端基础件、高效精密特种加工技术级装备、精密测量仪器，重大产品与重大设施可靠性与寿命预测等重点部署了一大批重点项目和目标导向类课题，攻克了一大批核心关键技术，为航空航天、电子、汽车等国防军工和国民经济支柱产业提供了一大批具有自主知识产权且达到国际先进水平的重大工艺装备，有力地支持了装备制造业及相关行业的科技进步和产业发展。2008年以来，随着国家中长期科技发展规划的实施，高档数控机床与基础制造装备、集成电路制造装备被分别列入国家重大科技专项。

作为“十一五”战略部署的继续和延伸，先进制造技术领域“十二五”战略发展规划又明确将重大装备与工艺技术列为主题方向，提出了以工艺为牵引，带动装备设计制造技术发展的思路，并于2011年和2012年在智能制造、绿色制造两个重大专项中，先后部署了“箱体类精密工作母机设计制造关键技术”，“大直径全断面隧道掘进装备及重大工程机械装备”等与工艺装备密切相关的重点和重大项目。十年来，重大装备与工艺技术主题方向在相关行业和重点领域取得了如下标志性成果。

## 第二节　高档数控机床与基础制造装备

### 一、需求分析与发展历程

“十五”期间，针对国内外数控机床市场形势变化，从国防建设和国家重点建设工程的具体需求出发，在“九五”科技攻关计划支持的基础上，在国家863计划和国家支撑计划中分别设立了“数控关键技术与装备产业化支撑技术及应用”和“精密制造与数控关键技术研究和应用示范”重点项目，部署了超精密球面加工机床、螺旋桨五轴加工铣床、大型水轮机叶片、汽轮机叶片、水泵叶片五轴联动加工机床、直线电机驱动高速龙门加工中心研制等一批课题。同时选择市场需求量大、品种覆盖面广、有利于形成产业化规模的中档数控车床、加工中心及数控铣床的产业化作为切入点，围绕国产数控机床工业设计、可靠性和数控系统部署一批课题。

“十一五”期间，以大型飞机、新一代军机等航空典型关键零部件制造为应用背景，在国家863计划和国家科技支撑计划中分别设立了“飞机部件制造与加工装备技术”和“高速高效加工技术与装备研究”项目，围绕大型结构件高速加工、壁板自动钻铆、舱门数字化装配、蒙皮数字化成形、复合材料自动铺带、钛合金激光熔覆、大型飞机运输工装等装备研制需求，超前部署了一批课题，旨在为国产民机和军机的研制提供重要的技术装备。针对国产汽车关键零部件高效柔性化加工需求，在国家863计划中设置了“汽车关键零部件自动化生产线”重点项目，部署了凸轮轴高速精密磨削自动生产线、箱体类零部件高速精密柔性生产线、白车身部件激光组合制造生产线、曲轴高速精密磨削自动化生产线、变速箱自动化装配生产线等一批课题，旨在提高现有生产线的柔性化、自动化和控制智能化水平。此外，针对我国核电、水电、火电等大锻件及大型管材的研制需求，在国家863计划和国家科技支撑计划中安排了150～165MN自由锻造压机、4000～6300kNm操作机，165MN和360MN黑金属垂直挤压机等一批重大基础制造装备。

## 二、关键技术与标志性成果

### （一）数控机床技术

1．“高精尖”数控机床

围绕国家重大工程建设和国防建设重点工程急需，攻克了精密空气静压传动及超精密柔性传动、五轴联动控制、机床温升和振动控制、大型动力柱平滑控制及精确定位、AC轴双齿轮消隙传动技术、高刚性主轴系统、高速进给及转速同步控制、立卧转换头结构及立卧头自动转换、立卧转换加工自动换刀、多种铣头附件自动交换、数控平旋盘制造、五面加工及车铣加工编程等多项关键技术，研制出导弹陀螺仪超精密球面加工机床、舰船推进器螺旋桨五轴铣床、大型水轮机叶片等复杂曲面零件五轴联动加工机床、直线电机驱动高速龙门加工中心，高速数控车床和车削中心、龙门式五面加工中心、大型镗铣加工机床等一大批高性能数控机床产品，为航空航天、国防武器、发电和动力设备、光学仪器等关键零部件精密制造提供了重要装备，在一定程度上打破了国外在数控机床高端领域对我国的技术封锁（图2–1至图2–8）。

图2–1 龙门式五轴联动混联机床

图2–2 超精密球面加工设备

图2-3 高速五轴龙门铣床加工水泵叶片

图2-4　重型龙门加工机床

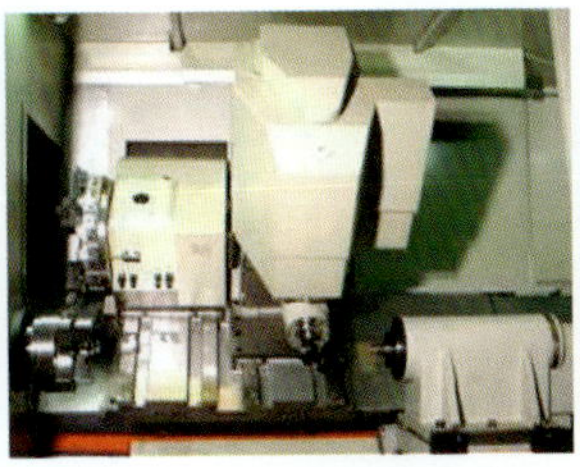

图2-5　五轴车铣复合中心

图2-6　大型数控车削中心

图2-7　落地式数控铣镗床

图2-8　大型数控镗铣床

2．中档数控机床产业化支撑技术

围绕我国中档数控机床产业发展需求，攻克了高速运动构件高刚性轻量化设计、整机动态特性分析、旋转轴精确定位、大型滑枕动态补偿、大型构件同步移动和高加速度驱动匹配、多台大型镗铣数控机床组合集成控制，大型数控回转工作台和动力型刀架设计制造、车铣复合刀架设计制造、可靠性增长等多项数控机床关键技术，建成6个中档数控机床产业化生产基地，带动了我国数控机床技术水平、整体质量和可靠性等不断升级。“十五”期间累计为国家重点建设工程提供各类大型、精密、高速数控机床及自动生产线等3000余台（条），用户涉及铁路、发电设备、核电、石油化工、钢铁、汽车摩托车、重型机械制造等行业，为国防工程建设提供各类数控机床1100余台（其中大型、精密机床200余台），用户涉及航空、航天、船舶、兵器、电子等行业的军事装备制造。

3．数控机床共性技术

围绕中高档数控机床关键共性技术，掌握了计算机辅助数控机床可靠性特征量分析技术和故障模式分析（FMECA）、数控机床及数控系统可靠性技术规范与测评等关键技术，研究成果在十余家机床和数控系统企业示范应用，实施可靠性增长技术后的数控车床、加工中心等主导产品，平均无故障工作时间提高了50%，MTBF达到500 h 以上。建立了基于设计知识的网络化数控机床造型系统，为8家机床厂设计了15种数控机床产品的外观造型提供了几百款设计方案。完成了《精密级加工中心精度检验标准》、《数控车床和车削中心检验条件 卧式机床的几何精度检验》、《机械电气设备 开放式数控系统 第2部分 体系结构》等8项国家标准和技术规范的编制。

4. 数控系统关键技术

针对中档数控系统国产化，采用系统化、模块化的设计方法，开发出包括位置、速度、电流的全数字式、基于DSP+FPGA+IPM硬件体系结构的交流伺服系统硬件平台。掌握了多任务实时控制、软件插补、加减速运算、用户宏功能、大规模可编程器件硬件插补、速度平滑处理、小线段刀具路径规划、小线段高速加工的前瞻控制等关键技术。采用IPC体系结构，板卡连接采用ISA总线结构，开发出航天21系列开放式数控系统，具有车、铣、磨、仿形等功能，已在多个机床厂家示范应用；开发出基于LINUX的嵌入式中档车床GSK980Ti数控系统、130SJT系列交流伺服电机、全数字式交流异步伺服主轴驱动，以及DA98数字交流伺服驱动器，形成20 000台批量生产能力。

5. 高速、精密功能部件

掌握了高速主轴单元结构设计、传动设计、控制、精密制造及装配调试性能测试技术；高推力永磁交流直线电机敞开式结构设计、直线电机全数字伺服驱动控制、补偿控制算法、定位精度和重复定位控制技术；高速加工工具系统动平衡、专家知识系统及专用软件等一批功能部件关键技术。开发出高速主轴单元、高推力永磁交流直线电机、HSK短锥柄高速工具系统等系列产品，并在机床行业配套应用。

### （二）飞机部件制造与加工装备技术

以大型飞机、新一代军机等航空典型关键零部件制造为背景，开展飞机大型结构件多轴联动加工、自动钻铆、舱门数字化装配、蒙皮数字化成形、复合材料自动铺带、复合材料加工、整体壁板等制造技术攻关，研制一批以新型数控机床、自动钻铆机柔性托架、柔性装配单元和自动铺带机等为代表的专用装备，并实现在飞机制造企业的示范应用，提高了飞机制造装备的国产化水平和技术竞争力。

在航空大型结构件高速加工技术方面，掌握了以并联动力头为核心的机床结构布局、运动控制、精度补偿与轨迹规划等关键技术，研制出一种混联构型高速加工设备。

在航空复合材料部件数控加工技术方面，突破了五坐标铣削、超声波切割设备数控编程等蜂窝及复材数控加工关键技术，在哈飞建立了两条复合材料板件数控生产线、一条蜂窝数控加工生产线，可达到月产波音787现代客机翼身整流罩10架，实现销售收入近千万美元（图2–9）。

图2–9　无干涉加工蜂窝（倒角）

在钛合金大型构件激光成形技术方面，开展了钛合金大型关键高性能金属零部件激光熔化沉积成形制造关键工艺及工程化成套装备关键技术研究，研制出具有工艺参数在线监控功能的钛合金大型构件激光成形装备，材料利用率达到50%，实现了在型号工程承力构件上的示范应用。

在蒙皮拉形数字化成形技术方面，掌握了密集多点冲头快速精密调整和计算机数字控制技术、柔性多点蒙皮拉形工艺技术，研制出蒙皮数字化制造立体切割柔性多点定位与夹持装置。

在大型复合材料自动铺放技术方面，攻克了铺带头设计，预浸料制备、铺层及铺放过程优化等关键技术，开发出复合材料构件几何及制造数据集成管理系统，研制出10轴5联动自动铺带机，完成工程验证件，提高了铺带速度5～10倍。

在机翼整体壁板制造技术方面，掌握了复杂型面整体壁板三维数模展开、切削变形控制、预应力夹具优化、自动钻铆专用工装设计制造、电磁铆接等关键技术，重点解决了以ARJ21飞机为代表的现代民用飞机机翼整体壁板在数控加工、喷丸成形和自动钻铆上的工艺重现性与工艺优化问题，形成拥有自主知识产权的机翼制造核心技术，具备新支线民用飞机机翼整体壁板工程化制造能力，在西飞建立了一条ARJ21飞机机翼壁板生产线。

在飞机大型壁板自动钻铆技术方面，掌握了大型托架结构设计制造与运动执行机构控制技术，研制出工件定位夹紧装置及工件自动测量系统，自主开发出大型移动工作台和托架，在ARJ21机翼自动钻铆中得到应用。

在飞机舱门数字化装配技术方面，掌握了激光跟踪定位装配、总装工序优化、现场可视化装配等关键技术，研制出数字化装配工艺系统和柔性装配工作站，在沈飞民机舱门柔性装配中得到应用。

在飞机部件级装配系统技术方面，掌握了制孔执行器设计、目标定位、钛铝夹层结构钻铰实时监控等关键技术，研制出机器人制孔系统，比手工制孔效率提高50%，产品一次交检合格率由原来的90%提高到95%。

### （三）汽车零部件加工成套自动化生产线

为了满足汽车车身、覆盖件、齿轮以及汽车发动机缸盖、缸体、曲轴、凸轮轴等零件加工短流程、高节拍、高效率、低成本制造需求，开展数控切点跟踪精密高效磨削技术、超高速磨削工艺、可重构模块的缸盖、缸体高效精密加工中心设计制造技术以及齿轮高效精密加工工艺与成套装备设计制造技术等研究，建成了汽车发动机曲轴、凸轮轴生产线，白车身激光切割、焊接生产线以及大型快速高效全自动化冲压生产线等，实现了示范应用，提高了国内汽车制造技术水平和国际竞争力。

在汽车发动机曲轴、凸轮轴加工方面，掌握了数控切点跟踪精密高效磨削技术，多轴联动非圆超高速磨削技术，精密砂带抛光技术，高速磨削冷却及润滑技术，高速金刚石滚轮修整技术，多点自动实时测量与补偿技术。研制出由数控曲轴止推面磨床、数控曲轴主轴颈磨床、数控曲轴连杆颈磨床、数控曲轴轴端磨床和数控曲轴抛光机等构成的生产线，在汽车发动机曲轴制造企业示范应用。曲轴随动磨床为加工吉利4G15型曲轴增加产能每年6万根，凸轮轴随动磨床为加工上柴101型凸轮轴增加产能每年14万根，有效解决发动机曲轴及凸轮轴的高精度、高效率、低成本加工问题。

在汽车发动机缸盖、缸体可重组制造技术方面，掌握了缸盖、缸体加工用可重组生产线布局和快速组态技术，高速桁架机械手设计制造技术。以国产装备为主，建成了两条具有变批量、多品种混流生产，具备高速桁架机械手上下料功能的4～6缸发动机缸盖、缸体生产线，在汽车发动机零部件制造企业实现了示范应用。

在新型五坐标可重构作业单元关键技术方面。开发出多坐标多功能可重构作业单元虚拟样机和物理样机，取得原创自主知识产权，构建了性能检测与工艺实验平台，实现了发动机变速箱装配示范应用。

在汽车螺旋锥齿轮加工技术方面，掌握多轴联动弧齿锥齿轮数控加工齿面创成原理与原理性误差避免技术、齿轮高效精密加工工艺与成套装备设计制造技术，在机精度检测，齿轮副接触区自动反调及误差补偿技术，开发出数控加工编程软件，研制出包括大、小轮数控粗/精铣齿机、数控磨齿机、研齿机、倒角机、滚检机、淬火压床等组成的全工序高效精密数控螺旋伞齿轮加工成套装备，实现了在汽车齿轮制造企业的成套示范应用。

在汽车白车身激光切割焊接生产线方面，掌握了白车身三维五轴联动激光切割机床设计、制造、控制技术；白车身激光切割、焊接自动化生产线设计技术，快速、低成本精确定位技术，激光组焊、套裁工艺技术，开发出由国产三维五轴联动激光切割机床、3台上下料机器人和激光焊接机器人组成的白车身激光切割、焊接自动化生产线，在车身制造企业示范应用。车身重量减少15%。

在汽车覆盖件大型冲压生产线方面，攻克了机械压力机滑块长行程八连杆传动、多点液压过载保护、全线运行同步控制、整线快速横杆送料技术系统集成等关键技术，研制的全自动快速柔性冲压生产线实现了拆垛、送料、成型、码垛等工序自动化，并可实现远程通讯和故障诊断。每分钟可冲压成型12～14个大型覆盖件，比机械手生产线提高50%；全线自动换模时间小于5min，适应多品种共线生产。已生产同类生产线20多条，国内市场占有率达60%。研制出双臂送料大型快速高效全自动化冲压生产线，生产节拍可达15件/min，自动换模时间小于3min。实现了具有完全技术知识产权的首套成线冲压设备出口（图2-10）。

图2-10　汽车覆盖件大型冲压生产线

### （四）基础制造装备

为了解决我国核电、水电、火电等大锻件精度差、余量大、产量低、成本高、质量不稳定等突出问题，分别研制出两台150MN自由锻造水压机、一台165MN自由锻造油压机、一台360MN缠绕式垂直挤压机，以及两台与国外联合开发的6300kNm操作机，改变了大型、关键铸锻件以及电站锅炉及电站使用的高压大口径厚壁无缝钢管依赖进口的局面，填补了国内空白。

在自由锻造水压机及配套技术方面，中国一重集团公司和二重集团分别开展巨型水压机平接式全预应力组合框架、方柱16面可调间隙平面导向、大型锻造水压机精稳控制、大流量油–水联合先导控制比例阀、巨型水压机活动横梁位置自适应预控等关键技术研究，研制出150MN自由锻造水压机（图2–11）、165MN自由锻造液压机、4000kNm和6300kNm锻造操作机（图2–12），填补了我国在高品质大型锻件加工制造领域的空白，锻件精度达到±3mm，锻造余量由±15mm减少为±3mm，整机制造技术达到国际领先水平，使我国核电、石化工业中直径超过φ6000mm的重型容器，冶金工业中直径超过φ2000mm大型支承辊完全实现国产化。自投产以来，先后为东汽、哈汽提供了超超临界高压和低压转子、AP1000核电核岛的核心锻件，已成功锻造出百万千瓦核岛蒸发器锥形筒体等核心锻件，生产火电转子500支，加氢反应器筒节300个，大型锻件60万吨，产值达220亿元，形成了包括百万千瓦核电、火电、石化、大型冶金、船用锻件等重大战略产品。

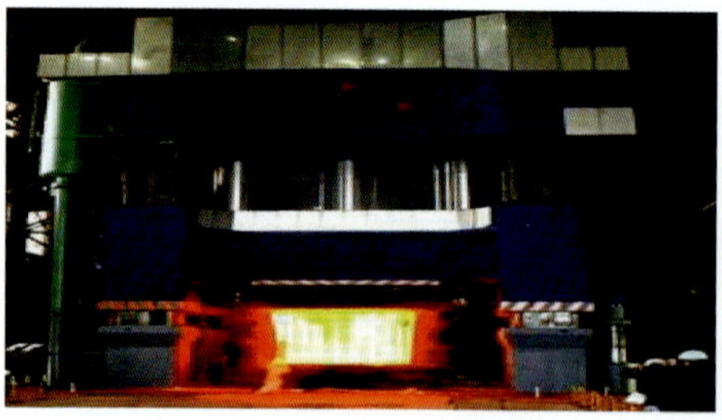

图2–11 150MN自由锻造水压机

图2–12 6300kNm锻造操作机

在360MN缠绕式垂直挤压机方面，由内蒙古北方重工有限公司研制成功的360MN缠绕式垂直挤压机是继美国威曼·高登公司315MN垂直挤压水压机之后具有世界先进水平的大型垂直挤压设备，挤压行程2600mm，最大挤压产品尺寸φ1200mm、长12 000mm、最大重量20t。使材料利用率从过去传统生产方式的27%提高到65%以上，不仅节约了大量特种钢材，同时在节约能源、实现节能减排等方面具有重要意义，可解决我国φ273～1066mm电站锅炉及电站使用的高压大口径厚壁无缝钢管90%依赖进口、超超临界发电机组用的高压大口径厚壁无缝钢管几乎全部依赖进口的局面，对提升我国锻压技术和加工制造技术具有重要意义。该设备于2009年7月挤压出我国第一根大口径厚壁无缝钢管后，已累计挤压大口径厚壁无缝钢管3万多吨。

在精密流动控制成形（FCF）成套技术方面，由北京机电研究所完成的精密流动控制成形（FCF）成套技术，包括机械式阻尼成形技术、体积成形–板料成形复合技术和背压成形技术，是发达国家塑性成形技术在有色金属零件制造中的最新应用。其典型应用零件为安全气囊气体发生器和涡旋式压缩机涡旋盘其主要技术性能指标为：安全气囊气体发生器冷成形零件尺寸精度IT10级，表面粗糙度Ra1.6，所有内圆尺寸不需机加工，模具寿命10 000件；涡旋盘涡旋形线部分挤压成形，不需机加工，模具寿命8000～10 000件。机械式阻尼成形技术和体积成形–板料成形复合技术及生产工艺已成功转让给重庆华江机械厂，建成由10 000kN曲柄式压力机为主机，润滑处理和固溶强化处理等配套设施构成的安全气囊壳体和盖的专用生产线一条，完成了现场工艺调试和试生产考核，并根据主机厂产品开发需求研制出两种安全气囊气体发生器精密成形铝合金零件（40ml和60ml）。

### （五）现场大型成套作业装备

在巨型全钢工程子午线轮胎成型装备方面，掌握了特巨型子午线胎一次法成型装备中多种关键功能部件设计方法，支撑成型鼓超长悬臂主轴的挠性变形控制与制造技术，研制出多工位、大载荷、高精度特巨胎成型装备，形成批量化生产能力，价格仅为国际同类产品的1/3～1/5，并实现出口（图2–13）。

在重载超大型模块化运载装备方面，掌握了多车并车系统机械设计、大型液压与机械传动系统匹配设计、分布式控制等核心技术，开发出自有知识产权的5000t重载超大型模块化运载装备，在海洋工程、冶金、电力、化工等领域得到应用（图2–14）。

图2-13　特巨型子午线轮胎成型装备

图2-14　运输大型船体分段（5000t）

## 第三节　微电子制造装备

### 一、需求分析与发展历程

我国电子信息产业的规模从万亿元级，扩大到数万亿元级，微电子制造装备一直是支持高速发展和实力增强的基础，面对产业集中度较高的集成电路、LED、平板电视以及IT等产业，一批具有自主知识产权的国产装备正不断的替代进口，逐步成为支撑我们电子信息产业发展的重要力量。长期以来，我国在微电子领域的制造装备，一直严重依赖于进口，随着我国电子信息产业特别是微电子产业的快速发展，对微电子制造装备需求增长迅猛，自主研发制造装备的缺乏，已成为制约微电子产业进一步发展的瓶颈。

1．IC制造装备

由于缺乏核心IC制造装备，长期以来我国80%以上的IC装备还依赖进口，每年高达1200亿美元的进口额，使其成为我国最大宗进口物资。IC产业的发展呈现严重的不均衡趋势。发达国家始终没有放弃在此领域对我国的技术封锁，发展我国自己的IC装备产业不仅是我国集成电路可持续发展的经济需要，也是打破国外技术封锁的战略需要。国家中长期发展规划非常重视IC装备产业的发展，将极大规模集成电路制造装备与成套工艺列为重大专项予以支持。其主要任务是建立关键制造与测试装备、先进材料工程化研究平台或实验生产线；研制一批关键设备，比如光刻机、刻蚀机及等离子注入机等，到2020年基本上赶上世界先进水平。通过承担国家02专项，国内半导体设备和材料企业的核心研发能力、产业化能力和产业协调能力得到了较大的提升。在02专项的实施过程中，设备制造企业与用户工艺实现了紧密结合，促使设备研制与制造围绕大生产需求。

2．LED制造装备

目前LED已在显示屏、景观装饰、交通信号、街道照明、车用照明、家用电子消费及背光源领域得到了广泛应用，并保持高速增长，2010年中国LED产值达303亿元，增幅为31.2%。与此同时，在国家产业扶持、台商加入及国际巨头三方推进下，LED装备产业在我国已具有相当规模，已初步形成从外延片生产、芯片制作、器件封装、集成应用等较完整的产业链。在LED生产过程所需设备包括从蓝宝石衬底加工用的单晶炉、多线切割、研磨抛光等设备，MOCVD（金属有机化合物化学气相淀积）、退火炉等设备，与IC芯片工艺相类似的设备，如光刻机、刻蚀机、清洗机、蒸发镀膜等，到封装用的固晶机、金丝/铝丝球焊机、分选机等等，种类繁多，目前已有单线切割机、多功能粘片机、全自动焊线机、分光机、砂轮划片机、激光划切机等一批国产化装备，前期完全依靠进口的MOCVD、等离子刻蚀机等技术含量很高的设备，也出现国产化设备投入生产应用。

3．平板电视制造装备

截至2011年底，中国平板电视家庭保有量已达1.2亿台，已迅速取代CRT，占领大部分市场，预计2012年将再增4200万台，未来几年，现有的平板电视由LCD向LED，3D和智能电视、云电视、数字家庭迅速发展，平板电视更新换代速度会更快，这些需求将促进我国平板产业链的日趋完善，对上游的制造装备需求迫切。平板电视的核心部件是显示屏，占成本的70%，为降低成本、满足市场需求，平板显示屏的生产制造正迅速由韩、日、台湾等地向国内转移，在制造设备方面，主要包括清洗设备、显影设备、湿刻蚀设备和抗蚀膜剥离设备等，大部分也掌握在日本厂商手中。以曝光设备为例，目前只有日本佳能与尼康可以为5代线以上的TFT-LCD进行配套，而佳能又占据70%以上的份额。中国是平板显示屏消费最大的国家，掌握核心制造技术与装备是国家近年来重点支持的高端制造装备之一。经过多年来的努力，国内已能生产部分LCD制造设备及测试仪器。在专业生产液晶制造装备的厂家中，中国电子科技集团二所、太原风华、深圳润正、北京京城清达、深圳航通等一批具有相对优势的企业正在不断涌现。其中一些企业已成为LCD后制程系统解决方案的典型代表。

4．IT制造装备

传统IT产业的设备主要围绕集成各种电子元器件的线路板的封装展

开，其将成百上千上万的电子零件安装集成到线路板上，由一条SMT自动化生产线完成的，主要包括丝印机、贴片机、波峰焊回流炉、打标机、检测设备等组成。中国大约已引进了上千条SMT生产线，随着国内电子信息产业的发展，国内对IT制造核心装备的需求迫切，市场缺口大。目前国内多家企业已经在波峰焊回流炉、打标机方面取得突破，逐步替代了进口设备，凯格丝印机和神州视觉检测设备开发获得成功，并实现了产业化销售，市场的份额逐年增加， 深圳木森科技开发出中国首台SMT激光切割机，打破了德国、日本几家公司的垄断，填补国内空白，多项主要性能指标优于国外设备。

5．射频识别技术（Radio Frequency Identification，缩写RFID）

RFID是20世纪90年代开始兴起的一种利用射频信号的空间耦合（交变磁场或电磁场）实现无接触信息传递并通过所传递的信息达到识别目的的技术。其商业应用在20世纪90年代开始，并逐步在物流和供应管理、生产制造和装配、航空行李处理、邮件/快运包裹处理、文档追踪/图书馆管理、动物身份标识、运动计时、门禁控制/电子门票、道路自动收费、城市一卡通等应用中广泛采用，全球最大的零售商沃尔玛评估这种RFID技术能够帮助企业把失窃和存货水平降低25%，从而每年可以为企业节省83.5亿美元，并可有效解决商品断货和损耗（单是盗窃一项，沃尔玛一年的损失就差不多有20亿美元），该技术的应用得到全球的重视，并成为了物联网的重要组成部分。据统计，普及应用后，仅中国国内的RFID电子标签需求量就可达到1000亿张/年以上。标签制造成本是该技术大规模普及应用的瓶颈，低成本的原材料和高产能的自动化生产设备是实现RFID电子标签成本控制的关键。

国家863计划和国家支撑计划中在“十五”和“十一五”期间，针对IC制造装备，LED制造装备， IT制造装备，平板电视制造装备、RFID制造装备，先后部署了若干重点项目和重大项目，旨在为电子制造产业提供一批具有自主知识产权并达到国际先进技术水平的核心装备。鉴于上述工作的成绩及延伸，IC装备已于2008年列入国家重大科技专项。

## 二、关键技术与标志性成果

微电子制造装备作为微电子产业的上游产业，对微电子产业本身的发展具有放大与支撑作用，对国民经济的影响深远。近年来，国家通过一系列科技扶持政策与措施，加快研发具有自主知识产权的国产核心微电子制造装备，加大力度推进关键微电子装备的国产化进程，已经取得了一系列重要的成果。

### （一）IC制造装备

北方微电子公司研制的65nm硅刻蚀机已经完成中芯国际生产线的全部工艺考核和认证，各项技术参数均达到国际主流设备水平，65～45nm铜PVD（物理气相沉积）设备也依照项目计划节点进行工艺测试。中科信公司研制的90～65nm大角度离子注入机于2010年10月进入中芯国际北京公司fab，至今已完成基于90nm工艺器件的匹配测试、90nm商用器件小批量测试，wat（晶片允收测试）测试数据达到中芯要求，现正处于65nm工艺器件匹配测试阶段，即将进行该制程的器件小批量工艺测试。中微公司已经开发出12英寸能加工65nm到40nm的等离子体刻蚀设备，并正在亚洲领先的芯片生产线上核准加工28nm的芯片，比原来的计划超前了两代。中微公司的介质刻蚀设备已被10家亚洲芯片厂商的生产线接受，已经在5条生产线上生产出150多万片合格的芯片。在IC后工序封装设备的晶圆切割、贴片、焊线、模封、去溢料、打标、电镀、检测、包装的10道工序中，已经开发出全自动晶圆切割机、自动装片机、激光打标机、全自动托盘IC检测偏带机、晶圆检测机等十余种半导体封装测试设备。部分设备指标达到国际先进水平。

在“十一五”启动的58个项目中，累计申请专利4248项，其中发明专利3667项，已经授权发明专利384项。研发成果实现销售超过100亿元，带动相关产业增长近千亿元。IC装备专项还注重发挥产业带动作用。由于基本工艺原理相似，IC制造技术还辐射带动了太阳能电池、LED照明、TFTLCD显示屏等产业的快速发展，对于我国推进战略性新兴产业，实现产业结构调整，具有重要的促进作用（图2-15）。

### （二）LED制造装备

中电科技集团第45所在863计划重点项目“高亮度LED高速装片工艺与设备”支持下，在轻质高刚度高速运动的焊臂、高速高精度柔性芯片拾放片、多轴高速高精度运动控制技术、高速高精度视觉处理系统、高速高精度胶量控制、系统集成等关键技术上实现了突破，研制出了具有自主知识产权的LED高速装片设备。“高亮度LED晶片表面纳米级抛光工艺及设备”项目突破和掌握了抛光机高刚度精密主轴设计制造技术、精密抛光盘设计制造及装配技术、抛光头压力控制技术、大直径承载器柔性连接与压力均匀加载技术、抛光液流量控制技术、抛光盘温度控制技术、去除率一致性控制技术、抛光液成分及配比等关键技术，获得了最佳工艺方案和最优参数配置方案，建立了抛光工艺参数库。完成的PG-710单面抛光机已生产销售5台，申请技术专利16项，是国内首台拥有自主知识产权的高亮度LED晶片纳米级抛光工艺设备，该设备的成功研制标志着我国高亮度LED衬底材料加工工艺及关键设备已进入到实用化阶段（图2-16）。中科院半导体所、中电45所通过引进、消化、吸收再创新，成功开发了适合于垂直式LED制程的DB-8002粘片机，该机的粘片速度达到了每秒2只,生产效率每小时7000只以上,粘片精度±50μm，该指标全面达到国外同类机型的水平，取得了9项发明专利，填补了国内空白，在长期制约我国LED产业发展的核心装备上取得突破，实现了批量生产，提供给国内LED封装厂商和国外著名品牌机型并线生产。

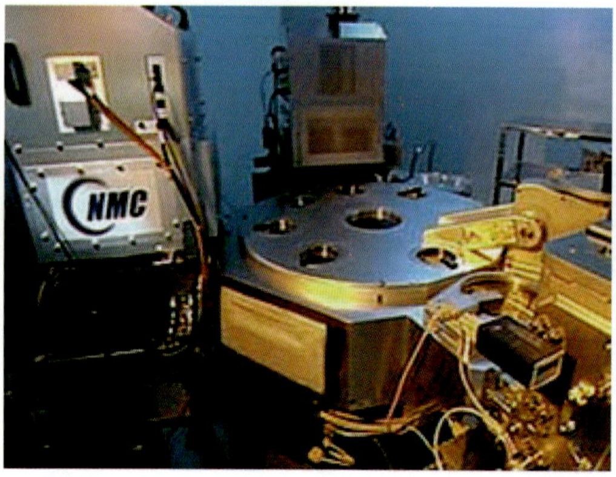


图2-15　刻蚀机

图2-16　PG-710单面抛光机

广东昭信集团与华中科技大学联合开展“半导体照明芯片设备（MOCVD）”项目已完成项目全部技术资料，正准备进行项目样机试制，国产MOCVD核心设备一旦产业化推向市场，将使国内半导体照明产业真正掌握技术主动权和制高点，使LED芯片生产投资成本大大降低。可望在未来5年内实现10亿元至30亿元的产值。

### （三）平板电视制造装备

在平板显示的模组生产与制造装备方面，深圳创维电子有限公司的

“TFT-LCD新型平板显示模组产业化”针对液晶背光模组的不同应用领域，建立了一条具有自主知识产权的背光模组生产线，形成LED背光源的液晶屏生产线达到年产80万台的能力，目前该项目成果已在创维公司应用。

在平板显示器装备方面，上海大学针对LCD显示器生产线传动问题，开展了“面向平板显示制造装备的磁性齿轮传动关键技术研究”，中国电子科技集团第二研究所在中小尺寸的LCD显示屏制造装备方面取得了一大批创新性的科研成果，如2007年成功研制出国内首台4.5代线TFT-LCD玻璃分断机（图2-17），填补了国内该领域专用生产设备空白；研制的PT－21偏光片贴附机在精确定位、机构传动、气动控制、静电消除等方面设计独特，便于组装、调试，彻底解决了大尺寸TFT工艺中的对位贴装、静电消除和控制色斑缺陷等技术难题；HPT-3A高精度偏光片贴附机具有贴附精度高、静电控制能力强,防尘效果好等特点，可通过偏光片与其保护膜自动分离、将LCD基片置于真空载台上并送入贴装工位，并最终使偏光片自动、准确、快速贴装在相应的LCD基片上，该设备已成为LCD行业TFT高精度偏光片贴附的首选机型之一。

图2-17　4.5代线TFT-LCD玻璃分断机

## （四）RFID制造装备

华中科技大学在国家“十一五”863计划支持下，在2年左右时间承担并完成了“高性能RFID标签封装装备的研发与生产”项目，成功研制出具有自主知识产权的高性能RFID标签封装制造装备，实现了视觉系统引导定位、多物理量混合控制、柔性基板传输等关键技术的突破，具有可满足个性化需求、性价比高；维护方便，适应国产基材；设备柔性强，支持多品种生产；产品升级快，工装配套件齐全等特点。设备可满足包括目前最小的0.38mm芯片等几十种不同频段、厂家的芯片封装要求，生产成品率达到99.5%；同时可适应国产天线制作工艺下的低成本基板材料，将可使用的基板成本由0.4元/片降低到了0.04元/片左右；并以逐点定位自动点胶方式将生产辅材消耗控制在最低限度；设备产品更换的准备时间平均30min左右，较国外同类产品减少75%，可满足多品种小批量制造要求；设备成本和销售价格是进口设备的50%～60%；可取代进口设备,具有广阔产业化前景。项目已经申请了国家发明等17项相关知识产权，设备通过了省计量测试技术研究院对技术指标的测试认证。

目前该成果已经通过制造装备数字化国家工程中心下的武汉华威科智能技术有限公司开展成果的产业化和系列化，整机已实现2个系列3个种类，并可为客户开发定制化的工艺装备；设备销售至国内龙头标签封装企业，生产的产品在食品药品安全防伪、物流货品追踪、电子门票等领域推广应用。2012年设备的采购订货量达到20台套。随着应用市场的不断扩大，国产自主知识产权的RFID封装设备必定凭借技术、成本和服务的优势，成为装备市场的主力军（图2-18和图2-19）。

图2-18　HEI-6000高性能RFID封装设备

图2-19　HEI-3000高精度RFID标签封装设备

# 第四节　绿色制造

## 一、需求分析与发展历程

绿色制造（Green Manufacturing，GM），又称清洁生产（Clean production，CP）和面向环境的制造（Manufacturing For Environment，MFE），是指在保证产品的功能、质量、成本的前提下，综合考虑环境影响和资源效率的现代制造模式。它使产品从设计、制造、使用到报废整个产品生命周期中不产生环境污染或使环境污染最小化，符合环境保护要求；节约资源和能源，使资源利用率最高，能源消耗最低，并使企业经济效益和社会生态效益协调最优化。绿色制造体现了现代制造科学“大制造、全过程、学科大交叉”的特点。绿色制造的内涵包括节约能源与资源、减少污染与废弃物、全生命周期循环3个方面，以及绿色设计、绿色生产、绿色使用、绿色回收等环节。

2002—2009年，我国政府制定了一系列相关政策和法规，发布了《中华人民共和国循环经济促进法》、《中华人民共和国清洁生产促进法》、《国务院关于加快发展循环经济的若干意见》、《国务院关于做好建设节约型社会近期重点工作的通知》、《国务院关于印发节能减排综合性工作方案的通知》等，积极支持绿色制造发展。《国家中长期科学和技术发展规划纲要（2006—2020年）》中明确提出绿色制造是我国实现资源节约、环境友好、发展循环经济基本国策的重要技术支撑。提出积极发展绿色制造，加快相关技术在材料与产品开发设计、加工制造、销售服务及回收利用等产品全生命周期中的应用，形成高效、节能、环保和可循环的新型制造工艺，使我国制造业资源消耗、环境负荷水平进入国际先进行列的重点任务。

我国绿色制造技术研究起步于“十五”时期，通过国家863计划、973计划、国家自然科学基金等支持，在绿色制造技术研究领域开展了研究与实践。“十一五”期间，科技部设立了“绿色制造关键技术与装备”、“工业电机及典型泵阀节能关键技术研究”、“重点节能低耗机电产品与装置关键技术研究”等一批国家科技支撑计划重大/重点项目，在基础技术研究、共性技术开发、新产品新工艺研究等方面取得了一大批科技成果，并在相关产业开展了示范应用和推广，取得了初步成效。《国家“十二五”科学和技术发展规划》提出，“重点发展先进绿色制造技术与产品，突破制造业绿色产品设计、环保材料、节能环保工艺、绿色回收处理等关键技术。开展绿色制造技术和绿色制造装备的推广应用和产业示范，培育装备再制造、绿色制造咨询与服务、绿色制造软件等新兴产业”。“十二五”期间，科技部又通过国家863计划、科技支撑计划等重点部署了一批绿色制造关键技术与装备研究开发项目，并在绿色产品方面设立了“机电产品节能与示范”、“退役产品回收处理与再利用技术应用示范”等项目。通过上述项目的支持与引导，绿色制造相关研究工作取得了一定进展，“十二五”期间将继续深入开展绿色制造关键技术研究、工艺试验、设备研发、成套技术应用及产业化，进一步集成“十一五”期间突破的各单项技术进行系统应用，并新开发出符合产业化发展的绿色制造关键技术与装备。

## 二、关键技术与标志性成果

### （一）绿色制造共性技术研究取得进展

“十一五”期间，重点开展了绿色制造技术理论和设计方法研究、绿色制造技术体系与运行模式研究、绿色制造技术标准体系及重要技术标准研究、产品生命周期评价技术及软件工具研究等。建立了绿色制造技术总体框架和运行模式，结合汽车、机床、家电和电子制造等7个典型行业，提出了绿色制造总体规划方法，开发了相应支持工具软件；建立了绿色制造技术标准体系构架，制订了相关国家标准；针对我国制造业现状，提出了符合国际标准的产品生命周期评价指标体系与方法；开发了相关数据库、知识库和工具软件；重点围绕汽车和家电两个产业，引入了产品全生命周期的设计理念，开展了典型家电产品绿色设计技术研究。

建立了机电产品绿色设计的集成模型和多视图模型，提出了适合中国国情的机电产品绿色设计方法、设计评价体系和设计准则。提出了基于被动安全与结构约束的汽车轻量化绿色设计技术，将能量流、产品功能性能和节能节材有机集成，能有效解决节能节材与功能、性能之间的主要矛盾，从而避免了依靠经验和试凑法的传统设计方法，缩短了产品的开发周期、降低了产品的开发成本；并通过采用高强度材料和结构优化，对微型汽车系列产品进行了减量化。

提出了环境友好的模块化设计方法、基于拆卸可行性拆解模型和蚁群算法的机电产品拆卸序列规划方法。在新产品设计阶段，即可有效评价该产品的可拆卸回收特性。提出的基于RFID的机电产品拆卸信息管理技术能够有效地支持产品在报废后的再资源化进程。

开发了基于QEFD和TRIZ的概念设计、材料选择、生命周期评价（LCA）等机电产品绿色设计工具，与现有CAD/CAE软件有较好的集成性。建立了制造企业生产过程资源环境分析模型及常用加工制造工艺的资源环境属性数据库，开发了制造企业生产过程资源环境属性综合评价方法和评价系统，通过在企业示范应用，取得良好的效果。

开发了中国汽车材料数据系统（CAMPS），充分引入国际材料数据系统（IMDS）、欧盟危险物质分类（EU-Index）、全球汽车申报物质清单（GADSL）、欧洲化学物质信息系统（ESIS）、中国试剂信息网化工字典、化工搜索引擎等相关系统中的数据资源，建立了基本物质库，收录了基本物质8000多条和标准材料信息14 000多条，涵盖当前汽车常用材料种类的60%以上。综合性能达到国内先进水平，可同时在线5000～6000人。

构建了基于WEB的应对技术服务平台"绿色机电产品与国际贸易技术服务平台"，包含8个一级栏目，分别为新闻动态、标准法规、限用物质分布、替代技术、检测认证、绿色资源、技术服务、供求信息。限用物质分布栏目是该平台的特色之一，包含家用电器、电工电气、电子通讯等20多种产品及60多种通用零部件和原材料，11种典型电镀工艺，14种涂装工艺。

建立了绿色制造标准技术框架，研究制定各类标准83项（其中：国际标准1项、国家标准58项）。

### （二）绿色生产工艺推广取得初步成效

针对传统制造工艺（铸造、锻造、焊接、电镀、切削加工、注塑、印染等）绿色化，重点开发了铸件在线孕育及喂丝球化、改性水玻璃造型、消失模铸造、铸型数控加工、锻件非调质化、锻压成形环保润滑、三价铬电镀和无铅钎焊、低温冷风微量润滑切削和强冷风干冻磨削等技术，快速热循环绿色注塑成型成套工艺，无铅线路板沉银工艺及设备；开发出工业生产车间用全洁净超微孔吸声材料及降噪设备、工业炉窑高效袋式除尘装置、工业窑炉烟气脱氮成套设备等工业生产污染控制技术，提高了生产工艺的绿色化水平，取得了显著的经济效益和社会效益。

通过对基于干砂造型的消失模铸造工艺进行研究和分析，形成消失模铸件开发和生产的工艺技术资料，并建立年产1500t消失模铸造中试生产线

（图2-20）。已经完成高质铝合金排气管件的开发和批量试制，其中部分件出口海外。

（a）制模区　（b）涂料涂覆区　（c）造型浇注Ⅰ区　（d）造型浇注Ⅱ区（加压式）

图2-20　年产1500t消失模铸造中试生产线

开发了长寿命无飞边轮毂轴承锻造模具技术、模具喷雾润滑工艺及装置。已建成470万件/年小飞边精密齿轮锻造示范线、250万件/年轮毂轴承无飞边热闭塞锻造示范线。开发了1600t全自动锻造中心装备，锻件生产效率提高3～5倍，噪音降低15dB以上，综合能耗降低20%以上（图2-21）。

图2-21 自动锻造中心

针对传统切削液冷却工件引起的安全、卫生以及废液处理等各种环境问题，开发了利用冷冻压缩空气的干冻磨削技术并研制出干冻磨削装置，通过将压缩冷冻空气作为冷却介质带走加工热量的方式取代了传统的磨削液冷却，实现降温目的，杜绝了因使用磨削液而带来的环境危害。

开发出快速热循环高光注塑成型技术、快速热循环注塑模具温控技术、快速热循环高光无熔痕注塑模具设计制造技术、快速热循环注塑工艺控制技术、快速热循环高光注塑生产线设计建造技术，形成了成套的快速热循环绿色注塑成型技术和装备，建成21条快速热循环高光注塑生产线，达到了年产700万件的生产能力。

掌握了电子线路板沉银工艺、无铅焊接工艺、线路板焊接缺陷及功能测试等多项关键技术，开发了具有自主知识产权的无铅焊接工艺和新型无铅焊接装备。

开发了上吸风排气和顶板补风微负压控制技术、高温烟气冷却技术、高温烟气治理采用常温滤料的高效袋式除尘技术、高温烟气余热回收利用技术等技术，研制出工业炉窑高效袋式除尘成套设备。经测试，粉尘排放浓度为16.67mg/$Nm^3$，大大优于国内同类产品的排放指标，达到国际先进水平；在治理高温烟尘同时，还有效利用了烟尘余热，回收利用率达75%。

### （三）节能低耗机电产品和设备开发取得进展

“十一五”期间，重点围绕工业电机、变频装置、特种电源、典型流体机械，非道路柴油机等产品，开展高效、节能关键技术与装置研究，研制了节能、环保型成套设备及生产线。

1. 高效、超高效电动机开发

超高效三相异步电动机。掌握了高效高压电动机关键技术负载的节能优化技术、宽范围模拟负载装置关键技术、中型高压三相异步电动机电磁优化算法、降低风摩损耗与杂散损耗技术、实测中型高压电机杂散损耗技术、薄绝缘结构的设计及制造工艺技术，电机优化设计及降噪技术。

开发了YE2、YE3系列高效率三相异步电动机系列产品，平均效率值为90%，比现有三相异步电动机系列产品提高3%。研制成功具有自主知识产权的“电机效率低不确定度测试装置”，满足了高效和超高效电机效率试验需求，在主要指标上达到并超过国际同类产品。

掌握了稀土永磁超高效电机与低压大功率变频调速电机（图2-22）设计及测试技术，开发的超高效稀土永磁电动机运行效率较普通电机高5个百分点，节能效果显著。研究制订了《高效三相永磁同步电动机技术条件》、《超高效三相永磁同步电动机技术条件》、《纺织专用超高效永磁同步电动机技术条件》、《冷冻机专用超高效永磁同步电动机技术条件》和《三相永磁同步电动机试验方法》等十余项国家标准。

开发了矿用隔爆型变频调速电机，解决了井下皮带机在起动过程中的电气冲击、机械冲击，延长了使用寿命，减少了维护保养时间。实现了根据出煤量的大小调整转速，实现了节能。开发的矿用隔爆电机，在原标准的基础上总损耗减小了20%，电机效率比原标准平均提高1%以上，各项技术指标均达到国际先进水平。已被列入国家节能产品惠民工程高效电机推广补贴政策支持目录。

开发了中压高性能变频调速装置，可用于中高速磁悬浮列车牵引控制、大功率轧机传动、煤炭矿井提升机、天然气输送压缩机电机传动、天然气液化压缩机电机传动等领域，将逐步打破外国大公司对我国市场的垄断。开发了的大功率高性能特种工业电源装置，电源效率可达90%，电能转换及工艺过程节能效果显著。开发的电化学工业大功率高性能特种工业电源装置，电源效率可达90%，电能转换及工艺过程节能效果显著（图2-23）。

图2-22 YVF3系列低压大功率电机

图2-23 YKK560-4 1250kW 6kV IP54样机

2. 典型流体机械高效节能关键技术

掌握了泵、风机、压缩机、换热器等流体机械节能关键技术，开发了离心泵内部流场测试分析系统，速度测量精度0.1%；建立了产品能耗评定数据库，开发形成了能耗评价软件。压缩机、制冷系统的综合研发能力达到国际先进水平。其中，高效耐磨脱硫泵已应用于600MW火电机组烟气脱硫装置，效果优于国外同类产品；多级低速离心鼓风机用于国产化百万吨级PTA装置RPF系统，支持了国产压缩机重大装备自主开发。形成了具有自主知识产权的变频螺杆压缩机的系列化产品，平均节能率在30%左右；气量调节系统已经投入工业化应用。600kW氢气压缩机的排气量调节到额定气量的76%时，功率可下降120kW，每年运行时间按8400h计，全年预计可节电100万度，节能效果明显，打破了全量程气量调节系统国外产品垄断的局面。自主开发的10 000$m^2$大型板壳式换热器品，整体技术达到国际同类产品技术水平。该产品作为炼油化工企业大型化装置替代进口的国产化关键设备之一，先后在多家企业得到应用。

3. 非道路用中小型柴油机节能减排关键技术

针对占我国年产柴油机总量80%非道路用柴油机燃油消耗率比国外同类产品高10%～15%，排放低1～2个档次的现实，以非道路用柴油机中量大面广的单缸柴油机和四缸柴油机为突破口，开展节能减排技术研究，开发具有自主知识产权的典型新型节能环保柴油机及喷油系统等。包括：小缸径（D≤80mm）直喷燃烧技术及适用于小缸径柴油机的直喷燃烧系统；2.8～3.3L柴油机和单缸柴油机，满足欧洲非道路Tier3A阶段排放要求，降低油耗8%～10%；单缸柴油机满足EPATier2和Tier3排放要求，降低油耗10%～15%。开发出中小型农机及工程机械用新型四缸喷油泵和新一代单缸喷油泵，四缸泵达到100MPa以上，单缸泵达到60～80MPa，MTBF 3000小时, NOx、CO、PM可分别减少排放30%、20%、50%以上; 柴油机高压变量泵满足欧Ⅲ排放标准，污染物排放减少70%。

4. 车间新型降噪材料

开发出无二次污染、具有超微孔新型吸声结构、高性能长寿命易降解回收的聚氨酯新型减振材料，成果已成功应用到轧钢车间噪声治理工程、热电厂降噪工程、燃气热电厂机力通风冷却塔振动与噪声控制工程等，取得良好降噪效果。

5. 高效换热铜铝复合管及生产线

行星斜轧复合技术填补金属管材复合技术的空白；研制的冶金结合原子扩散的铜铝复合管，应用于空调行业,以铝代铜，节铜80%以上；研发了铜层厚度可控的工艺，每台空调器用管的重量减少50%以上，仅空调制冷行业每年可节铜50万t。

6. 生物质秸秆中密度纤维板生产线成套设备

掌握了秸秆界面特性改变、生物质秸秆原料加工、胶粘剂的遴选等多项关键技术,采用绿色环保改性PMDI胶优化生产工艺，研制成功年产5万$m^2$生物质秸秆中密度纤维板的生产线（图2-24），确立了我国在绿色环保型无甲醛生物质秸秆中密度板规模化工业生产的领先地位。

图2-24 生物质秸秆中密度纤维板生产线

7．VEGA高速数码喷射印花机

开发了高速数码喷射印花机，与传统印花工艺相比，耗电量降低50%，耗水量降低30%，染料使用量下降30%。水处理成本下降了30%；污水处理以后达到一级排放标准，总体工艺污染度下降90%。可比条件下，高速数码印花工艺的投资收益是传统印花工艺的3.5倍。

8．大型高效节能活性石灰成套工艺装备

针对钢铁行业开发的大型高效节能活性石灰成套工艺技术及关键装备，可缩短炼钢时间2min/炉，提高钢产量5%，每吨钢降低铁料消耗2kg。在资源利用、节能减排等指标上实现了突破，其各项经济、技术指标均达到世界先进水平。

9．TRT成套设备和高炉煤气余压透平发电装置

针对高炉开发出3H-TRT成套设备和高炉煤气余压透平发电装置（图2-25），不仅可进行能量回收，可促进提高高炉的冶炼强度，提高利用系数，降低焦比，实现TRT系统的节能增效作用。

图2-25 5046m$^2$高炉用TRT装置在宝钢开车并网发电

## （四）退役产品回收处理与再制造技术得到示范应用

“十一五”期间，重点围绕量大面广的典型机电产品，开展了报废家电、汽车等绿色回收处理技术、汽车零部件再制造关键技术、机床再制造关键技术、电子及家电产品再资源化等研究。

1．报废汽车绿色拆解处理与利用关键技术与装备

通过研究报废汽车绿色拆解工艺流程，建立“报废汽车回收拆解企业技术规范”并形成了强制性国家标准（GB 22128—2008），开发出一套符合中国国情和报废汽车回收拆解行业特点的再制造坯料处理业务模式和技术装备，建立了“报废汽车退役零部件再制造坯料处理与物流”示范工程，形成了年拆解能力30 000t的报废汽车绿色拆解生产线。

2．汽车零部件再制造关键技术

通过开展汽车零部件的再制造评价、剩余寿命评估技术，纳米复合表面制备与成形一体化、零部件快速成形数字化、摩擦副损伤原位再制造、再制造质量控制与虚拟检测技术等研究，开发了零部件再制造周期费用评价方法和计算模型，初步解决了判定废旧零部件能否再制造的难题。开发一批再制造工艺技术和生产设备，降低再制造成本30%，再制造率提高12%。通过表面工程技术，实现了再制造产品性能达到或超过新品。

3．机床再制造关键技术与应用

研究了废旧机床综合测试与再制造方案设计及评价技术、基于嵌入式系统的信息化提升技术、零部件绿色修复处理与再制造技术、机床再制造标准等关键技术，形成了一套机床再制造与综合性能提升成套技术，形成年再制造机床300台的能力。再制造机床的功能和主要技术指标达到原机床，数控化改造的机床功能超过原机床。资源循环利用率达80%左右，噪声降低10%，对环境产生污染的排放减少90%，工作环境得到显著改善。项目成果已在数十家用户企业实施应用，社会效益显著。

4．典型家电产品回收无害化拆解与再资源化技术

针对电子线路板等主要部件回收、再资源化，建立了元器件拆解功能模型，开发了高频头、行输出等高价值零部件可重用性和可靠性检测方法，形成了关键零部件（压缩机、电机）功能重用检测评估方法指南元器件拆解分离的判别准则，研制了废旧线路板自动脱焊、剪切、元器件拆解设备，分离率达到了90%以上。研制出线路板中非金属材料的再资源化新

产品，以及CRT显像管屏锥分离、锥玻璃干式清洗、荧光粉回收、显像管破碎等设备，建设了CRT彩电回收处理示范生产线，处理能力为每年6万～10万台，再利用和再循环率达88%。开发了年生产能力超过万吨的废旧塑料回收处理示范生产线（图2-26）。冰箱压缩机开盖技术及线圈的铜铁分离技术、回收材料循环再利用的工艺技术及CRT玻壳新产品。

图2-26　年处理能力6万台的报废CRT电视回收处理生产线

## 第五节　智能工程机械、特种装备与高端基础件

### 一、需求分析与发展历程

工程机械在装备制造业中占有举足轻重的地位，也是国家863计划先进制造技术领域长期关注和支持的行业。近年来，在国家重大基础建设和城镇化建设强劲市场需求的拉动下，我国工程机械产业按年均超过30%增长，2010年产值已超过5000亿元，全球产值排名第二，产品出口欧美等国家，正在向“制造大国”和“制造强国”迈进。为了提高产品竞争力及满足日趋严格的排放法规要求，采用混合动力系统提高能量利用率已成为工程机械的重要技术发展趋势，是国内外工程机械制造商争相竞争的战略制高点。我国863计划先进制造技术领域在“十一五”期间，部署了新型混合动力工程机械关键技术及系统重点项目，目的旨在满足工程机械节能减排的需求。此外，围绕工程机械装备施工存在的安全问题，部署了工程机械远程监控关键技术及系统重点项目，旨在提高我国现役工程机械产品的安全和服务水平。

基础件和功能部件是构成各类机械和成套装置的基本元件，是装备制造业的重要基础。我国基础件品种和质量可适应普通主机和成套装备需要，生产规模和市场份额已进入世界前列，中低档产品出口也具一定优势，但中、低水平产品过剩，而高水平尖端产品远不能满足高端装备研制要求的局面没有得到改观。针对上述问题，国家科技支撑计划在“十一五”期间部署了“关键基础件和通用部件”重点项目，主要围绕高速、精密、重载轴承；高性能轴向柱塞泵/马达、电液伺服比例阀及其控制系统、液压元件；高性能密封件；重载、高速、精密齿轮传动装置；机床功能部件以及相关技术标准、检测试验技术、发展战略等开展共性技术和国产化工作。根据“十一五”期间取得的阶段性成果和未来技术发展趋势，又在“十二五”国家科技支撑计划中对该项目进行了滚动支持。

隧道掘进装备是公路、铁路、水利和城市地下隧道施工的重大技术装备，在十年前或更长一段时间完全依赖进口。国家863计划和国家科技支撑计划自“十五”以来，针对我国重大基础建设和隧道掘进装备国产化重大需求，围绕土压平衡、泥水平衡以及复合盾构开发部署了多项重点项目，通过引进消化吸收再创新，一举改观了以前完全依赖进口的局面。目前，上述三类国产盾构装备已占据国内新增市场，并实现部分出口，形成了基础研究、设计制造和施工产业链，呈现出良好的发展趋势。

远洋渔业装备是从事渔业资源勘探、捕捞、运输、加工等活动所使用的装备。在国务院2009年颁布的《船舶工业调整和振兴规划》中明确指出：“要加强技术改造，提高自主创新能力，提升高技术高附加值船舶设计开发能力，支持填补国内空白、节能环保效果显著及产能不能满足市场需求的船舶。”为此，国家 863计划在“十一五”期间部署了“大型金枪鱼围网船和大型拖网加工船的自主研制”重点项目，旨在提高我国先进的大型远洋渔业装备的自主开发能力。

## 二、关键技术与标志性成果

### （一）混合动力工程机械

“十一五”期间，在国家863计划“新型混合动力工程机械关键技术及系统开发与示范应用”重点项目资助下，浙江大学联合三一重工、中联重科和山河智能等国内工程机械龙头企业，攻克了混合动力系统优化设计、混合动力系统能量管理控制、势能回收、整机优化设计等关键技术、研制了中型工程机械混合动力系统综合试验台、混合动力系统能量回收综合试验平台、半物理实时仿真平台，采用并联混合动力驱动技术，研制出ZDZE205-Hybrid和SY215C Hybrid两种型号的液压挖掘机和储能元件，取得明显节能效果，出展第五届中国国际工程机械、建材机械、工程车辆及设备博览会，正在通过技术完善实现产业化。

### （二）高端基础件

“十一五”期间，在国家科技支撑计划“关键基础件和通用部件”重点项目资助下，围绕国家重大装备研制急需的高性能轴承、齿轮、液压件、密封件、高档机床功能部件，开发了一批新产品，功能和技术指标大多已处于国际先进水平，形成新产品、新材料、新工艺、新装置、计算机软件等126项，授权专利123项，国家标准13项，行业标准3项，企业标准26项。建设完成关键基础件和通用部件的试验基地、中试线和生产线41条。利用所取得的技术成果研制成功大型水轮发电机组、煤矿机械、冶金装备、核电设备等配套用高性能密封产品，在三峡、葛洲坝、东风电机、郑州煤机集团、神华集团、韶钢及安钢等国家重大工程及重点企业装机配套使用，效果良好，能够替代进口产品。电液控制系统全套国产化开发及全面工业化应用，打破了国外技术垄断，促进了国内煤机行业技术发展和煤机产品国产化进程，实现1.6～7各类高端液压支架型谱的系列化设计开发和优化改进，研制出世界级最大采高强力液压支架样机，标志着国内煤机行业在重大煤机自动控制技术、大型结构件设计开发能力和水平方面实现跨越式发展，在神华集团神东公司金锋矿、万利矿、川煤集团攀枝花小宝鼎矿、小河嘴煤矿、花山煤矿，宁鲁煤电任家庄煤矿和昊华精煤高家梁煤矿等井下投入实际工业开采，部分产品实现出口。解决了基于齿轮测量中心的锥齿轮测量技术及软件、面齿轮精度指标及测量关键技术、摆线齿轮精密数控加工工艺与现场快速测量、齿轮系统动力学优化等四大类共性关键技术问题。研制的软件工具、测量仪器和系统、标准等在40余家企业推广和应用。高速小倾角船用齿轮箱、1.5MW /2MW兆瓦风力发电齿轮箱、50MW重型燃气轮机齿轮箱以及特大模数齿轮齿条传动等装置的国产化研制，主要性能指标达到国际先进水平，实现了1.5MW/2MW风电齿轮箱批量生产，新增经济效益30亿元。研制的大功率液压操动机构配置在550kV罐式断路器和800kVGIS断路器上，应用于国家电网550kV和750kV超高压输变电工程中。研制的高压高速液压泵、行走和回转马达减速总成都已批量生产，应用于高端工程机械与国防军工重大装备研制。

### （三）隧道掘进装备

“十五”和“十一五”期间，在国家863计划和国家科技支撑计划资助下，上海隧道、中铁隧道、中铁装备和北方重工等国内主要盾构设计制造商和隧道施工单位联合高校，针对盾构关键技术、关键零部件国产化，以及整机系统集成开展了大量研究工作。通过技术攻关，先后攻克了适应复杂地质的高强度、长寿命刀盘刀具设计制造技术、盾构密封舱压力动态平衡控制技术、基于姿态预测的盾构推进压力/流量复合纠偏技术，解决了泥水泵变频驱动与压力监控等国际性技术难题，建立了盾构控制系统模拟检测试验平台、ϕ3240m具有土箱自动加载和地质信息感知的多功能盾构试验台以及盾构用大型轴承综合性能试验台，研制出ϕ6.43m土压平衡盾构，ϕ12.22m泥水平衡盾构和直径6.4m复合盾构三大类系列产品，形成了土压、泥水和复合盾构的自主设计制造能力，自主研制出各类盾构装备320台，新增产值153亿元，实现了产业化。这些盾构产品已成功应用于北京南水北调输水管线、上海世博会打浦路隧道、天津市地铁3号线、重庆地铁6号线等水利隧洞、过江隧道多项国家重大基础建设工程，这些工程包括北京、上海、天津、重庆、广州、香港等26个国内大城市300多个各类隧道工程，并开始小批量出口新加坡、马来西亚、泰国和印度等国家。获得盾构相关自主知识产权200余项，覆盖设计制造、施工运行以及主要零部件配套产业，使我国盾构设计制造水平步入国际先进行列，并有力地带动了盾构装备产业链的发展（图2–27至图2–29）。

图2–27　自主研制的土压平衡盾构

图2–28　自主研制的大直径泥水平衡盾构

图2–29　自主研制的复合盾构

## （四）远洋渔业装备

“十一五”期间，围绕国家远洋渔业需求，在国家863计划支持下，大连渔轮公司、陕柴等单位开展了节能型金枪鱼围网渔船关键技术研究和样船开发工作。在船型开发方面，完成具有自主的知识产权的节能型金枪鱼围网渔船设计，优化后船型比母型降阻3%，效率提高2%，综合节能5%；在动力系统关键技术方面，实现了7L32/40柴油机、16/24 发电机机体、曲轴、活塞等关键零部件国产化，并实现了实船装验；在控制系统与运行监测方面，开发出船体、主桅结构、围网舱室配载监测及主机控制系统；在甲板机械方面，开发出负载速度电液复合控制系统，机群协调控制系统，形成高绞机专用集成阀组；在大容量浓盐水保鲜冷藏系统方面，研制出VLGF193D船用螺杆压缩机组，高效冷凝器，大容量浓盐水保鲜冷藏系统；在电子助渔技术装备方面，掌握了海鸟雷达，高频声纳、宽带声基阵及升降装置等关键技术，研制出具有自主知识产权的鱼探仪。通过对上述关键技术攻关和系统集成，研制出首条70m级大型金枪鱼围网渔船，有力地提升了我国这类远洋渔船的自主设计制造能力。

### （五）工程机械远程监控技术

“十五”期间，在国家863计划资助下，中联重科、三一重工等国内工程机械骨干企业联合高校，开展了工程机械远程监控共性关键技术研究工作，攻克了易发生故障部件工作性能状态信息采集、特征信息提取及传输等关键技术，研制出车载智能检测、监视、信息传输软硬件系统，构建出混凝土泵车和起重车综合性能参数测试实验台，形成了基于GIS/GPS/GPRS工程机械远程监控及维护服务软件平台。以上述共性技术为支撑，研制出混凝土泵车性能参数综合试验台，完成野外作业现场实验，开发出包括基础性能数据库、运行状态数据库、典型故障数据库，异常信息数据库在内的混凝土泵车数据库系统，建成基于GIS/GPS/GPRS的混凝土泵车远程监控及维护系统，实现了对在全球服役的10 000台混凝土泵车的远程监控。针对起重车结构件应力与裂纹监测、液压与发动机系统故障溯源、防倾翻等安全问题，攻克了主机及功能部件状态检测及监控、性能评估、安全预警、故障诊断等关键技术，开发出具有无线监控功能的起重车专用控制器和综合性能数据库，研制出基于GIS/GPS/GPRS的起重车安全监控及预警系统，并为5400多台起重车提供了远程实时监控及维护服务。成果获2010年和2011年中国专利金奖，2010年国家科技进步二等奖。

# 第六节　高效精密特种加工与测量技术

## 一、需求分析与发展历程

电加工技术是一种可完成机械切削加工难以胜任的高硬度、高强度、高熔点、高韧性、高脆性金属或非金属材料精密、微细及复杂形状零件加工的特种加工技术。随着航空、航天、军工（包括高新技术武器）、能源、汽车、模具、微电子等行业的发展，特殊材料制成零件的高效加工、空间狭小且结构复杂零件的加工，以及功能结构件的微细加工，大多需要采用电加工技术。在航空、航天、国防、军工、能源领域，目前大量采用了先进的材料与功能结构。特别是各种具有高强度、高硬度、耐高温、以及高强轻质特性的先进材料在航空、航天发动机零部件中的大量应用，加之许多关键零件都具有复杂型面、型孔及微细结构，给制造技术带来极大的挑战。由于涉及国防背景，这些装备大多为国外所禁运，必须自行研制生产。鉴于电加工技术在航空、航天、军工、能源、汽车、模具、微电子等领域的特殊重要性，工业发达国家将电加工技术和数控技术作为先进制造技术的两大支撑技术。电加工技术在我国已有40余年发展历史，目前全国电加工机床年产量约5万台。我国电加工机床年市场消费值（含进口）已近百亿元人民币，但与发达国家先进技术水平相比，我国电加工技术在基础研究方面相对薄弱，自主创新能力不足，具有自主知识产权的技术和产品较少，装备设计与制造水平不高，特别是航空、航天、军工、能源、微电子等急需的高端电加工技术装备的研制开发能力不足，一直没有摆脱高端装备长期依赖进口，或重大专用装备因国外禁运而受制于人的局面。因此，结合国家重大需求，研究开发具有国际领先水平的电加工技术及装备，对提高我国的高科技产品制造能力，增强我国综合国力与国防实力的均具有重要意义。

切削和磨削加工是制造技术的主要基础工艺，反映了一个国家机械工业的基础水平。随着传统制造业和高科技产业的快速发展，特别是各种新型和难加工材料的不断涌现，对零件的加工效率和加工精度提出了更高的要求。以精密/超精密切削与磨削技术，高速/高效切削与磨削技术为代表的先进加工工艺技术，引起了世界各国的普遍关注，成为研究的前沿与热点。因此，深入开展新型材料、硬脆材料和难加工材料的高效精密切削与磨削加工技术基础理论研究，形成可有效提高加工精度、加工效率和加工表面质量的新理论与新工艺，并解决一批制约航空航天、国防军工、能源、化工、汽车和冶金等主要应用领域典型零件的加工技术难题，对加强我国先进加工技术基础理论研究和工程应用，推动整个机械工业的技术进步具有十分重要的意义。

超精密加工技术与装备是航空航天、汽车、信息技术、微电子、新能源、家电、医疗与健康等许多领域的核心技术支撑，是一个国家的国民经济、国防和科学技术综合实力的体现，在国防建设和国民经济发展中发挥着举足轻重的作用，已经成为尖端制造领域和许多国民经济领域的制造技术可持续发展的一个重要保障条件。由于涉及国防背景，一直处于被国外严格禁运状态。如CCD详查相机、红外预警相机、反射镜高分辨率空间相机等空间光学相机均需要大量的高精度大口径非球面光学元件，其对非球面光学元件的精度要求优于λ/40（RMS）。又如单晶硅、蓝宝石、碳化硅等半导体和光电晶体的加工精度和表面质量直接影响到微电子及光电子器件的性能，要求表面加工精度和表面质量达到亚微米级面形精度和亚纳米级（或埃级）表面粗糙度，且无表面/亚表面损伤。“八五”和“九五”期间，我国开始部署超精密加工技术方面研究工作，并已有形成了良好的基础。因此，结合航空航天、电子制造、机床等行业若干重点精密零部件制造需求，研究超精密高效加工技术及研制具有国际领先水平的超精密加工装备，对增强我国高端民用和军工产品的制造能力具有重要的意义。

精密测量仪器是装备性能和运行质量检测的重要设备，在高端装备、国防武器与安全系统研制中占有举足轻重的作用，且具有相当大的市场发展潜力。然而，我国精密测量仪器长期以来需要进口，且价格昂贵，严重制约了我国相关产业的技术进步与核心竞争力。鉴于精密测量仪器在装备制造业和国防建设中的重要作用，在《国家中长期科学和技术发展规划纲要（2006—2020年）》中提出了要重点开发可支持高端重大装备研制的检测仪器。因此，突破制约我国目前精密制造发展的瓶颈问题，开发一批工程急需的测量仪器和虚拟仪器，将对提升我国装备制造业的整体水平起到重要的支撑作用。

先进制造技术领域在“十一五”期间依据《国家中长期科学和技术发展规划纲要（2006—2020年）》和《国家高技术研究发展计划（863计划）“十一五”发展纲要》的主要任务，在国家863计划和国家支撑计划中围绕高效精密特种加工技术，先后部署了高效精密电加工技术及装备、高效精密切削磨削技术及装备，精密加工技术及装备，高速高效切削工具技术，以及精密测量技术及装备等重点项目，旨在为航空航天、国防军工、汽车、能源等重点领域提供一批急需的基础制造工艺技术，以及具有自主知识产权并达到国际先进技术水平的核心装备。

## 二、关键技术与标志性成果

### （一）高效精密电加工技术与装备

围绕航空、航天、军工、汽车、能源、微电子等行业需求，研究了复杂形面零件精密电加工、特殊材料零件高效电加工、特殊功能结构零件微细电加工技术，突破了若干以电加工为主的特种加工关键工艺技术，开发了五轴联动精密电火花加工、高效精密单向走丝线切割加工、特殊材料高效数控放电铣削加工和复杂形面电解加工、脆性材料放电铣削及超声辅助复合加工、微细结构多功能电加工等6种特种加工装备，主要性能指标达到国际同类产品技术水平，有力地提升了我国电加工行业核心竞争力与可持续发展能力。

在五轴联动精密电火花加工技术与装备方面，攻克了高效精准电火花加工脉冲电源、电火花精密数控转轴、全浸液精密数控转台、复杂曲面零件五轴联动精密电火花加工工艺等核心关键技术，开发出500～1200mm行程5种五轴联动精密数控电火花加工系列机床并产业化，主要技术参数达到或超过国际同类产品，成果获“2011年中国机械工业科学技术一等奖”（图2-30）。

在五轴四联动精密单向走丝线切割加工技术与装备方面，攻克了专用数控系统、高效节能无电阻脉冲电源、微精加工脉冲电源、微细丝运丝、穿丝、恒速恒张力控制等关键技术，研制出五轴四联动精密单向走丝线切割加工机床，实现销售34台，成果获2012年中国数控机床展览会春燕奖（图2-31）。

图2-30　AA50五轴联动精密数控电火花成形机床

图2-31　五轴四联动精密单向走丝线切割加工机床

在特殊材料高效数控放电铣削加工技术与装备方面，突破了六轴数控高效放电铣加工脉冲电源控制、防电解“对刀”电源等关键技术，研制出高效数控放电铣削加工机床，已试制5台并销售4台，2011年获江苏省首台（套）重大装备及关键部件认定“国内首台套”（图2-32）。

图2-32　高效数控放电铣削加工机床

在特殊材料复杂形面电解加工技术与装备方面，突破了工具电极进给路径优化和控制、主动分流与减振控制的电解液流场设计、整体叶盘电解加工稳流密封单元设计、工具电极计算机辅助几何形状快速设计方法等关键技术，研制出复杂形面电解加工机床，完成型号叶片/整体叶盘复杂曲面高效精密电解加工，成果获2011年度国家技术发明二等奖。

### （二）高效精密切削与磨削技术

重点围绕国防领域精细陶瓷复杂型面关键零件、航空航天领域钛合金薄壁类关键构件、微电子和光电子领域光学功能材料自由曲面零件、能源装备领域大型汽轮机关键镍基合金大型零件、化工和汽车模具领域高强度钢及淬硬钢大型零件等，研究了精密/超精密切削与磨削工艺技术和高速/高效切削与磨削工艺技术，开发出一批具有创新性和工程实用价值的工艺技术，解决了一批重点行业典型零件加工的工艺技术难题。

在精细陶瓷典型复杂型面零件高效精密磨削技术方面，攻克了复杂型面缓进给直线包络端面磨削、小直径平行砂轮法向跟踪磨削辅以Z向上下插磨、ELID磨削与CMP抛光相结合、三轴联动杯形砂轮工件旋转切入磨削等关键技术，为航天领域提供了陶瓷微波天线视窗、陶瓷雨蚀头、碳化硅密封环，陶瓷柱塞偶件等一批关键零件。

在复合材料零件高效加工技术方面，攻克了碳纤维复合材料低损伤长寿命高效加工工具设计与制造关键核心技术，研制出纤维复合材料加工用系列刀具，对比现有硬质合金工具，工具寿命平均提高1倍以上，开发出6种碳纤维复合材料数字化加工专用设备，应用于航天一院、沈飞、哈飞等企业，实现了针对碳纤维复合材料薄壁舱段、直升机调节板等大型碳纤维复合材料构件的数字化加工，显著提高了加工效率和质量。

在光学功能材料自由曲面零件超精密切削技术方面，攻克了自由曲面超精密切削纳米创成机理、纳米刃口微刀具制造、自由曲面超精密加工原位测量及补偿等关键核心技术，研制出基于聚焦离子束创成的纳米刃口微刀具和基于气浮导轨和激光干涉测量方法的恒力原位测量系统，在微电子和光电子领域光学功能材料自由曲面零件中得到应用（图2-33）。

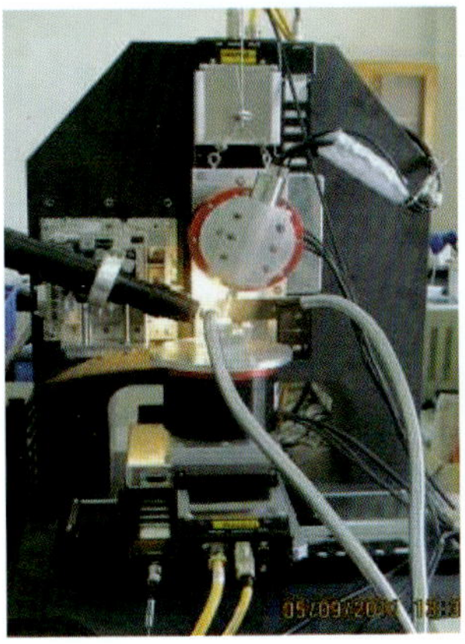

图2-33　精密五轴微小型立式铣床及其原位测量系统

在高强度钢、淬硬钢大型零件高效切削技术及方面，针对大型汽轮机和燃气轮机镍基高温合金涡轮盘、叶片等重要零部件，开展了高效切削技术及应用研究，突破了制约加工质量和效率的刀具磨损严重、缺乏合理工艺参数等关键技术难题，研制出30CrMoV整体转子轮盘枞树槽用系列铣刀和拉刀，研究成果在哈尔滨汽轮机厂得到应用验证，平均提高切削速度2倍，提高刀具使用寿命50%～60%，提高加工效率1倍以上。

### （三）超精密加工技术与装备

重点研究了高档光学元件和高档数控机床关键部件精密和超精密加工

工艺和装备技术，开发出大口径光学非球曲面加工、大尺寸矩形和圆形两种平面类零件高精度磨、基于微结构加工数控超精密加工、高精度主轴类零件外圆磨削加工、汽车曲轴随动磨削加工等6种高精度和超精密数控机床，重点攻克了装备设计控制和加工工艺关键技术，主要性能指标达到了国际同类产品的技术水平，提升了我国超精密行业的核心竞争力与可持续发展能力。

在大尺寸矩形平面光学零件高精度磨削技术与装备方面，攻克了新型静压导轨、大尺寸工件检测数据处理等核心关键技术，开发出1000mm × 600mm，位置精度达到0.1 μm，主轴回转精度达到0.1 μm超精密数控平面磨床，在中国工程物理研究院精密光学元件研制中得到应用（图2–34）。

图2–34　大尺寸矩形平面光学零件高精度磨床

在大口径高精度光学玻璃制造工艺与装备方面，突破了高档光学材料熔炼工艺中均化、温场设定等关键技术，研制完成大口径高精度光学玻璃熔炼工艺和工艺规程，研制出的高精度光学玻璃在中物院、上海光机所、上海技物所承担的国家重大光学工程中得到应用。

在大口径光学非球曲面加工技术与装备方面，攻克了加工工艺、单元部件、主机集成和应用工艺等关键技术，开发出直径900mm超精密大口径非球面光学元件铣磨机、抛光机和检测仪器，形成成套设备，加工面形精度＜λ/60，表面粗糙度＜Ra 0.8nm，已在中物院、遥感卫星相机等重要光学工程的光学元件研制中得到应用（图2–35）。

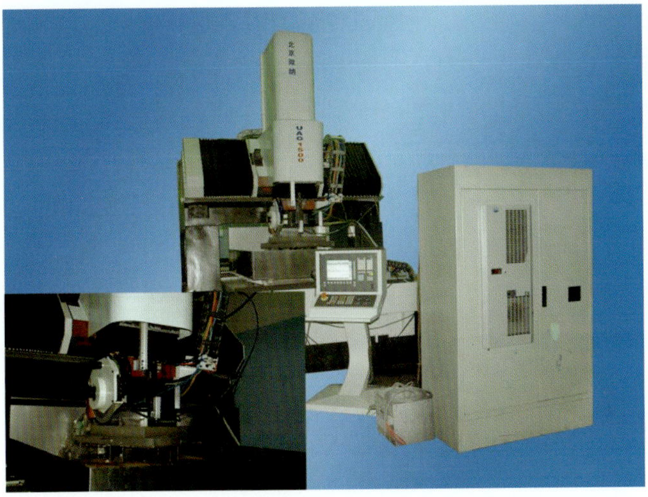

图2-35　大口径超精密数控非球面铣磨机床

在汽车曲轴随动磨削技术与装备方面，攻克了定位误差<0.001mm的液体静压导轨技术，开发出汽车曲轴、凸轮轴随动磨削机床，在浙江太阳股份公司形成吉利G15型曲轴年产6万根，在浙江春辉集团形成上柴101型凸轮轴年产14万根加工能力。

在大尺寸功能晶体基片超精密磨削技术与装备方面，攻克了大尺寸基片平整化和背面减薄等关键技术，开发出研制了双主轴三工位的全自动超精密磨床，在北京国泰半导体公司得到应用（图2-36）。

图2-36　大尺寸功能晶体基片超精密磨床

在高精度标准齿轮及齿轮刀具制造技术方面，攻克了高精度标准齿轮精密制造工艺技术，开发出高精度仿形凸轮等关键部件和检测仪器，与德国技术物理研究院PTB量值比对结果表明，研制出的基准标准齿轮达到国际标准或新标准1级精度，为中国计量科学研究院齿轮量仪校对和精度传递提供了实体基准，并在哈尔滨工具厂插齿刀、剃齿刀精密制造中得到应用。

在高精度主轴类零件外圆磨床方面，攻克了复合磨削工艺和高精度机床设计制造等关键技术，开发了纵截面直线一致性达到0.001 μm/1000mm、加工圆度达到1 μm的高精度主轴类零件外圆磨床，并在北京第一机床厂示范应用。

在微细结构数控超精密加工机床方面，针对精密微靶、微小型模具、微型复杂结构、微小型惯性仪表制造技术需求，攻克了工件主轴调速及角位移伺服双模式控制，垂直运动轴系结构设计与重力平衡，直驱静压导轨支撑，高刚度快刀伺服系统设计等关键技术，研制出集超精密车削、磨削和抛光功能于一体的超精密微细加工机床，并在中国工程物理研究院示范应用。

### （四）高速高效切削工具

主要针对我国发电、石油等能源装备，汽车、高速列车等交通运输装备，航空航天等国民经济重点行业及国家重大装备研制急需，通过集成创新和消化吸收再创新，研究了先进切削工艺和刀具设计制造共性技术，开发出高速高效刀具及超硬刀具等420个规格具有自主知识产权的系列产品并实现规模化生产，部分产品填补了国内空白，大幅度降低了重点行业对进口刀具的依赖度。

在刀具研制方面，针对能源领域中大型风电、汽轮机、发电设备、深海油井钻机、输油输气设备的齿轮、叶片、管道等关键部件加工，开发了大型齿轮刀具、重型拉削刀具、复杂曲面加工异型成形刀具、高钢级钢管螺纹成形刀具和ERW钢管焊缝加工成套刀具等9个品种124个规格。在刀具设计制造技术和产品质量性能方面基本达到国外进口刀具水平，价格低于进口刀具20%左右，具备了替代进口刀具的能力，在重点应用单位的进口替代率平均达40%以上。例如用于深海油井钻机传动齿轮加工的40～60英寸超大型弧齿铣刀、超大镶片齿轮滚刀为国内外首创并形成批产能力；南高齿生产风电齿轮所使用的齿轮刀具国产化率已达到90%；高精度叶根铣刀在哈尔滨汽轮机厂用于加工超百万机组中压4级动叶片，在透平叶片公司用于加工透平叶片的刀具国产化率达到60%。在宝钢、天钢无缝钢管加工用普通螺纹梳刀国产化率已达70%，高钢级螺纹梳刀达到40%。在汽车领域针对发动机缸体、曲轴和变速箱齿轮等关键零部件加工，研制的复杂刃形的聚晶金刚石高速高效镗铣刀系列、整体硬质合金数控刀具系列、缸体缸盖平面加工及孔加工刀具、曲轴高速铣刀、车拉刀等精密复合刀具、高速高效齿轮刀具、CBN曲轴磨削砂轮等系列产品接近或达到国际同类产品技术水平。在汽车发动机缸体、缸盖、曲轴和齿轮等关键零件加工的58种主要刀具中，新开发4个系列的整体硬质合金涂层铣刀、5个系列硬质合金钻头和4个系列的高性能高速钢钻头、3个系列的齿轮滚刀，以及曲轴内、外铣刀、车拉刀、剃齿刀、PCD和PCBN车刀、铣刀共计22个品种162个规格的汽车发动机、变速箱刀具和4个品种曲轴磨削砂轮，新开发的国产化刀具品种满足度近38%。其中发动机缸体用钻头、铰刀、丝锥等整体孔加工刀具在广汽本田公司等发动机企业的用量超过40%；发动机曲轴高速铣刀、车拉刀等精密复合刀具在奇瑞、神龙、江铃等汽车发动机厂批量使用；高速高效齿轮刀具系列产品已在陕西法士特齿轮有限责任公司、上海齿轮总厂、上汽齿、重庆秋田等企业应用，替代进口率平均达到61.9%；陶瓷结合剂CBN砂轮达到160m/s，在东安发动机公司实现4个品种曲轴磨削砂轮的进口替代。在航空航天领域，针对钛合金、超高强度钢、复合材料等难加工材料的高速高效切削需求，开发了适合加工高温合金和钛合金叶片的高效精密铣刀、加工复合材料及钛合金大型整体薄壁结构件的高速高效铣刀和钻头等新刀具共5个品种78个规格。目前在航空发动机企业整体硬质合金铣刀的国产化应用率均已达到40%。其中加工钛合金、高强度钢用加厚刀片40°螺旋角立铣刀在沈飞、成飞等企业中部分替代进口可转位玉米铣刀。带断屑槽可转位刀片及刀具用于起落架粗加工，正逐步替代进口刀具。开发的高速铣刀、变导程、不等齿距整体合金铣刀已在158厂、北京卫星厂、黎明发动机制造公司、首都航天机械公司等单位进行进口刀具替代。钛合金/碳纤维夹层材料专用孔加工刀具在成飞、西飞的复合材料加工中已大批量使用，配套刀具5万余件，价值1000余万元，性能达到美国GP公司、英国COOPER公司国际同类先进水平，进口替代率达到70%。开发高性能刀片超细基体材质结合纳米涂层及专用槽形适用于航空发动机零件的加工，加工镍基高温合金切削速度达到80m/min以上，切削性能达到了国际同类刀具水平，在航空发动机企业得到部分应用。在轨道交通领域，针对高速列车的车轮、转向架等关键零件加工，开发了适合干式重载切削的车轮车刀、减震铣刀、立装铣刀、立装车刀等8个系列26种规格以及6种槽形刀片，刀具切削性能接近进口刀具水平。新开发的专用重载切削刀具产品种类在轮毂、转向架、铁轨修整等铁路刀具的国产化品种满足度已达35%。列车车轮刀具已经能提供4个品种12个规格的刀具产品，在太原重工钢铁公司的车轮生产线的国产化替代使用数量已经达到40%。

在切削工艺方面，针对航空用钛合金、高强度不锈钢高效切削加工，开发了基于低温空气、氮气微量润滑等绿色切削装置，有效提高钛合金等材料的加工效率40%以上，针对航空结构件、发动机机匣、叶轮加工，开发绿色高速高效切削工艺、高效复合强力切削、低应力切削等先进的切削加工工艺技术，提高了加工效率和加工精度。开发的低温微量润滑技术应用于枭龙飞机PH13-8Mo框梁加工，加工效率提高20%以上，开发的低应力切削工艺、切削颤振抑制等先进工艺在飞机框类零件、发动机机匣和叶盘加工中获得应用，叶盘粗加工效率提高59%，精加工效率提高40%；整体机匣加工效率提高50%。

在刀具涂层方面，开发了YBG202和YBG252两种超细硬质合金刀具牌号，适用于淬硬钢、高温合金、钛合金等难加工材料和有色金属及其合金的6种聚晶人造金刚石（PCD）/聚晶人造立方氮化硼（PCBN）超硬刀具牌号，适用于难加工材料和有色金属及其合金的陶瓷超硬材料刀具牌号，均已形成批产能力；研发出包括Ti-Si-N、Ti-B-N、TiN/SiNx、TiN/AlN、TiN/CrN、TiCN/TiN、AlTiN、TiAlCN、TiCN、$Al_2O_3$等新型涂层，研制出含金属弧源和磁过滤碳弧源的DBFCVA涂层装备和PEMS辅助等离子体磁控溅射新装备，并向工具行业提供涂层服务。开发出3种刀具周边磨专用金属树脂混合基体金刚石砂轮，已在成量、哈一工等工具厂批量应用。建成年产120t超细硬质合金喷雾料的生产线，年产55万片的PCD/PCBN超硬及陶瓷刀片生产线，年产1200片复合结合剂超硬材料砂轮中试线。

在切削理论和刀具共性技术方面，开发出高速高效刀具三维CAD参数化、模块化设计软件平台，切削性能测试平台，攻克了高速高效切削刀具检测技术、HSK/BT刀柄传递基准、高速刀柄与机床主轴的接口技术等共性技术，为整个工具行业提供服务。完成了高速切削刀具动平衡技术，离心力试验技术，动平衡测量诊断系统，建立了高速高效金属切削数据库并在能源、军工、汽车等行业开展应用服务。

### （五）精密测量技术与装备

面向先进制造对超精密测量仪器迫切需求，设置了超精密圆度/圆柱度测量仪、超声相控阵管材探伤、飞机整体结构件在线测量、机床动态特性在线测量、微纳三维测量、组合式大尺寸精密测量、列车汽车重要零部件及装配线在线测量等6个课题，开发出一批具有自主知识产权重要仪器单元。

在超精密圆度/圆柱度量仪方面，突破了超精密回转运动基准、超精密Z向直线运动基准、三轴运动基准间位置误差分离、全自动四自由度调整定位等关键技术，研制出超精密圆度/圆柱度测量仪样机2台，同德国联邦物理技术研究院（PTB）圆柱度测量基准仪器比对测试数据完全吻合，在哈尔滨量具刃具集团有限公司和国家量仪产品质量监督检验中心示范应用，制定了《JB/T 10864—2008 中华人民共和国机械行业标准——圆柱度测量仪》1部（图2-37）。

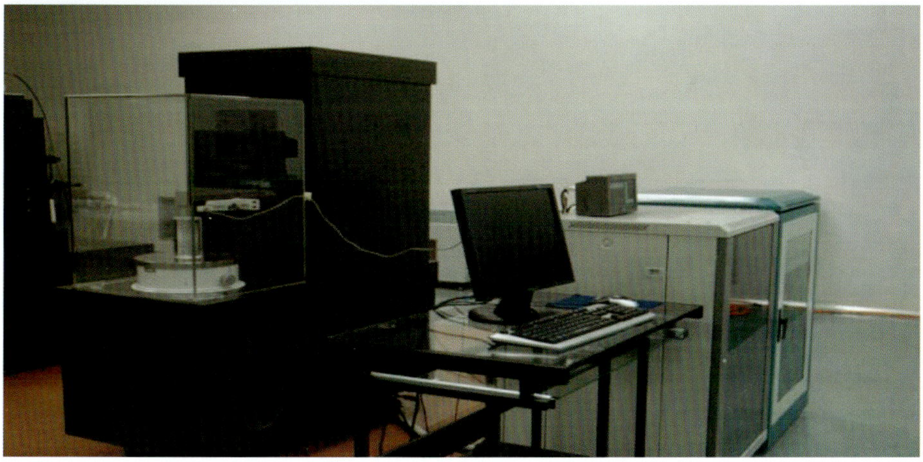

图2-37　超精密圆柱度测量仪

在超声相控阵管材探伤设备方面，研制出我国第一台超声相控阵管材在线检测设备。适用于检测直径15～150mm管材，检测速度达2m/s，检测灵敏度12mm × 0.2mm × 0.4mm，可实时给出管材缺陷A-D扫描显示图像，填补了我国在超声相控阵管材检测上的空白。

在飞机整体结构件加工变形在线测量技术方面，突破了强反光金属表面在线测量技术，开发出高速高亮度数字条纹投射器，参数可调型激光投射器，形成了可与加工设备集成的非接触式三维在线测量系统，测量范围2m×1m，测量精度1/40 000，形位尺寸测量精度50μm，测量时间0.5h，在中航工业成都飞机制造公司示范应用，显著提高了零件的测量精度。

在高档数控机床综合动态特性在线测试技术方面，掌握了机床整机激振模态参数辨识、高速主轴全息动平衡与预紧力调整、薄壁零件铣削稳定性分析等关键技术，开发出数控机床综合动态性能测试系统，在沈阳机床、秦川机床等企业得到应用，支持了多台国家科技重大专项主机研制。

在列车汽车重要零部件及装配线在线测量技术方面，开发出列车轴承、汽车发动机缸体、汽车白车身装配线在线柔性检测系统，在列车零部件制造和汽车整车制造企业得到成功应用（图2–38）。

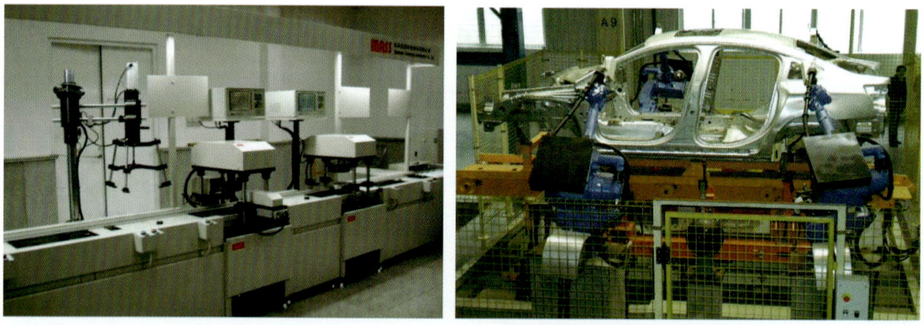

图2–38　高速列车轴承自动检测线和汽车白车身自动检测线

## 第七节　重大产品和重大设施可靠性技术

### 一、需求分析与发展历程

重大产品/设施是指影响国家安全和经济命脉及行业经济效益的大型、关键、昂贵的产品或设施。随着我国经济的发展，一系列重大产品/设施陆续建成并投入使用，如三峡大坝及发电机组、航空发动机与燃气轮机、高速铁路系统、核电站、奥运场馆和超高建筑等。上述重大产品/设施在使用过程中均需满足长时间安全可靠运行的需求，一旦不能满足这种要求，出现难以预料的重大故障，将对国家财产、人民生命安全和国民经济运行造成重大损失。因此安全与可靠性问题已成为21世纪优先发展的关键技术。

可靠性技术起源于20世纪50年代，主要用于军工领域，并于20世纪

60年代得到全面迅速发展逐步进入民用领域。20世纪70年代，国外可靠性技术在航空、航天、兵器、舰船、核等军用领域继续深入发展的同时，家电、电力、建筑、通信、石油、化工、交通运输等行业也相继蓬勃发展，并取得了显著的经济效益与社会效益。20世纪90年代末期，诞生了故障预测与健康监控（PHM，prognostication and health monitor）技术。我国可靠性技术起源于20世纪60年代，在电子工业部门和“两弹一星”研制中，电子元器件的可靠性和大型工程项目的可靠性得到了必要的重视与发展。20世纪80年代初期，以解决常规武器装备使用中的寿命短、故障多问题为突破口，我国开始认识到可靠性问题的重要性及其对武器装备建设与发展的战略性，开始有组织地引进美军可靠性标准与规范，在装备研制中宣传推广可靠性概念及国外成熟技术，在现役装备中应用可靠性增长与寿命延长技术，取得了显著的经济效益与军事效益。20世纪90年代以来，我国民用领域的可靠性技术开始起步，在机械、电子、通信、石油、化工、交通等领域得到普及和应用。经过近20年的发展，在个别领域我国可靠性工程技术已达到或接近国际先进水平，比如在飞机结构疲劳/断裂可靠性设计、结构全寿命估算理论、耐久性评定、损伤容限设计取得了多项具有世界先进水平的研究成果，并已在工程中取得巨大经济效益。

重大产品和设施大多造价昂贵，要求长周期连续工作，一旦因故障停机损失十分巨大。此外，不断挖掘重大产品和设施的技术潜力，延长其使用寿命也是进一步提高经济效益的重要途径。产品和设施在经历了一定服役寿命后其内部损伤不断累积，特别是我国许多重大产品和设施存在设计和建造质量先天不足与运行维护后天失调问题，如何保障其运行期间的性能稳定是对寿命与可靠性技术提出的严峻挑战。为此，“十一五”期间，国家863计划先进制造技术领域在将 “重大产品和重大设施寿命预测技术”设为4个专题之一，旨在以大型发电机、航空发动机、燃气轮机、高速列车系统、核电装备、卫星、巨型重载装备、大型工程机械和数控装备、流程工业重大装备及大型桥梁和大型建筑等影响国家安全和经济命脉及行业经济效益的大型、关键、昂贵的装备、设施和工程为背景需求，重点围绕寿命和可靠性设计与分析技术、寿命和可靠性试验与评估技术、故障预测诊断与维修决策技术、安全分析与风险评价技术等四个方面进行了部署，开展共性基础技术研究，开发相关的工具、设备和集成技术，在典型行业和典型装备上进行应用示范，为提高我国重大装备、设施、工程的安全可靠运行能力，预防重大事故，增强高技术产业的国际竞争力提供了寿命预测与可靠性分析的关键技术、方法和手段。

## 二、关键技术与标志性成果

先进制造技术领域“重大产品和重大设施寿命预测技术专题”在“十一五”期间重点支持了前沿关键技术，以及与大型发电和电力装备（如超临界及超超临界汽轮发电机组、水轮发电机组、核电和风电装备等）、航空航天装备（如航空发动机、直升机动力系统、飞机机翼、卫星、太阳帆板等）、大型公共设施（如大跨悬索桥、长大隧道工程、奥运场馆、超高建筑、大型压力容器和石油储罐等）、石化装备（如石油炼制装备、大型透平压缩机、大型离心压缩机等）、重大装备与工程机械（如重型数控装备、大型塔式起重机、三峡大型升船机、大型模锻水压机、大型全断面掘进装备等）和铁路交通装备（如高速列车、低速重载列车等）相关的关键零部件与系统的寿命与可靠性技术研究。

### （一）前沿关键技术

重点攻克了复杂产品和装备的寿命与可靠性设计和分析、基于寿命与可靠性的多学科优化设计、可靠性环境试验、重大装备状态监测与故障诊断、重大设施健康监控与故障预警、重大设施的安全性评估与监控等关键技术，尤其是在旋转机械和石化装备的状态监测与故障诊断技术、大型桥梁和大跨度结构的健康监控技术、大型压力容器和石油储罐的可靠性设计和安全分析技术和工程机械的远程实时监控技术等方面达到了国际先进水平。开发了一批软、硬件系统与工具集成平台。

### （二）发电机组寿命和广义可靠性设计分析技术

掌握了超临界600MW机组高温部件寿命设计的核心技术，开发并应用了超临界600MW机组主机、辅机与系统可靠性设计的关键技术，研究制定并实践应用了超临界600MW机组寿命和可靠性设计与评定的4个技术规范；授权3项发明专利，申请5项发明专利，取得两项国家软件著作权。率先研究得出了超临界锅炉系统可用性设计技术与超临界汽轮机系统可用性设计技术，在设计阶段实现了超临界机组可用系数AF和强迫运行率FOR的定量计算、分析评价与改进提高，超临界600MW等级火电机组成套设备的等效可用系数达到国际先进水平。研究成果在我国三大动力基地15家制造企业推广应用，国产600MW超临界机组的等效可用系数达到92%，经检索优于国外同类设备，达到国际领先水平。实现了超临界600MW机组的自主化设计、自主化制造与批量化生产，实现了我国煤电成套设备从亚临界参数到超临界参数的升级换代，“超临界600MW火电机组成套设备研制与工程应用”成果获得了2008年国家科技进步一等奖。

### （三）超高层及大跨度建筑可靠性监控技术

“十一五”期间，我国在超高层及大跨度建筑的可靠性监控技术达到了国际先进水平，首次在610m高的广州新电视塔工程中应用。该监控系统通过十几种传感器对800多个点的监测，对结构施工过程安全和质量控制起到了重要的保障作用，也为确保结构全寿命周期的安全和维护奠定了良好的基础，开辟了超高建筑的安全施工与安全维护工作的一条重要技术途径。

在超大跨度设施可靠性监控方面，大型场馆健康监测与安全分析技术研究成果成功应用于奥运会“水立方”和“鸟巢”的结构安全健康实时监测（图2-39）。针对奥运水立方的在线监测需求，在国内外首次在大跨度空间结构上大规模采用新型光纤光栅应变及温度传感器在线监测结构的应力场和温度场分布，并对ETFE膜结构的风速、风压和振动进行了同步监测。研究成果获2008年国家科技进步二等奖。沿海重大混凝土桥梁耐久性试验方法与寿命评估技术研究成果应用于杭州湾跨海大桥等重大桥梁工程，获得国家科技进步二等奖。

图2-39 奥运会“水立方”结构安全健康实时监测

## （四）极端条件下重大承压设备设计制造与维护技术

主要针对千万吨炼油、百万吨乙烯、液化天然气集输等国家重大工程建设一些大型关键承压设备，围绕高/低温、复杂腐蚀、超大容积等极端条件，开展风险评价、寿命预测、基于风险与寿命的设计制造与维护技术研究。先后攻克了大型低温乙烯球罐冷裂纹与再热裂纹控制、焊接和整体热处理，大型深冷LNG储罐材料设计开发、焊接工艺，大型缠绕管式换热器结构设计、零泄漏制造工艺和传热性能衰减诊断，复杂腐蚀环境特种材料制压力容器腐蚀形态识别评价、结构优化和焊接工艺，深冷储运设备应变强化工艺和控制等10种重大装备的18项设计制造与安全维护关键技术，建立了8种极端环境重大承压设备的风险评价或寿命预测技术方法和4种检测监测或安全诊断技术方法，最终实现了2000～3000m$^3$调制高强钢低温乙烯球罐、7000m$^2$缠绕管式换热器、20万t/年醋酸装置锆复合板主反应器、100 000m$^3$深冷LNG储罐、100m$^3$轻型化深冷储运设备、φ6760m环氧乙烷反应器、φ630mm高参数钢丝增强复合管等7种重大承压设备的国产化。成果还在四川德阳什邡、绵竹两个重灾区发挥了重要作用，对32台受地震影响严重的大型危险品储罐进行了检测和评估，保证了德阳市数万辆燃气汽车和几十万户居民供气安全（图2-40和图2-41）。研究成果“大型石化装置系统长周期运行风险的控制与评估关键技术及工程应用”2011年获国家科技进步二等奖。

图2-40　大型低温乙烯球罐　（2000m$^3$）

图2-41　环氧乙烷反应器（φ6760m）

## （五）智能维护技术及其在工程机械行业的应用

“十一五”期间，智能维护与故障监控技术在工程机械行业的应用取得显著成效。基于GPS/GIS/GPRS技术、以抚顺挖掘机制造有限公司的250

吨位以上大型液压履带起重机为对象，开发了大型履带起重机Web远程实时状态监测与故障诊断系统，在北京鸟巢奥运场馆等不同施工现场的大型起重机上进行了验证应用。围绕工程机械装备内部容易引发故障的关键零部件及系统，深入研究了工程机械装备工作性能状态检测、特征信号提取及数据无线传输技术；健康状态评估、预测预警、故障诊断技术；网络环境下基于GIS/GPS/GPRS 的远程监控及维护技术；研制出泵车、起重车远程监控及维护应用系统，实现对各地在役设备的24h在线实时定位跟踪和健康监控，监视装备的作业情况和机器性能变化、预测预警事故的发生、出现故障及时报警、变被动维修服务为预防性维护，达到无线网络下的“零延迟”、“零距离”快速响应服务和设备近“零故障”运转状态的目的，大幅度提高了我国工程机械行业的技术和服务水平，提升了国产工程机械在国际市场上的竞争能力。

远程维护及故障监控技术在三一和中联的大型泵车及起重车上应用成绩显著。开发出工程机械远程监控共性技术试验平台和混凝土泵车和起重车远程监控与维护系统，实现了与企业ERP、PDM等系统的集成运行，提高了设备维护与服务水平。累计销售具有远程监控与维护功能的混凝土泵车和起重车产品3000台（套）以上，实现产值100亿元以上，促进了我国工程机械行业远程监控与维护技术标准与规范的形成。

## 第八节　经验与启示

在国家863计划和国家科技支撑计划资助下，先进制造技术领域重大装备与工艺技术主题方向取得了长足的进步，为装备制造业和国民经济相关行业提供了一大批具有知识产权的重大工艺技术与装备。其发展历程使我们得到如下启示。

（1）建立和巩固一批稳定的行业共性基础技术研发队伍和经费支持机制，是形成我国装备制造业各领域技术发展后劲，提高产品设计、制造能力，满足应用需求，提高国际竞争力的关键。

（2）基础件一直是长期制约我国高端装备自主研发的瓶颈问题，其产业投入大、技术难度高、需要长期的品牌积累，在国外装备企业实力和技术巨大压力下，需要政府持之以恒引导和扶植，组织企业与高校科研机构联合攻关，从发展产业链的角度鼓励国产基础部件的应用推广。

（3）在高档数控机床和重大基础制造装备，微电子制造装备列入国家重大科技专项后，国家863计划先进制造技术领域重大装备与工艺技术方向面临着巨大挑战，如何围绕工艺装备技术的国际前沿和抓住战略性新兴产业发展重大机遇，优选和明确主攻方向，以发挥863计划的前沿性、前瞻性、引领性作用是今后需要深入思考的问题。

第三章

# 制造服务技术

## 第一节 概述

这十年来，结合每个阶段最新信息技术的发展，攻克了一批各个阶段制造业信息化所需要的核心关键技术，占据了高技术前沿领域的一席之地。比如，CAD、CAPP、PDM、ERP中的核心关键技术，软件架构与企业业务模型、业务集成、数据交换、全生命周期统一建模与控制、工业以太网实时通讯及标准等一大批关键技术。

这十年来，持续推动国产的制造业核心软件产品的研发，持续支持了国产CAD、CAPP、PDM/PLM、ERP以及面向专业领域的专业化软件和构件的研发，推进“千家万套”工程，促进了国产软件产业的发展，有效制衡国外软件在我国制造业领域中的市场扩展，降低了国外软件在我国制造业中的售价。

立足各阶段制造业发展面临的挑战和需求，始终坚持用先进的信息技术、先进的管理模式，改造提升传统产业，加速推动我国制造业做大做强。先后推动了“十五”“制造业信息化科技工程”、“十一五”“两甩工程”、“十二五”“服务增效工程”，带动大型集团企业、骨干企业和中小企业信息化水平提升。

这十年，不仅仅从技术、产品、应用和推广上下功夫，更重要的是建立国家—省市联动的推进制造业信息化的工作机制，组建了CAD、ERP等技术联盟，成立了若干工程中心/生产力促进中心，创办了《中国制造业信息化》杂志和网站，营造了良好的社会氛围，形成了推进制造业信息化的长效机制。

## 第二节　开发技术与产品

### 一、背景与发展历程

制造业是我国国民经济的支柱产业和经济增长的发动机，是实现工业化的水之源、木之本，是现代化的原动力，是国家实力的支柱，也是国家安全的重要保障。制造业的创新开发能力与整体水平决定了我国的经济实力和国防实力。中国制造业经过数十年的发展，无论制造产业规模与总量上，已经处于世界领先的地位，从某种意义上讲，中国已经成为世界工厂。目前，中国正在经历从“制造大国”向“制造强国”转变的关键历史时期，自主技术创新成为了推动我国制造产业转型与升级的核心动力。

计算机辅助设计（CAD）/计算机辅助工程（CAE）为代表的制造业产品创新开发工具，是计算机在工程领域中最有影响的应用技术之一，也是我国从制造大国向制造强国转型的核心支撑，是提升企业自主创新能力和国际竞争力的关键之一。CAD/CAE技术及其应用程度已成为衡量一个国家科技现代化和现代制造业水平的重要标志，对我国正在构建的以企业为主体的国家创新体系具有十分重要的战略意义。

在国家科技部的强有力支持下，在国家高技术研究发展计划的资助下，在甩图版、甩帐表等系列国家大工程带动下，我国CAD/CAE技术也在迅猛发展，取得了一些卓有成效的成果。在经历了“六五”探索、“七五”攻关、“八五”完善与推广、“九五”普及应用之后，在“十五”期间，我国CAD开始主攻三维CAD核心的自主研发与应用，形成了具有自主知识产权的三维CAD核心—平台—应用系统；我国CAE围绕“计算机集成制造工程”的核心理念，以现代建模仿真、知识工程、系统工程等关键技术为支撑，通过大量的技术创新与协同攻关，形成了具有自主知识产权的复杂产品制造工程核心平台应用系统。在“十一五”期间，CAD/CAE又经历进一步集成研发，通过清华大学、北京大学、浙江大学、北京航空航天大学等高等院校和北京仿真中心等科研院所以及北京清软英泰信息技术有限公司、北京瑞风协同科技股份有限公司、山东山大华天软件有限公司、北京数码大方科技有限公司等公司的技术攻关、产品研发和推广应用等卓有成效的工作，推出了Ti3DCore、TiGems、SINOVATION和Solid3000等三维核心和软件系统，以及复杂系统建模仿真语言CSSL、复杂产品虚拟样机工程支撑平台COSIM、分布/并行一体化建模仿真平台CISE等核心CAE软件系统，动摇了国外三维CAD以及CAE支撑平台的垄断地位，并且已经在航天、航空、机械等领域展开应用，有力支撑了我国制造行业，尤其是装备制造业的工程技术与产品研发创新，提高产品质量和产品附加值，提升我国复杂制造产品的核心竞争力，为我国经济和社会的高速发展做出贡献。

## 二、核心技术突破与典型成果

在“十五”和“十一五”期间，在国家的大力支持下，我国高校科研机构、CAD软件企业以及CAE行业相关科研单位通过自主研究或技术引进等方式协同攻关，在理念创新、技术突破、产品研发以及应用推广方面取得了大量成果。CAD方面已经掌握了三维CAD系统核心技术，已经具备了基本的几何建模能力，集线框、曲面和实体造型于一体，并允许这三种表示共存于统一的数据结构中，同时具备了包括几何引擎、约束求解器、图形管理、真实感渲染等构件的三维数字化设计核心系统，为各种三维造型应用的开发提供了三维CAD平台软件系统，并且已经在航空航天和汽车等行业得到了应用。在CAE创新理念方面，过去十年来，在李伯虎院士的带领下，以北京仿真中心、北京航空航天大学为代表的国内CAE科研院所与高校，结合复杂产品先进制造中的系统工程实践，充分吸收网格计算、云计算、系统工程等先进技术与理念，创新性提出了“复杂产品多学科虚拟样机工程”的先进制造系统工程理念，并重点围绕CAE领域的核心技术与问题，在国际上率先提出并实现了以现代网络/计算技术为基础的“仿真网格”、“云仿真”以及“智慧云制造”等CAE新模式新理念，充分引领了我国CAE产业乃至先进制造领域的发展。

这十年来，我国高校科研机构、CAD软件企业以及行业应用单位探索采用嵌入式发展模式，将原本完整的系统代码按照应用需求分解拆分成计算函数库或动态链接库等嵌入到其他专业系统中，打破了国产CAD研发与行业应用之间的鸿沟，使得三维CAD软件研发团队有机会比较充分了解行业应用需求，同时应用企业也对国产CAD技术也有了比较深刻的认识，形成核心、平台、应用和服务的软件开发链，很好地实现了优势互补。已经研发了面向航空、机械等行业的嵌入式三维核心设计系统，形成了产品轻量化设计、冲压模具设计等一系列行业和专业设计工具，为企业产品设计提供解决方案。

清华大学Ti3DCore首次实现了完全位于曲面上的曲线设计方法，研发了在奇异情况下填充符合连续性条件的曲面等技术，取得了国际领先水平，提高产品设计的精细程度；清软英泰TiGEMS设计并实现了基于能量和光顺优化理论和技术的从点自动生成自由曲面的快速设计方法，提高了产品设计质量和效率；华天软件SINOVATION研发了复杂曲面建模技术，开发出了回弹变形补偿功能，解决了使用高张力材料过程中所出现的手动调整周期长的问题，大大提升了用户的设计效率；北京瑞风协同科技股份有限公司Solid3000实现了模型信息与管理信息的集成，提供了异构CAD模型的转换和轻量化及其浏览控件以及航空钣金设计工具，并为模型的技术机密提供了保护机制，提高了模型的安全性。

在CAE关键技术方面，过去十年来，国内CAE科研院所与高校通过自主研究或技术创新等方式掌握了越来越多的CAE系统核心技术，并形成了大量的创新技术成果。通过在传统分布交互仿真中引入网格技术，在国际上率先研制成仿真资源（即“服务”）按需、动态构建的仿真网格，显著提高了CAE资源的动态共享能力，相关仿真网格研究论文荣获2006年国际仿真学会夏季仿真会议的第二最佳论文奖，受到国内外肯定。在此基础上，团队进一步攻克了CAE资源虚拟化、服务化和复杂虚拟仿真环境动态构建、高效仿真运行和评估等关键技术，研发出国内首例云仿真系统原型。针对复杂产品连续离散混合、定性定量集成、涌现等特点，北京仿真中心创新性提出了面向产品制造工程全生命周期的多域、多维、多尺度、动态演进一体化建模方法，研发出国内首例复杂系统建模仿真与优化语言原型。

国产CAD软件在近十年来也积极进行应用推广，这里介绍一些比较典型的成果。Ti3DCore已经成功嵌入到中国建筑科学研究院的中国古典建筑软件之中，实现了中国古建的参数化构件模型创建和施工图自动生成，填补了国内空白；Ti3DCore还支撑了园林软件，并应用于奥林匹克森林公园的园林景观设计。TiGems已经成功在成都王牌汽车集团股份有限公司展开了应用工作，其母线造型设计系统实现了与PDM系统的无缝集成，并且成功应用于大全集团。北京瑞风协同科技股份有限公司完成的软件系统已经用于民用飞机可靠性维修性安全性（RMS）信息管理之中，为民用飞机的维修维护提供必要的软件工具。华天软件在长安模具等100家大中型企业开展推广应用工作，安装软件5000余套，取得了较好市场和社会效益，并与奇瑞汽车、五征汽车、潍柴动力、福田模具等建立合作伙伴关系。我国国产CAD软件在近十年来的发展开始打破国外软件对我国的市场垄断和技术封锁，促进了我国制造业设计与创新能力的提升。

在CAE核心产品与工程应用方面，国产CAE软件研发和应用的过程也正因逐渐积累一些技术优势，实现了一些重点功能的创新，并在复杂产品制造业开展了大量的CAE推广应用。北京仿真中心自主研发的复杂产品虚拟样机工程支撑平台COSIM创新性实现了面向复杂产品集成制造工程全生命周期的完整CAE解决方案，并建立了智能多属性、定性定量集成、人机结合的复杂产品仿真决策与评估方法，以及产品工程研制进度/费用/风险/流程的系统化建模仿真分析方法，有力支撑复杂产品制造CAE全过程。目前COSIM已成功应用于航空航天、船舶、车辆等重大装备产品CAE工程中。基于先进分布交互仿真技术研发的一体化建模仿真平台CISE采用模型驱动结构（MDA）技术，以模型为中心，一体化开发，实现了基于组件的复杂产品仿真系统开发模式，支持模型组件的即插即用和组件的继承与组合，有力支撑了航天、兵器等重点装备的重大工程仿真应用。

# 第三节 工艺技术与产品

## 一、背景与发展历程

十年来，围绕工艺技术与产品方向，863计划制造服务技术主题先后重点支持了计算机辅助工艺规划（Computer Aided Process Planning，CAPP）和制造执行系统（Manufacturing Execution System，MES）的关键技术研究与产品研发工作，其中，前五年侧重于支持CAPP，后五年侧重于支持MES。

CAPP借助计算机软硬件技术和支撑环境，在工艺管理、工艺编辑等功能的基础上，通过工艺设计过程的辅助决策支持和三维环境下可视化的定量工艺设计，从而解决手工工艺设计效率低、一致性差、质量不稳定、不易达到优化等问题。CAPP经历了从工具到平台再到行业解决方案的发展历程，它已逐渐演变为PDM/PLM的一个必要模块。国产CAPP软件占据了国内大部分应用市场，其代表性产品包括开目CAPP、金叶CAPP、天喻CAPP等等。

MES是近年来越来越受到制造企业重视的工业应用软件。MES作为面向车间的生产过程管理与实时信息系统，定位于解决车间生产任务的执行问题，以填补上层ERP生产计划与底层工业控制（DCS）之间的鸿沟，它通过对物流、设备状态、质量等信息的实时监测与协调优化控制，达到快速响应制造、降低物耗能耗、提高制造质量的目标。国产MES 产品从无到有，其发展经历了从单元应用到集成应用、从定制系统到平台支撑的行业解决方案、从纯软件到软硬件一体化的发展历程。总体来说，目前流程行业的国产MES产品已经较为成熟，进入到大规模推广阶段，代表性MES软件供应商包括石化盈科、浙江中控、上海宝信、首钢自动化信息技术公司等。在离散制造行业，汽车制造由于采用流水线生产模式，生产过程稳定、变化少，其国产MES应用也相对成熟，而在航空、航天、船舶等行业，由于业务个性化太强且生产过程变化太多，MES软件基本上还只能定制开发，产品化仍然较为困难。主要的行业解决方案包括华中科技大学面向混流装配生产的HustMes系统，西北工业大学的面向航空行业多品种小批量生产的Workshop Manager系统，重庆大学的车间设备层信息化系统eMES，大连华铁海兴科技有限公司的天为MES系列产品等等。

## 二、核心技术突破与典型成果

### （一）集成化、三维化、智能化的CAPP系统

工艺设计连接产品设计和生产制造过程，是产品全生命周期的重要环节，通过将CAPP和PDM/ PLM集成，可以实现工艺数据和设计数据的统一管理，实现工艺流程的电子化，实现工艺数据库、工艺资源库和工艺知识库的维护。在航空、航天领域，工艺模型和设计模型的关联更加紧密，MBD（基于模型的定义）单一数据源技术已在CAPP/PDM集成中得到应用。目前，CAPP和PDM/PLM集成的典型应用场景是通过PDM/PLM管理工艺数据、工艺资源和工艺流程，通过CAPP进行工艺验证分析、工艺编制和报表输出。

随着三维CAD软件的普及应用，支持三维设计模型的读取、模型轻量化处理及网络化浏览已成为CAPP的必备功能。CAPP的三维应用体现为三个层次，第一层次是管理三维轻量化工艺模型，可以进行简单的装配工艺仿真，检查装配路径干涉现象，并在工序卡片中插入三维工序简图等等，目前大部分国产CAPP都已实现这一点；第二层次是基于三维的工艺规划，包括工艺特征识别、三维参数化工艺设计、加工过程仿真分析、复杂装配模型仿真分析、基于三维的工序图生成等等，大多数国产CAPP正朝这个方向努力；第三层次是三维数字化工厂应用，包括三维工厂的工艺布局优化、生产过程虚拟现实仿真、基于三维的加工及检验规划等等，国产CAPP和国外数字化工厂软件（Delmia、Tecnomatix）的差距较大。

智能化是CAPP的发展目标，工艺智能辅助决策包括工艺路线评估、工艺参数优化选择、尺寸链自动计算、装配序列自动生成与优化等等。为实现工艺设计过程的智能化或半智能化，必须有效地管理和利用工艺知识。在工艺知识的描述方面，决策表/树、粗糙集等方法是描述知识规则的基本手段，借助知识推理手段可以实现设计信息的重复利用；在工艺知识的管理方面，国产CAPP基本上都实现了对工艺资源、工艺规则、工艺模板和制造资源等基础数据库的管理，其中制造资源模块可以和MES相连以实现资源的实时状态感知；在工艺知识的利用和决策支持方面，目前CAPP主要支持变型产品的工艺设计，通过搜索模板库，找到类似的产品工艺文件，然后通过引导和人机交互的方式辅助工艺人员快速完成新产品的工艺设计。针对全新产品，通过专家推理实现工艺创成目前仍然难度很大。

随着MES应用的深入，CAPP和MES之间的信息交流更加频繁和复杂，CAPP的部分模块也在向制造环节延伸，这为实现现场无纸化提供了重要支撑。具体体现为：一是三维工艺现场应用，通过CAPP生成三维装配模型和动画，以电子化的形式直接下发到生产现场，指导工人完成装配操作；二是工艺现场更改的执行，在航空制造等行业，现场更改非常频繁，因此在MES系统中也经常实现了工艺临时更改的功能；三是工艺和调度的集成优化，通过MES获得制造资源信息，并在CAPP中编制柔性工艺路线，生产调度时则根据现场状态灵活地选择工艺路线，从而有可能获得更高的执行效率。

### （二）CAPP的三维化和智能化

三维化和智能化是CAPP的基本发展方向，随着国外MPM（制造过程管理）、DF（数字化工厂）、DM（数字化制造）等概念的引入，国产CAPP软件将进一步强化其虚拟仿真验证能力、综合数据管理能力和智能化决策支持能力。

### （三）面向行业应用的可配置MES解决方案

近些年来，在863计划制造服务技术主题项目的支持下，在生产过程实时数据采集、生产全过程监控和绩效分析、生产计划高级排程、工艺—资源—计划—物流—能流的协同优化等MES核心技术方向取得了突破。

实时数据采集作为MES的底层功能，是生产过程监控与绩效分析的基础。生产过程数据采集的对象包括计划执行进度、在制品位置、设备状态、质量信息、物流过程、产品档案、车间异常情况等等。数据采集的手段多种多样，石化、钢铁等流程制造行业的自动化程度很高，其主要的数据采集手段包括基于传感器的生产过程信息采集、基于底层控制接口（SCADA/ DNC/ DCS/ PLC）的设备状态数据采集等等，航空、航天等离散制造行业的自动化程度则相对较低，其主要的数据采集手段包括基于人机交互界面的现场制造数据反馈、基于RFID和条码等多数据载体的在制品状态采集等等。实时数据采集的主要技术组成包括接口通讯技术（RS232/RS485/DNC/网络接口等）、数据编码与自动识别技术（一维/二维条码、RFID、激光标刻等）、数据传输技术（工业总线、无线传感网ZigBee、WiFi等）、数据融合技术和实时数据库技术等等。随着物联网技术的飞速发展，基于无线传感网络、3G、GPS、手持移动终端等的数据采集技术也逐步在MES中得到应用。

通过数据采集模块收集到大量的生产过程实时数据后，MES提供了对这些数据进行展示和分析的功能，主要包括三个应用层次，一是过程数据的可视化展示，借助电子大屏、PC显示终端、移动终端等硬件设备，以图表等方式实时展示计划执行状态、在制品状态、物流配送状态、设备工作状态等信息，从而方便相关人员快速了解生产现场状况并进行异常情况处理，实现从物料投入到产品出产的全过程监控与管理；二是建立起完整的产品质量档案，为产品追溯提供数据基础，产品质量档案主要包括生产执行历史、配套零部件信息及相关过程文档，这些信息都以电子化的形式进行存储并和订单关联，可以被快速、准确地追溯；三是利用这些数据进行绩效分析，通过对生产过程业务数据的挖掘和利用，使用户能够可视化的定义、分析和优化业务的操作绩效。

多品种、中小批量生产是离散制造行业的主要生产模式之一，其典型特征是订单数量众多且优先级存在差异，而制造资源能力有限，因此集成高级计划排程（Advanced Planning System, APS）模块，通过约束规划求解实现能力受限条件下的生产计划优化排序，已成为离散MES的基本需求。常见的APS算法包括启发式规则、进化算法等等。APS的优化目标包括订单完工时间短、生产负荷均衡、物流平顺等等。APS和生产监控模块的关系紧密，APS的排序结果驱动生产执行过程，生产执行的结果则反馈给APS进行计划重排。由于业务目标的差异，不同企业需要不同的APS模型，可通过在APS中定制模型库来实现。以“十一五”863资助的汽车行业MES应用为例，APS采用工位负荷均衡、物料消耗平顺和品种切换最少的多目标计划优化技术，其排程结果通过具有实时车身识别和多通道控制功能的路由控制系统来执行，取得了缩短生产节拍20%以上的应用效果，大大提高了生产效率。

通过MES，实现了工艺、资源、计划、物流和能流的集中管理，如何对这些过程进行协同优化，从而使得生产过程更加透明、有序、高效，是MES的高级研究课题，其研究成果在MES软件中也得到了体现。在加工制造的作业型生产模式下，制造资源的冲突和各种异常情况的发生是导致车间生产计划与调度极为复杂的两个主要原因，通过提高加工工艺规划和物流路径规划的柔性，可减少生产过程中异常现象对生产稳定性的影响。在多品种混流装配的生产模式下，由于不同型号产品对不同的零部件需求不同导致对各种零部件的消耗也不同，因此，根据线上产品型号变化实时生成各工位的零部件及工装需求数据、作业调度和配料单，并采用快速物料路径规划方法，动态生成物料配送计划，可解决装配车间生产计划和物流控制的协同优化问题。流程行业对生产过程的“连续性”和“协调性”具有较高的要求，通过可视化流程生产过程建模与仿真技术，建立实现基于过程模型的模拟优化和调度的可视化仿真平台和智能调度工具，可实现生产全流程范围内的生产协调和物料平衡，通过建立制造过程的能源和物料的生产、转换、平衡模型，实现能源生产、利用与产品制造过程的同步协调机制，保证物流在能流驱动下的动态有序运行。

在863主题项目的支持下，许多国家龙头企业都陆续开展了MES应用实践工作，形成了不少行业应用标杆，比如中国石化、江淮汽车、成飞等等。以安徽江淮汽车为例，从2005年起开始实施MES，经过6年多的推广应用，目前MES已覆盖其商务车和轿车的冲压、焊接、涂装、缓冲区和总装车间，实现了生产过程的全面管控和“计划—物流—质量”的协同优化，从而大大提高了生产效率，据统计：瑞风商务车生产线节拍从实施前的3.5min提升至2.5min，轿车线实际生产节拍由120s提升至88s，冲压设备利用率从73%提高到91%，总装车间年物料资金占用降低47.7%，在制品资金占用降低25.6%，装配线平均每天因物料短缺导致的停线由2006年的10min左右减至3min以内。

### （四）遵从国际标准MES的功能体系

MES的标准化进程是推动MES发展的强大推动力，MES有MESA、ISA-95等多个国际标准，其中ISA-95最受重视，它规范化定义了MES的主要术语、功能模块构成、与其他系统的集成接口等等。随着国产MES软件向平台化和行业解决方案的方向发展，遵从ISA-95国际标准来构建MES功能体系架构，已越来越受到MES软件厂商的重视。

## 第四节　管理技术与产品

以企业资源计划（Enterprise Resource Planning，ERP）为代表的管理信息化是我国制造业信息化工程的重要方面。随着企业需求的变化以及信息技术的发展，ERP的发展经历了从MRP（Material Requirement Planning，物料需求计划）、MRPII（Manufacturing Resource Planning，制造资源计划）到ERP的历程，其管理范围从20世纪60年代的物料、到80年代的制造资源、再到90年代的企业资源。ERP的管理理念最初基于企业内部供应链的概念，侧重解决企业内部供应、生产、库存、销售等资源管理问题，随着制造业全球竞争的加剧，为了提高协作效率、降低协作成本、提高客户满意度，供应链的成员企业必须进行有效的协同，而不是单纯注重企业内部的资源规划，因而企业资源管理开始从企业内部转向供应链企业间。

国家863计划对我国ERP技术研究、产品开发与应用实施给予了长期的支持。“七五”、“八五”期间（20世纪80年代中至20世纪90年代中期），国家863计划CIMS主题主要支持了对于MRPⅡ/ERP管理模式与管理系统的技术研究与开发，并通过少量的CIMS应用工程探索ERP在我国企业中的应用途径，积累了很好的经验；“九五”期间（20世纪90年代后期），国家863计划CIMS主题在继续支持ERP管理技术研究的基础上，大力支持了国产化ERP软件产品的研发及ERP应用，推动了我国ERP产业早期的起步和发展。进入2000年以来，随着中央提出“以信息化带动工业化”战略，我国企业信息化与现代化发展步伐明显加快，特别是科技部提出了“制造业信息化工程”、经贸委提出了“企业信息化”行动，带动和掀起了我国企业应用ERP的高潮。先进的ERP管理系统提高了企业的市场竞争力，获得显著经济效益。巨大的ERP市场也刺激了国产化ERP产品应用的不断深入和我国ERP软件产业的迅速发展。国家“十五”863计划大力支持和推动了ERP管理系统的研究，并重点支持了十余个ERP软件产品的研发，对ERP应用实施和产业发展产生较大影响和推动作用，并在制造业信息化工程中发挥着积极推动作用。“十一五”制造企业的经营管理已从抓企业内部的管理转而向抓供应链的管理方向发展，形成了“供应商—制造企业—经销商—客户”的全方位的运行管理模式。企业与企业之间的竞争已演变成为从供应商到客户的整个价值链的竞争，提供经营管理的数字化解决方案也成为支撑企业进入全球化制造网络体系的重要因素。在此背景下，国家“十一五”863计划支持了“企业资源协同管理系统”和“制造业商务智能技术及产品研发”两个重点项目，旨在支持企业的信息化管理从企业内部向供应链企业间扩展，从企业的业务操作层、管理层向决策层延伸。

可以说，21世纪以来的十年（“十五”和“十一五”）国产ERP软件有了飞速发展，与国外大型ERP软件的差距日益缩短。这十年ERP软件的发展可以分为两个阶段：第一阶段是“十五”期间我国ERP软件逐渐成熟，功能日渐完善，向集成化方向发展，但主要侧重于企业内部的管理；第二阶段是“十一五”期间我国ERP软件从企业内部向供应链上下游延伸，从企业的业务操作层、管理层向决策层延伸。

下面分别对这两个阶段的情况进行详细介绍。

## 一、背景与发展历程

“九五”期间，863计划CIMS主题大力支持了国产化ERP软件产品的研发及应用。一方面，重点支持了5个国产化ERP产品的研发，包括利玛CAPMS、开思CASE、金思维JS-ERP、经纬JW-ERP、并捷EMIS等。另一方面，通过支持实施200多家CIMS应用示范企业推动MRPⅡ、ERP软件应用的深入；还特别设立了国产化软件应用工程项目，专门支持包括国产化ERP在内的CIMS应用软件的实施。这些工作为我国ERP产业的进一步发展打下了良好基础。

进入“十五”（2001年以来）后，863计划CIMS主题进一步明确把国产化ERP软件产品的研发及应用作为重点工作来抓，其目标是：围绕我国制造业信息化工程的需求，对中国先进管理模式与ERP关键技术进行创新研究，重点开发若干基于中国先进管理模式的ERP管理软件系统，形成具有我国自主知识产权的ERP软件产品；结合我国制造业信息化应用工程和典型行业区域CIMS应用工程进行广泛的应用，在推动我国企业管理改革与信息化的同时，带动和促进我国ERP产业的发展，并使具有我国自主知识产权的ERP软件产品在ERP市场中占有一定份额。

围绕该目标，国家863计划“十五”期间主要支持了以下项目：

### （一）适合中国国情的可重构ERP系统

提出中国先进管理模式，研究适合中国国情、适用于多种生产方式的先进企业管理软件，开发出可重构的新型ERP软件产品，并能够通过在企业中的应用推广，逐步实现产业化。

### （二）适合中国国情的ERP管理软件系统

针对我国企业管理的集约化与现代化、企业重组与优化、企业全球化采购与分销、企业间协同与动态联盟管理等问题，研究适合中国国情、适用于多种生产方式和经营模式的先进企业管理软件，建立支持企业经营管理、电子商务与企业内外部集成的动态可重构企业管理系统，并通过应用推广，逐步实现产业化。

### （三）新一代ERP系统研究与开发

对我国企业现代管理的成功经验进行总结升华，研究适合中国国情的先进ERP管理模式与管理方法，并探讨将先进管理模式用于新一代ERP系统的技术途径；研究基于软构件的新一代ERP系统体系结构，采用基于J2EE的分布式体系结构和面向对象的方法，开发和实现ERP的基础功能构件、核心功能构件和应用功能构件，并在此基础上构建一套完整的支持行业/企业解决方案的新一代ERP系统；研究新一代ERP系统实现技术，包括基于WEB的ERP系统开发平台、基于企业建模的ERP快速系统配置及系统动态重构/重用技术、ERP报表自动生成器、ERP工作流引擎、新型ERP系统界面、面向客户的个性化系统定制工具等；研究新一代ERP系统实施与建模技术；研究新一代ERP系统集成技术。

### （四）与ERP结合的供应链管理与客户关系管理系统

研究开发电子商务环境下的企业供应链管理（SCM）与企业客户关系管理（CRM）系统，形成具有自主知识产权的SCM与CRM软件产品，并实现与863支持的ERP软件系统的有机集成。结合制造业信息化典型应用示范企业，进行较广泛的应用，促进产业化。

通过国家863计划“十五”期间的支持，用友、金蝶、和佳、浪潮、金思维等多家软件公司，以产学研结合方式，针对我国制造企业的管理模式和特点，自主研发了符合我国国情的新一代ERP产品，同时积极开展了市场推广应用工作，“十五”末国产管理信息化软件应用套数占国内79%市场份额。

## 二、核心技术突破与典型成果

进入“十一五”，国产ERP软件由侧重企业内部资源协同向企业间资源协同和支持决策层发展。制造业在全球化、集群化和信息化的发展趋势下，面临着同质化竞争、个性化需求带来的巨大压力，其研究开发、生产制造、营销服务和资本运作均已推向世界。在全球范围配置制造资源、形成制造业优势产业链、抢占世界市场已成为世界各国制造业发展的首选战略。为适应制造业的全球竞争，制造企业的经营管理已从抓企业内部的管理转而向抓供应链管理的方向发展，形成了“供应商—制造企业—客户”

的全方位的运行管理模式。企业与企业之间的竞争已演变成为从供应商到客户的整个价值链的竞争。在此背景下，企业不但需要实现企业内部资源的协同，还需要实现供应链企业间资源的协同。如，在销售、售后服务、市场分析与预测等领域，为占领市场满足客户需求，制造商需要与分销商、代理商和客户等进行合作和协同；在生产制造领域，为快速响应市场需求，各制造商、零部件供应商在制造链的每一个环节需要保持同步生产与协调控制；在采购与供应领域，为保证供货的及时性，并降低库存成本，制造商与供应商需要建立协同的库存控制策略与物流配送策略；在项目管理领域，为保证交货期和交货质量，大型复杂产品等工程型项目所涉及的多个企业业务工作需同步开展，项目结点上相互制约、相互影响的各种任务需要协作完成等等。

制造企业发展和竞争的需要，对企业管理软件提出了新的需求。以往以企业内部资源协同为主的ERP软件已不再完全适应制造业的发展，研发支持企业内外资源协同的管理软件已势在必行。在此背景下，国家"十一五"863计划支持了"企业资源协同管理系统"重点项目，旨在打破国外软件商对我国高端应用管理软件的垄断，提升我国制造业的竞争能力。

另一方面，在制造业全球化、集群化和信息化的发展趋势下，制造企业信息化应用已从业务操作层转而向管理和决策层的方向发展，支持管理者面对商务环境的快速变化做出敏捷反应、科学决策以及价值管理。在此背景下，提供支持多种制造业商务智能发展模式及产品研发的解决方案已成为支撑我国制造企业发展并进入全球化制造网络的重要因素。为此，国家"十一五"863计划还支持了"制造业商务智能技术及产品研发"重点项目，旨在打破国外BI软件商对我国高端BI软件的垄断，促进我国商务智能软件技术的进步，使我国商务智能软件产业的发展迈上一个新台阶。

下面分别对这两个重点项目所开展的工作及形成的软件产品进行详细介绍。

### （一）企业资源协同管理系统

针对建立现代企业制度对管理提出的需求，以企业资源管理、供应链管理以及客户关系管理等管理系统作为基础，研究企业各项业务流程和管理模式，开发企业资源协同管理系统，解决企业内资源集成化管理及协作企业之间的协同市场管理、协同库存管理与配送、协同项目管理等问题，支持企业信息流/物流/资金流以及经营管理业务流程的集成，支持我国制造业信息化“甩帐表”工程，促进企业业务流程重组与优化以及组织结构的扁平化，实现企业管理模式和管理手段的根本性变革与创新。

通过产学研合作，形成了3个“企业资源协同管理系统”：用友“业务驱动的多企业资源协同管理系统”、金蝶“基于B2B协作平台的企业资源协同管理系统”和哈工大“项目驱动的企业资源协同管理系统”。

1．用友“业务驱动的多企业资源协同管理系统”

针对机械、汽车等行业的资源协同需求，提出了业务驱动的企业资源协同管理运作模式，建立了企业资源协同管理的行业参考模型，研究了一套企业资源协同管理系统实施方法；突破了相关的企业建模工具、程序生成器等软件实现技术，研发出企业建模工具、MDA支持工具、程序生成器等软件原型，获得9项相关软件著作权；完成企业资源协同管理系统的设计与开发，完成相关业务构件700多个；突破了应用集成平台中运行支撑环境、企业数据交换与集成中间件、基于服务的企业间业务流程协同中间件、信息门户集成中间件等关键技术，开发了企业资源协同管理系统的应用集成平台原型系统和多种集成适配器，支持集成不同软件数量达5个以上；系统已在国内机械、汽车、电子电器等行业领域的40多家制造企业开展了典型应用，实现了供应链企业间的信息交互与经营管理业务协同，取得了良好的应用效果。

2．金蝶“基于B2B协作平台的企业资源协同管理系统”

针对消费品、电子、汽配、家电等行业的资源协同需求，提出了基于B2B协作平台的企业资源协同运作模式，建立了行业参考模型；研发了基于B2B协作平台的企业资源协同管理系统；利用SOA封装了企业内部资源管理ERP系统；对企业资源协同系统的集成技术进行了研究，提出了完整体系的集成框架并研发了多种集成适配器，实现了与5种软件系统的集成。所研发的企业资源协同管理系统在消费品、电子、汽配、家电等行业的20多家企业实施应用并获得直接经济效益4560万元，研究成果大大提升了应用企业在采购、销售和库存方面的供应链协同效率，提升了企业快速响应市场和减少供应链成本。

3．哈工大“项目驱动的企业资源协同管理系统”

针对造船、航空航天等大型单件/小批复杂产品的制造企业的管理需求，提出了项目型企业协同资源管理模式、面向MDA的项目型复杂企业业务建模方法和软件开发方法、支持企业内/企业间资源协同管理系统的应用集成技术；研发了项目型复杂企业建模工具、业务构件代码生成工具和软构件管理工具、企业应用系统运行平台及数据、流程和门户集成中间件；研发了以项目管理为特征的、基于业务构件和应用集成平台的企业协同资源管理系统。系统在国内航空、航天、船舶以及其他25家企业进行了示范应用和推广应用。同时，实现了研究成果的产品化和产业化，取得了显著的经济效益和社会效益。

### （二）制造业商务智能软件

针对我国制造业在全球市场竞争中进行科学决策、有效配置企业资源、实现价值增值以及盈利与风险博弈的需求，基于"十五"期间ERP/SCM/CRM成果，研究海量信息利用和管理技术；构建海量信息的挖掘、清洗、展现工具集；开发支持科学决策、战略管理、竞争优势和价值评价的管理模型，形成行业商务智能平台；在电子制造、航空航天和汽车制造等行业开展应用示范。实现企业管理模式和管理手段的变革与创新，提升制造企业的竞争能力。

重点研究了基于自主ERP和自主BI工具的、基于自主ERP和商业BI工具的、基于商业ERP和自主BI工具的、基于自主BI工具的以及相对封闭性行业的制造业商务智能发展模式，开发了1套具有自主知识产权的基于ERP的制造业BI工具集，形成了3个各具特色的制造行业商务智能平台，在家电、汽车、航空航天、兵器、船舶、制药、烟草等典型制造行业开展了应用示范，实现了制造企业管理模式和管理手段的变革与创新，提升了制造企业的竞争能力。

1. 浪潮"柔性化的制造业商务智能平台"

针对汽车、航空航天、兵器、船舶、制药等典型制造业商务智能应用需求和现状，在研究基于自主ERP和自主BI工具的、基于商业ERP和自主BI工具的制造业商务智能发展模式的基础上，研究开发了支持多行业、可集成不同BI工具集、可定制应用分析模块及支持异构应用模式的行业商务智能平台，该平台具有管理驾驶舱、战略地图与平衡记分卡、EVA与绩效评价、投资决策支持、预算与资源配置管理、预警雷达、风险管理等战略应用层面的智能分析以及财务分析、销售预测与分析、生产及质量管理分析、库存分析、客户分析、供应商分析、服务分析、人力资源分析等运营层面的分析等功能，在哈飞汽车、鲁花、南方汽车等制造企业进行了应用验证，在300多家制造业企业进行了推广，取得良好的经济效益与实施效果。

2. 神州数码“柔性化的制造业商务智能平台”

针对医疗仪器、汽车等典型制造业商务智能应用需求和现状，主要探索基于自主ERP和商业BI工具的制造业商务智能发展模式，攻克了其中的系统集成等关键技术，研究开发了支持多行业、柔性化的制造业商务智能平台，在上海新波生物技术有限公司、东莞欣意企业有限公司等制造企业进行了应用验证和推广应用，取得良好的经济效益与实施效果。

3. 杭州州力“面向烟草制造行业的商务智能平台”

以烟草制造行业为例，研究相对封闭性行业的制造业商务智能发展模式，解决这类行业制造企业（集团）供应链环节的销售、物流、产销衔接等重要分析模型，建立支持整个供应链的全流程业务联动的分析模型、决策模型；在此基础上，建立了支持烟草制造行业科学决策、战略管理、竞争和价值评价的管理分析模型，开发出战略分析层面和运营管理层面的应用功能模块，形成了面向烟草制造行业的商务智能平台，在烟草行业进行了应用验证和推广应用，促进了烟草制造行业信息化水平和管理水平的进一步提升。

4. 重庆宏信“基于ERP的制造业BI工具集”

针对我国制造企业科学决策的迫切需求和BI与ERP日益融合的发展趋势，研究基于自主BI工具的制造业商务智能发展模式，研发了一套具有自主知识产权的基于ERP的制造业商务智能工具集，包括支持异构数据源的ETL工具、基于后端服务器架构的OLAP工具，交互式前端展示工具和数据挖掘工具等20项商务智能核心组件的开发；实现了与浪潮商务智能平台、神州数码商务智能平台、杭州州力商务智能平台的集成，为制造行业BI平台的研发提供了柔性、实用的商务智能工具集支持，并在长虹、华为、重庆星乔等制造企业进行了应用验证和推广应用，完成了300多套工具集的推广应用。此工具集也推广应用到了重庆移动、四川电信、重庆税务等其他企事业单位中。

### （三）十年前后ERP市场份额对比

在赛迪顾问2002年3月份发布的“2001年中国ERP软件品牌市场结构”中（图3-1），SAP、Oracle两大国外ERP软件的市场份额之和为24.4%，排前4名的国产ERP软件用友、金蝶、浪潮、和佳的市场份额之和为44.0%。十年后，赛迪顾问2012年2月份发布的“2011年中国ERP软件品牌市场结构”中（图3-2、表3-1），SAP、Oracle两大国外ERP软件的市场份额之和下降到20.3%，排前4名的国产ERP软件用友、金蝶、浪潮、鼎捷的市场份额之和上升到59.7%。这充分说明了十年来国产ERP软件取得了长足发展。

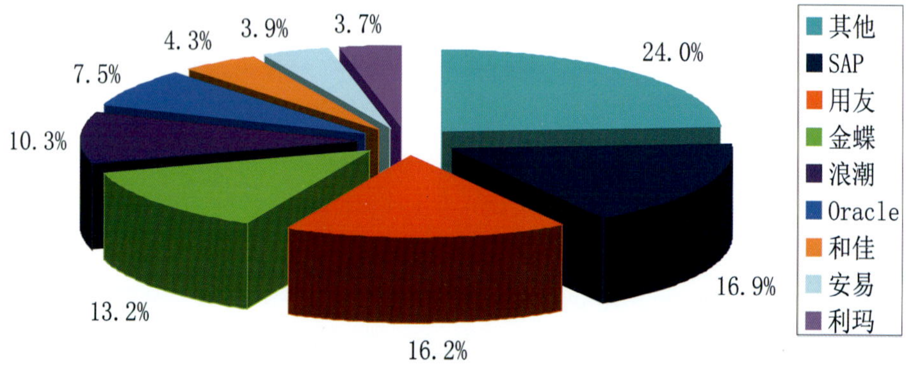


图3-1　2001年中国ERP软件品牌市场结构

数据来源：赛迪顾问 2002,03

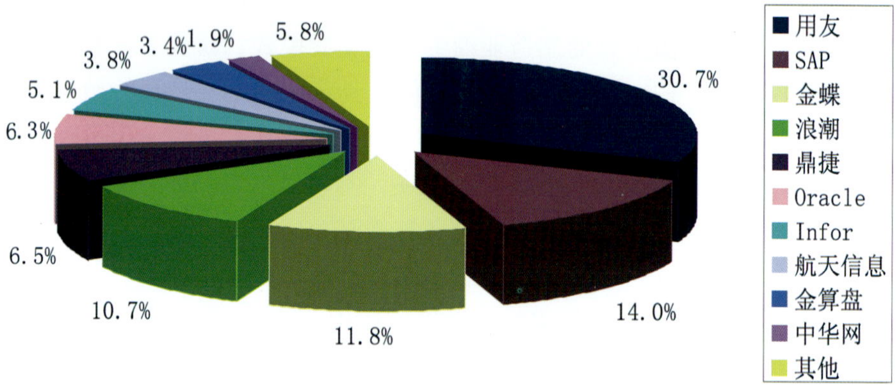


图3-2　2011年中国ERP软件品牌市场结构

数据来源：赛迪顾问 2012,02

表3-1　2011年中国ERP软件品牌市场结构

| 品牌 | 销售额（亿元） | 构成比例（%） |
|---|---|---|
| 用友 | 24.86 | 30.7 |
| SAP | 11.36 | 14.0 |
| 金蝶 | 9.56 | 11.8 |
| 浪潮 | 8.67 | 10.7 |
| 鼎捷 | 5.24 | 6.5 |
| Oracle | 5.08 | 6.3 |
| Infor | 4.12 | 5.1 |
| 航天信息 | 3.08 | 3.8 |
| 金算盘 | 2.79 | 3.4 |
| 中华网 | 1.58 | 1.9 |
| 其他 | 4.74 | 5.8 |
| 合计 | 81.08 | 100 |

数据来源：赛迪顾问 2012,02（二）十年前后BI市场份额对比

十年前，商品化的国产BI软件产品还没起步。下面以科技部支持的“制造业商务智能软件”项目开始前后的数据进行对比分析。根据国际数据公司IDC的调研报告，2007年中国BI市场份额中（图3-3，表3-2），浪潮是唯一进入前十的国产BI厂商，市场份额仅占1.5%。根据赛迪顾问2011年2月发布的“2010年中国商业智能（BI）软件品牌市场结构”（图3-4），进入前十的国产BI厂商，除浪潮外，还增加了菲奈特融通、用友华表，其市场份额分别为3.7%、2.9%、2.4%。

另据赛迪顾问2011年3月发布的“2010年中国集团商务智能软件品牌市场结构”中（图3-5、表3-3），浪潮以其成熟的财务管理软件结合商务智能应用的综合解决方案服务于大型集团企业，市场份额占到第2位，为13.7%（表3-4）。

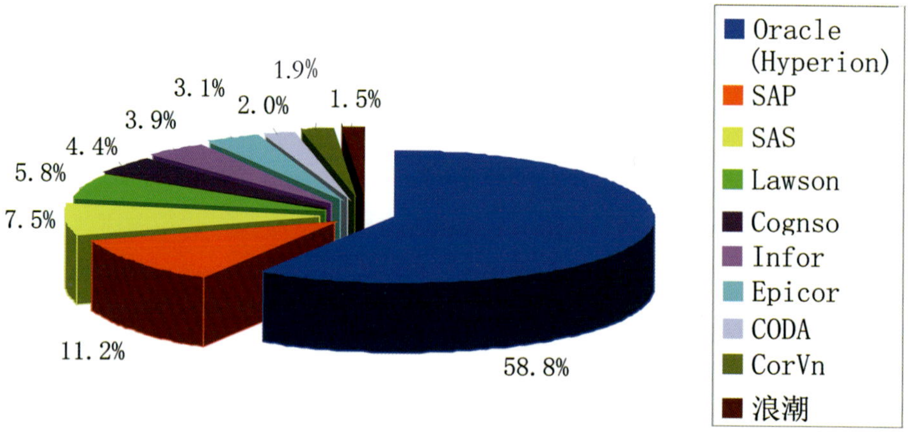


图3-3 2007年BI市场份额

数据来源：IDC

表3-2 2007年BI市场份额

| 厂商 | 市场份额（M$） | 所占比例（%） |
|---|---|---|
| Oracle（Hyperion） | 2.942 | 58.8 |
| SAP | 0.561 | 11.2 |
| SAS | 0.376 | 7.5 |
| Lawson | 0.289 | 5.8 |
| Cognos | 0.218 | 4.4 |
| Infor | 0.196 | 3.9 |
| Epicor | 0.157 | 3.1 |
| CODA | 0.098 | 2.0 |
| CorVu | 0.093 | 1.9 |
| 浪潮 | 0.073 | 1.5 |

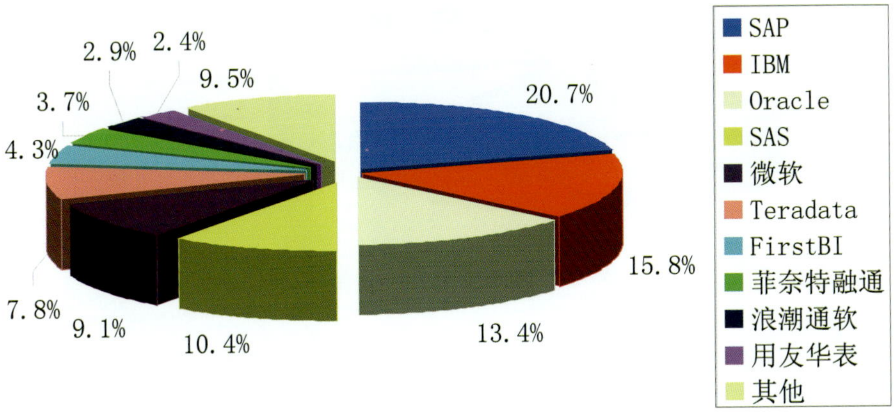


图3-4 2010年中国商业智能（BI）软件品牌市场结构

数据来源：赛迪顾问 2011,02

表3-3 2010年中国商业智能（BI）软件品牌市场结构

| 品牌 | 销售额（亿元） | 所占比例（%） |
|---|---|---|
| SAP | 6.74 | 20.7 |
| IBM | 5.14 | 15.8 |
| Oracle | 4.38 | 13.4 |
| SAS | 3.39 | 10.4 |
| 微软 | 2.96 | 9.1 |
| Teradata | 2.55 | 7.8 |
| FirstBI | 1.39 | 4.3 |
| 菲奈特融通 | 1.22 | 3.7 |
| 浪潮通软 | 0.94 | 2.9 |
| 用友华表 | 0.78 | 2.4 |
| 其他 | 3.11 | 9.5 |
| 合计 | 32.6 | 100 |

数据来源：赛迪顾问 2011,02

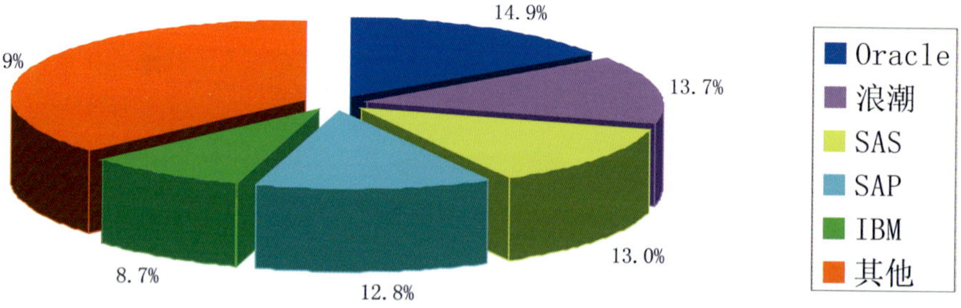


图3-5　2010年中国集团商务智能软件品牌市场结构

数据来源：赛迪顾问 2011,03

表3-4　2010年中国集团商务智能软件品牌市场结构

| 品牌 | 2010年销售额（亿元） | 市场份额（%） |
|---|---|---|
| Oracle | 0.72 | 14.9 |
| 浪潮 | 0.66 | 13.7 |
| SAS | 0.63 | 13.0 |
| SAP | 0.62 | 12.8 |
| IBM | 0.42 | 8.7 |
| 其他 | 1.78 | 36.9 |
| 总计 | 4.83 | 100 |

数据来源：赛迪顾问 2011,03

## 第五节　全生命周期技术与产品

### 一、背景与发展历程

产品生命周期管理（Product Lifecycle Management）技术是由产品数据管理（Product Data Management）技术发展而来的，它是一种对制造企业的产品形成全过程进行管理，支持企业内部、合作伙伴及客户在整个产品生命周期中共享产品相关数据的关键使能技术，是企业产品信息的集成管理平台，开发和应用PLM系统是形成复杂产品自主创新能力的重要支撑。

在软件技术和应用需求的双重推动下，PLM技术近年来发展迅速，作为产品创新开发的基础平台，集成与协同成为其发展的主旋律，PLM系统逐渐成为一个基于现代计算机技术的高效数据管理与业务运作支持平台。随着企业应用的深化和网络与信息技术的发展，PLM正经历着从理念到解决方案再到系统的转变，PLM管理的深度逐步从文档管理向内容管理发展，管理的范围从设计、工艺的管理向制造、维护、服务等全生命周期扩展，协同的空间正在从单厂所的局部协同、企业级协同向集团级协同、产业链级协同迈进。

中国已成为制造大国，但还不是制造强国。我国制造业面临严峻形势，不跨越发展就不能真正崛起；为此必须在“产品创新、管理创新、技术创新”上有重大突破，其中产品生命周期管理技术是最为重要的信息化使能技术之一。

然而，我国制造业高端PLM系统市场长期为国外大公司所垄断，而国外软件商仅向我国出售通用PLM系统平台，许多具有重要专业领域知识及数据资源的专业模块却不转让，而且现有国外PLM软件为了适应我国企业的管理模式与规范需要大量的系统实施及二次开发，服务价格昂贵。与此同时国际PLM厂商对我国敏感行业实行高端PLM产品禁售，直接威胁着我国制造业中关键/重点领域的产品与技术安全，不利于自主知识产权保护和企业持续发展与创新。

产品全生命周期可以划分为产品生命初期（BOL）、产品生命中期（MOL）和产品生命末期（EOL）三个阶段。近十年来，国家科技部持续支持了具有自主知识产权的PLM系统研发与应用，主要聚焦在产品生命初期（BOL）阶段。

“十五”期间，在国产PDM系统开发与应用的基础上，部署了“产品全生命周期管理系统研制”课题，组织开展了PLM系统研制，形成了自主PLM产品与技术基础，推动了清软英泰TiPLM、神舟软件AVIDM、天喻软件IntePLM、山大华天InforCenter、开目软件KMPLM、艾克斯特XTPLM等PLM产品发展。国产PLM系统利用本地化程度高，服务成本低等优势，在与国外厂商的竞争中发展迅速。

在国产PDM/PLM系统已经在中小企业规模应用的基础上，“十一五”期间，国家863计划结合制造业信息化科技工程的“甩图纸、甩帐表”目标，面向重大产品与装备行业部署了“面向行业的可定制PLM系统”重点项目，围绕我国航天航空、发电装备、汽车、船舶、高速机车等重点行业PLM技术应用需求，攻克了一批复杂产品生命周期管理关键技术，开发了若干具有自主产权的、具有行业优势的可定制产品生命周期管理系统，同时初步建立起自主PLM系统咨询、实施和服务体系，国产PLM系统开始向高端市场挺进。

## 二、核心技术突破与典型成果

在“十五”和“十一五”期间，在国家科技计划的大力支持下，相关PLM软件企业和科研院所通过自主研究和共同攻关相结合的方式，消化吸收国外PLM先进技术和管理模式，逐步突破了支持模型、构件和工具定制的、面向服务的开放系统体系结构，产品生命周期统一数据模型，复杂产品生命周期数据闭环管理模式，分析仿真数据、测试实验数据、制造过程数据、维修服务数据等动态产品数据综合管理技术，基于软件网关的通用系统集成方法，支持技术状态参数化多视图产品配置管理，基于Web支持协同设计全分布柔性工作流引擎，大数据量文件高性能透明存储等关键技术。

上述突破已经应用在国产自主知识产权的PLM产品中，“十一五”期间国产PLM系统在航空航天、船舶、发电设备、汽车、轨道交通和电站锅炉等重点行业进行了示范应用或大范围推广。例如：国产PLM软件在东方汽轮机有限公司成功实施，通过系统定制功能快速适应了东汽公司震后部门和厂区重组，有力支持了东汽的震后重建“大干一百天、拿下一百亿”目标的实现；国产PLM软件在中国运载火箭技术研究院得到应用，支撑了“数字导弹”和“新一代大运载”型号工程的异地研制工作；国产PLM系统支撑江淮汽车公司打造自主数字化研发平台，有力支撑江淮自主品牌汽车的发展；基于国产PLM系统形成了符合船舶行业需求的PLM整体解决方案，并在黄海造船有限公司进行了工程验证。

这十年中，在技术攻关的同时，理论研究也取得了丰硕的成果，如面向不同行业的支持异构数据集成的PLM数据组织模型和实施效果定量定性相结合的评价方法，以及系统架构、数据闭环和数据模型等方面的相关理论，发表学术论文上百篇，培养研究生数百名，出版学术专著多本。这些理论指导了技术攻关工作，是技术突破的保证。同时在全国范围内连续举办了4届PLM应用方面的专题研讨班和2届MRO技术研讨会。参加研讨班的单位包括深圳华为、海尔、郑州宇通、柳工机械、美的、东方电机、东风乘用车公司、巨人通力、江铃汽车、中国一拖、厦门金龙、柳州五菱、康尼机电、TCL空调等知名企业，有力地推动了我国制造业PLM实施水平和应用水平。

在国家的大力支持下，PLM软件企业高度重视，投入最精干的人员，在PLM软件研发方面取得了诸多技术成果。其中包括多套高端PLM软件，如InforCenter、AVIDM、TiPLM、IntePLM、KMPLM等PLM系统，形成一套支持PLM 实施的工具集，包括PLM数据组织、产品模块化实施过程、基础数据分析、文档组织和实施效益评价工具。获得软件著作权数十项，取得发明专利多项。在此基础上，建立面向典型行业的解决方案，增强制造业企业核心竞争力，促进成功转型，实现企业跨越式发展。

除此之外，“十一五”期间我国PLM技术发展的另一个重要标志是，研究开发了具有自主知识产权的面向大型装备的维护、维修和大修（MRO）支持软件系列产品，包括可扩展的MRO应用开发平台， MRO核心业务构件集和面向行业的MRO决策工具集，并在航空运输、轨道交通、发电设备和矿山装备等行业的典型企业进行了示范应用。实现了跨生命前期（BOL）和生命中期（MOL）的产品信息集成，将传统的PLM业务范围从产品生命周期前期延伸到产品生命中期，为实现面向产品全生命周期闭环管理进行了技术准备。

这些国产自主知识产权的高端PLM软件在6家集团企业进行了产品全生命周期示范应用，支撑完整的产品创新开发过程；大幅度提高了企业效率和创新能力。典型用户超过300家，直接销售收入超过1.5亿元。对于打破国外软件对我国的市场垄断和技术封锁，促进我国制造业产品创新、管理创新、技术创新具有重要的战略意义。

## 第六节　射频识别技术与应用

### 一、背景与发展历程

射频识别（Radio Frequency Identification，RFID）技术是一种利用射频通信实现的非接触式自动识别技术，是物联网时代重要的核心技术之一，是我国物联网产业发展的重要支撑。1999年美国Auto-ID实验室就提出了建立在物品编码、RFID技术和互联网基础上的物联网概念。物联网（The Internet of things）是通过RFID、传感器、全球定位系统、激光扫描器等信息传感设备，按约定的协议，把任何物品与互联网连接起来，进行信息交换和通讯，以实现智能化识别、定位、跟踪、监控和管理的一种网络。

RFID技术可广泛应用于物流、生产制造、物品（食品、药品、危险品等）安全监管、交通、防伪、金融票证、军事、公共信息服务等行业，可大幅提高管理与运作效率，降低成本。随着RFID相关技术与产品的不断成熟，产业链的逐渐形成，RFID产业正在成为一个新兴的高技术产业群，成为国民经济新的增长点。开展RFID技术与应用研究，促进RFID产业的发展，对提升社会信息化水平、促进经济可持续发展增长、扩大内需、提高人民生活质量、增强公共安全与国防安全等方面产生深远影响，具有战略性的重大意义。

根据科技和产业的发展需要，国家出台了相关政策，2006年2月9日国务院颁布的《国家中长期科学和技术发展规划纲要（2006—2020年）》、2009年2月18日国务院颁布的《电子信息产业调整振兴规划》等报告中明确提出开发“射频标签”技术和支持“电子标签（RFID）”产品和系统的开发。为加快物联网发展，培育和壮大新一代信息技术产业，2010年10月18日中共十七届五中全会审议通过的《中华人民共和国国民经济和社会发展第十二个五年规划纲要》以及《国务院关于加快培育和发展战略性新兴产业的决定》明确提出要发展物联网关键技术，推动相关技术的应用。随着物联网应用的快速发展，射频识别（RFID）技术作为物联网重要的核心支撑技术之一，在经济社会发展中的战略地位日益突出。

中国发展RFID产业的总体思路是：企业为主，政府推动，构建产业联盟，形成掌握自主知识产权技术的RFID产业链；通过产业基地建设，发挥群体优势，打造具有国际竞争力的民族品牌；开展国际交流与合作，提高中国RFID产业整体水平。统筹规划RFID产业发展，结合市场发展进程，有步骤、分阶段进行。

“十五”末间，先进制造技术领域启动了“物流应用中的RFID技术分析测试研究”、“无线射频识别（RFID）关键技术研究与开发”等课题，为RFID技术的研究与开发提供了先期的支持。

2006年6月9日由科技部会同国家发展改革委员会、商务部、信息产业部、交通部、海关总署、铁道部、公安部、教育部、建设部、农业部、国家质量监督检验检疫总局、国家标准化管理委员会等十五个部委共同编制的《中国无线射频（RFID）技术政策白皮书》在北京正式发布，为中国RFID技术与产业未来几年的发展提供系统性指南。

“十一五”期间，科技部863计划先进制造技术领域重大项目“射频识别（RFID）技术与应用”于2006年10月启动，根据实际需要，后续还启动了科技支撑计划课题“基于 RFID 技术的智能集装箱及其公共服务系统开发”等相关课题。内容涉及共性技术及前瞻性技术研究、产业化关键技术与应用关键技术，多个典型行业的示范应用。通过RFID核心关键技术的攻关，部分企业和科研机构已经掌握了超高频RFID核心关键技术，能够批量生产RFID标签与芯片，并获得了实际应用；国产UHF读写器产品已经基本成熟，实现了批量规模化生产，占据了国内固定式读写器市场的大部分份额；RFID中间件与RFID应用服务平台已经得到应用，自主知识产权的RFID封装装备实现了国产化，已经小批量生产，打破了国外厂商的垄断地位；建立了RFID系统测试与应用测试平台，开展相关公共测试服务；在高价值商品防伪、离散制造、食品安全、危险品追踪与管理、物流、邮政、交通车辆监管、应急物资、智能集装箱、旅游、大型展览馆、博物馆、出口商品质量追溯与监管、票证、银行票据防伪以及重大公共活动等典型行业开展了应用示范工程，研究制定了多项RFID技术标准、行业应用标准，相关成果在2007年上海特奥会，2008年北京奥运会、残奥会，2010年上海世博会得到实际应用，取得了较好的效果；通过重大项目的实施，有力地促进和带动了我国RFID技术与应用的发展以及产业链的形成；同时，为下一步物联网技术的推广应用和产业发展奠定了坚实的基础。

为了更好地发挥科技支撑作用，聚焦国家战略，构建以 RFID为核心的创新体系，深化 RFID 技术应用，2009年11月3日，科技部联合25个部委、行业协会编写的《中国射频识别（RFID）技术发展与应用报告》蓝皮书在上海发布。蓝皮书全面介绍了全球RFID的发展现状和发展特点，概述了世界主要国家和地区最近RFID的战略和措施，总结了值得我国借鉴的经验。通过分析我国RFID现状和面临的机遇，找出了我国RFID存在的主要问题。建议性地提出了我国RFID发展的战略、发展重点和发展措施，为政府决策、企业发展、科学研究等提出了很好的建议。

为了进一步推动 RFID 技术发展和广泛应用，2006年科技部批准在上海张江高科技园区建立国家射频识别产业化（上海）基地，目前已经聚集了从事RFID相关技术研究及产业化的40多家企业及研究机构入驻基地，涉及芯片设计与制造、标签设计与制造、RFID公共应用平台、中间件、系统集成、系统测试等环节，RFID产业集群效应基本形成。2011年1月7日，国家射频识别（RFID）系统工程技术研究中心批复建设，依托单位南京三宝科技集团有限公司，重点开展RFID应用关键技术的攻关，建设RFID工程化研究平台，促进和推动RFID技术的普及和应用。

目前，物联网产业已经在中国得到了长足的发展。物联网是“十二五”期间重点发展的战略性新兴产业之一，而RFID技术是物联网产业发展的重要支撑，是物联网关键技术之一。在《国家中长期科学和技术发展规划纲要（2006—2020年）》中，列入了射频标签的内容。通过应用RFID技术，将物联网延伸扩展到第一、第二产业，能够带动工业、农业、医疗、安全等基础产业的发展。用于动物、植物和机器、物品的传感器与电子标签及配套的接口装置的数量将大大超过手机的数量，物联网的推广将会成为推进经济发展的又一个驱动器，为产业开拓又一个潜力无穷的发展机会。

## 二、核心技术突破与典型成果

### （一）芯片与电子标签技术

研发了符合ISO18000-6 Type C/B标准、具有市场竞争力的系列化UHF无源RFID标签芯片，突破了芯片批量生产的关键技术，取得了多项相关专利，并实现了批量生产，打破了国外公司在UHF电子标签芯片方面的垄断。目前已经实现超高频RFID标签芯片的批量生产，应用于物流、果蔬/食品溯源跟踪、酒类防伪、铁路客票、服装物流、电网资产、铁路电子客票、大型公共活动等领域。

上海坤锐电子科技有限公司开发了QR2235超高频电子标签芯片（图3-6、图3-7），该芯片符合ISO18000-6C标准，通过了EPCglobal的检测（图3-8），是全球第四、亚洲第一家通过EPCglobal协议一致性和互操作性检测的芯片，也是目前通过检测的芯片中存储容量最大（2K位）的芯片，打破了国外公司在UHF电子标签芯片方面的垄断。芯片已经批量生产，并且已获得订单超过1亿颗，已经供货超过7000万颗，在五粮液酒防伪、家电物流等方面得到了应用。

深圳国民技术股份有限公司和中国科学院半导体研究所共同开发完成了符合ISO18000-6C标准、具有市场竞争力的系列化UHF无源RFID标签芯片Zi2201（图3-9），目前已量产商用，实现销售1000万颗以上，主要应用领域包括供港果蔬/食品溯源跟踪（图3-10）、服装类标签（图3-11、图3-12，该标签可抗反复揉洗次数200次以上，远销日本和东南亚）、电网资产及铅封管理标签（图3-13、图3-14）、国外钟表类防伪标签、铁路电子客票、酒类防伪等。批量供货方式可根据客户需求，采用Wafer/Dies、Inlay、Tag等方式。

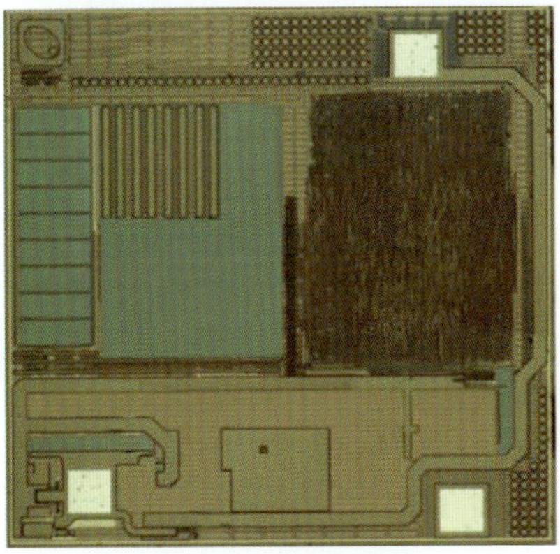

图3-6　QR2235芯片

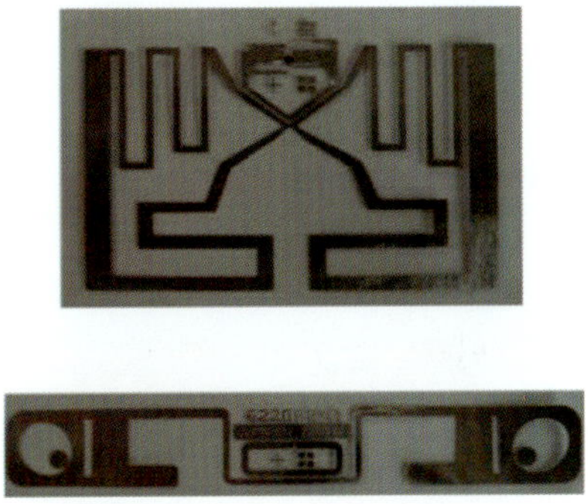

图3-7　QR2235——INLAY

EPCglobal

CERTIFICATION

*This is to signify that*

**QR2233 Tag IC**

**Shanghai Quanray Electronics Co., Ltd.**

EPCglobal Inc. Hardware Certification

**950110126000000841**

has been certified for conformance with the EPCglobal UHF Class 1 Gen 2 v.1.0.9 Standard and has been certified for interoperability with the EPCglobal Interoperability Test Methodology v.1.2.4 for UHF Gen 2 RFID Devices, commencing 18 June 2008.

Chris Adcock　　950110126000000841　　Rob Frier

This certificate is only valid for the product and version noted on the EPCglobal Hardware Certification report linked to the GSRN noted above. This certificate becomes invalid upon suspension, cancellation, revocation, or expiration of the awarded certification. For a complete listing of EPCglobal Hardware Certifications or for more information regarding a specific certification visit www.EPCglobalinc.org, or contact EPCglobal Inc directly at certification@EPCglobalinc.org. Print Date: 18 June 2008.

图3-8　EPC Global 认证

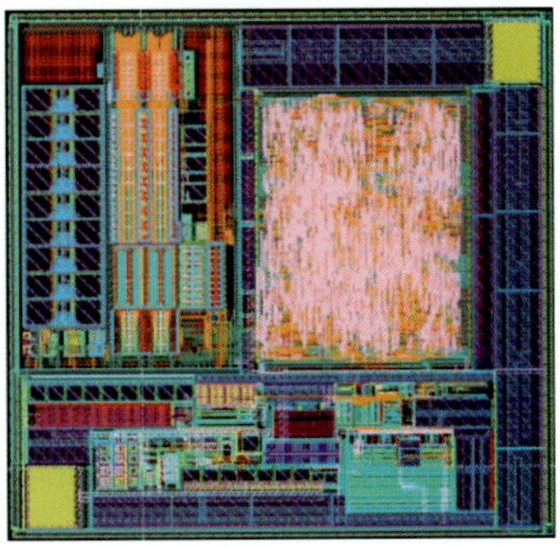

图3-9　ISO18000-6C标准的UHF电子标签芯片（容量：512 bit）

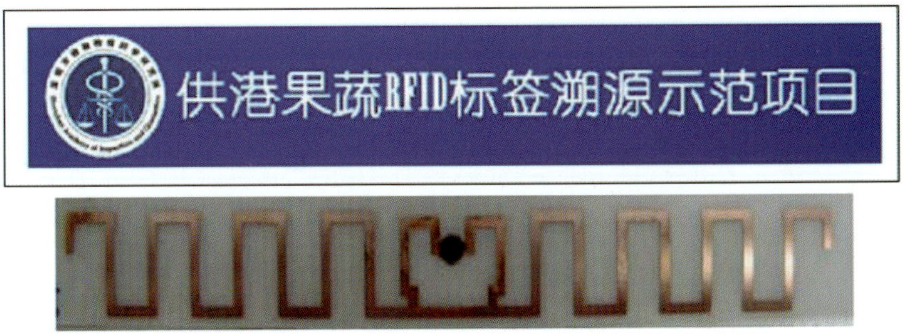


图3-10　供港蔬菜溯源标签Label & Dry Inlay

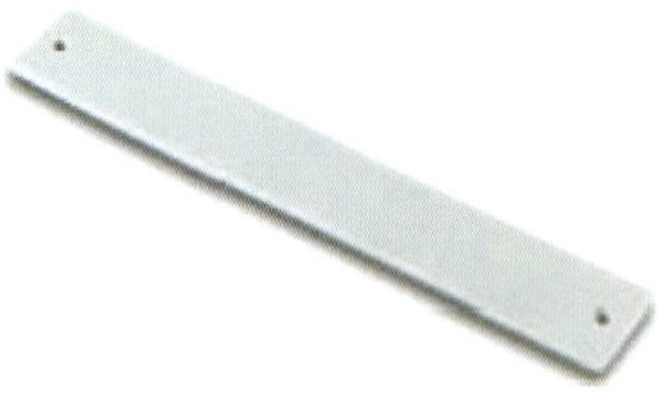

图3-11　硅胶洗衣标签

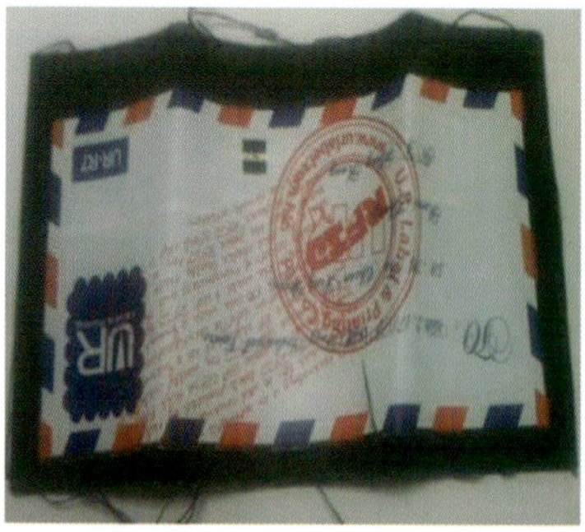

图3-12　UR 服装logo标签

图3-13　第一代电能表铅封标签Dry Inlay

图3-14　第二代电能表铅封标签Dry Inlay

## （二）读写器及其产业化

研发完成具有国内领先、国际先进水平的自主知识产权的低成本、低功耗、小体积的UHF RFID读写器系列产品及其核心模块，包括固定式读写器、手持式（移动式）读写器等（图3-15），实现了批量生产，目前已经实现量产7万台（套）以上，实现产品低成本目标，产品技术性能一直保持国际先进水平，部分技术达到国际领先水平，完全实现替代国外同类产品，国内市场占有率稳步提高，固定式读写器及其模块市场占有率已经超过60%。应用于人员管理、大型公共活动、物流、城市交通与车辆管理、海关、制造业、物品追溯等领域（图3-16、图3-17）。

深圳先施科技股份有限公司生产的读写器产品先后获得美国联邦政府FCC、欧盟ETSI、中国CMII、日本TELEC等国内外市场准入许可及技术标准强制认证，性能指标和产品价格具有国际竞争力，并且远销美国、日本、墨西哥、巴基斯坦、菲律宾、洪都拉斯等国家和地区。在北京、上海、云南、重庆、菲律宾马尼拉等城市车辆稽查管理公交车辆调度管理及智能交通管理项目中已经安全运营多年；在公安部金融押运综合业务项目、军队后勤RFID管理项目得到了较好的应用市场效果；已经在十多个北美、亚洲地区的政府RFID车辆管理系统及物资管理系统里应用。此外，被日本富士通公司、日本三菱重工、同方股份公司、中电科技集团、捷顺股份、上汽集团等国内外知名公司指定为超高频RFID读写系统的合作伙伴供应商。应用涉及电子门票、人员车辆管理、食品安全监管，环境保护、交通控制等领域（图3-18至图3-24）。

图3-15　先施S1856H手持式RFID读写器

图3-16　一体化读写器模块RFS-3600（内芯）

图3-17　一体化读写器模块 RFS-3600（外形）

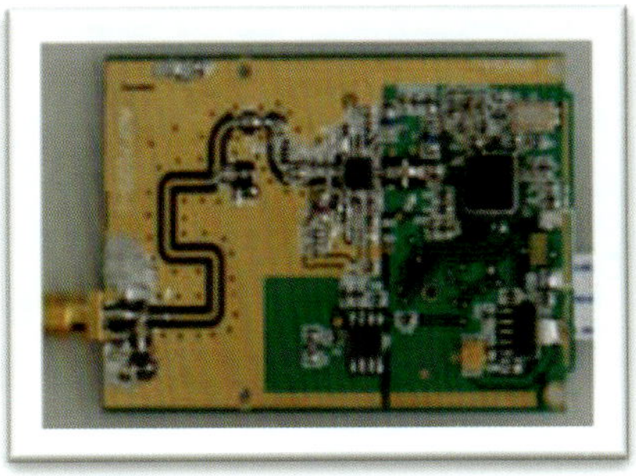

图3-18　手持读写模块RFS-1503

图3-19　工业级多功能手持读写器S1855

图3-20　读写器核心引擎模块S1871

图3-21　读写器终端设备S1864

图3-22 RFID读写器-RFS-1800系列

图3-23 公安部金融押运系统RFID自动识别管理现场

图3-24 城市110指挥中心车辆监督试点现场

南京三宝科技集团有限公司在国内建立了较为完善的销售网络，并在广州、深圳、上海、天津、大连、厦门等地建立了售后服务中心，读写器产品已在国内20个省市进行销售，部分产品已经销往韩国、新加坡和马来西亚等地区，由于价格便宜，产品的兼容性强，部分产品已经在海关行业中替代了国外产品。目前正应用于南京市大力推进的智能交通公共服务平台建设中，已经发放和配装40万张机动车RFID电子卡，已建设了196座双基基站，并且已形成了治安管理和停车管理等初步应用。按照项目的整体规划，RFID电子卡将覆盖全市近100万辆的在册机动车，全市按照合理的地理布局将建设300余座双基基站，形成完善的机动车动态信息的实时采集，为市级智能交通公共服务平台提供支撑。

### （三）封装装备及其技术

我国已研制出具有自主知识产权的高性能RFID标签封装制造装备（图3-25至图3-27），突破了视觉系统引导定位、多物理量混合控制、柔性基板传输等关键技术，具有满足不同需求、性价比高，维护方便、适应国产基材，设备柔性强、支持多品种生产，产品升级快、工装配套件齐全，可取代进口设备的优势，具有广阔的产业化前景。

国产自主知识产权的装备参与市场竞争，带来了RFID标签制作成本的迅速降低，一方面市场上的进口装备纷纷降价竞争，目前的价格已经达到最初的50%左右；另一方面市场上的标签产品价格也迅速下降，目前的标签的销售价格也下降到了最初的50%左右；接近5美分的普及应用价格。随着应用市场的不断扩大，国产自主知识产权的RFID封装设备必定凭借技术、成本和服务的优势，成为装备市场的主力军。

图3-25　HZTAL-W5000RFID型全自动封装生产线

图3-26　HEI-D3000/D6000型全自动封装生产线

图3-27　HEI-S5000/S10000全自动标签Strap倒封装机

## （四）系统测试技术及公共应用服务

RFID基准测试技术、应用系统测试技术的研究开发取得较大进展，已具备了对RFID单品基准、RFID系统空中接口一致性、RFID系统协议一致性以及RFID应用系统集成方案等测试对象的测试能力；研究制订了多项可重复的、有实用意义的RFID标签、读写器及其相关软件测试方法和规范，目前已有中国科学院自动化研究所等多家单位建立了RFID基准测试及应用测试验证平台，可为用户提供公共测试服务。

RFID公共服务平台为RFID应用提供了支持跨部门、跨行业信息交换和共享的基础设施，为在更大范围内应用传感技术和RFID技术，实现人与物、物与物之间的信息获取、传递、存储、决策、应用等奠定了基础。RFID公共服务平台提供编码解析服务、跟踪追溯服务、信息服务、搜索服务和数据交换服务，目前已经有多个RFID应用服务平台在物流、物品追踪、食品安全等多个行业得到应用。

## （五）行业应用

### 1. RFID技术在奥运会、残奥会、世博会中的应用

RFID技术在2008年北京奥运会、残奥会RFID电子票证综合管理系统的应用，使得各城市与场馆将RFID查验数据统一汇总到北京管理中心。在北京奥运会开闭幕式、残奥会开闭幕式燃放的20多万枚大型礼花烟花采用RFID电子标签实现了流程监管。在2010年上海世博会的电子门票以及未来商店中也采用了RFID相关技术成果（图3-28至图3-35）。

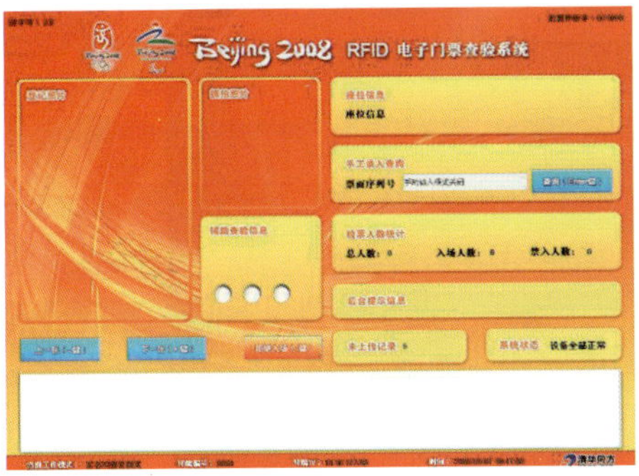


图3-28　北京奥运会电子门票查验系统

图3-29　北京奥运会电子门票查验服务系统

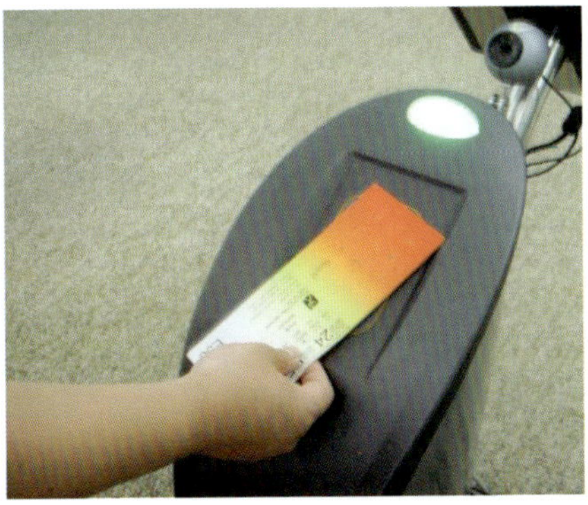

图3-30　北京奥运会门票查验

图3-31　北京奥运会门票查验设备

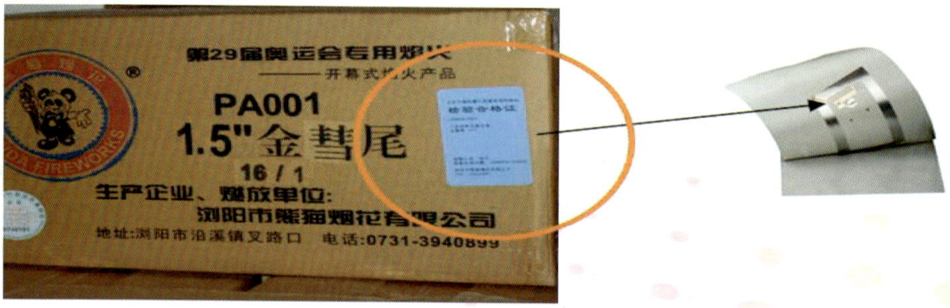


图3-32　北京奥运会烟花爆竹RFID监管

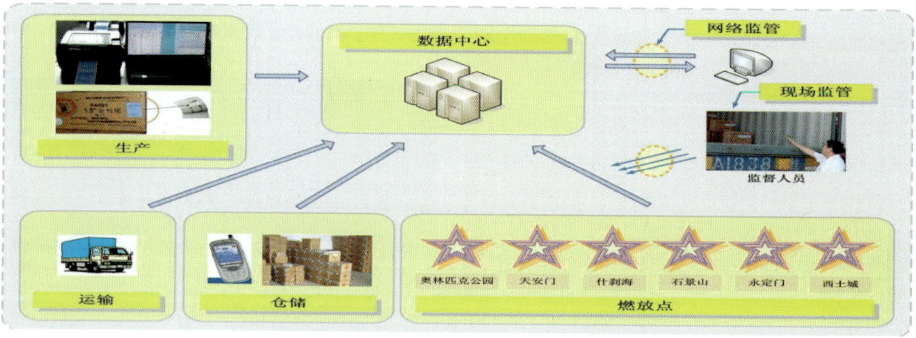


图3-33　北京奥运会烟花爆竹安全监管系统

图3-34　上海世博会RFID电子门票

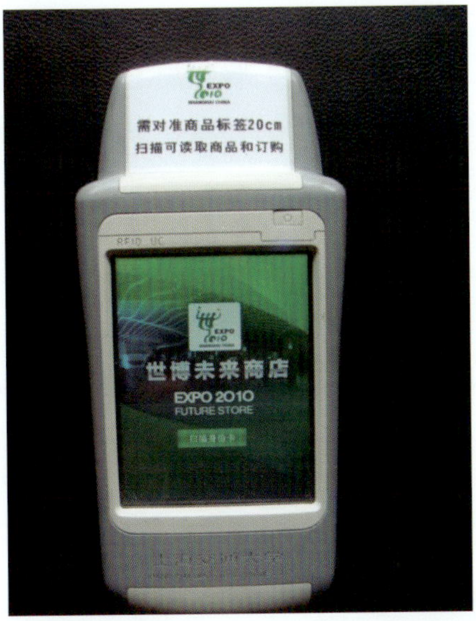


图3-35　移动RFID中间件支持的手持购物终端产品的上海世博会未来商店

图3-36　RFID技术在汽车生产线的应用

图3-37　RFID技术在家电生产线的应用

图3-38　RFID技术在服装加工生产线的应用

图3-39　RFID技术在摩托车生产线的应用

2．RFID技术在离散制造业中的应用

在汽车、家电、摩托车制造、服装加工得到成功应用，实现生产状态远程监控、配料管理、生产现场管理、质量分析与监控（图3-36至图3-39）。

3．RFID技术在酒类防伪中的应用

RFID技术应用于著名的高档白酒的防伪和物流监控管理中，实现了在高档白酒上单瓶级的应用，为白酒业电子标签防伪应用提供了旗帜性的应用示范并可能形成相关行业规范。五粮液酒厂已经采购了千万颗芯片用于五粮液酒的防伪，批量生产了几千万瓶带RFID防伪标签的酒，国内一些白酒企业，如贵州茅台、洋河大曲、泸州老窖 、汾酒 等厂家也在规划实施中（图3-40至图3-43）。

图3-40　防伪电子标签——正面

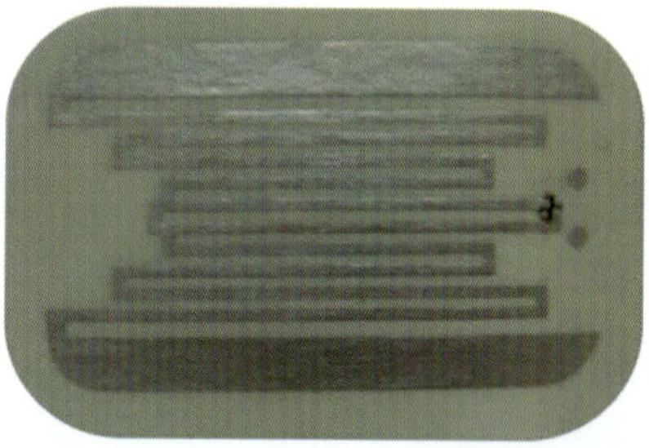

图3-41　防伪电子标签——反面

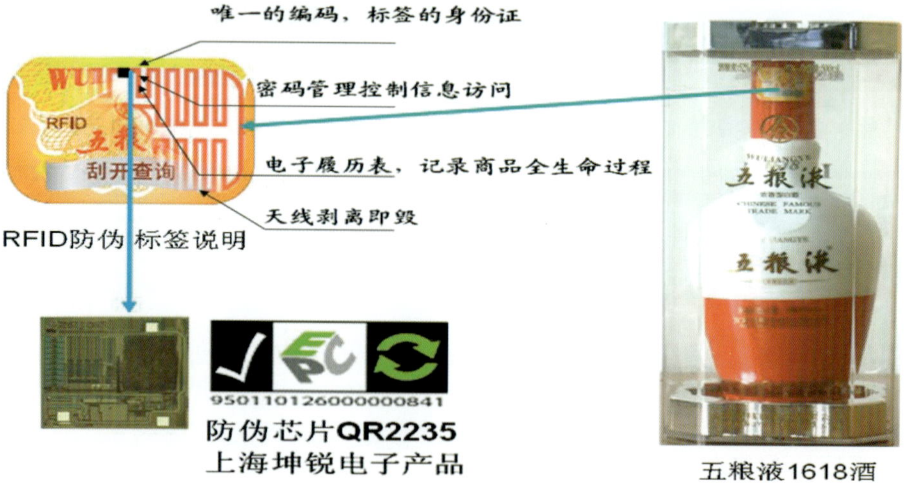


图3-42　RFID技术在五粮液防伪监管中的应用

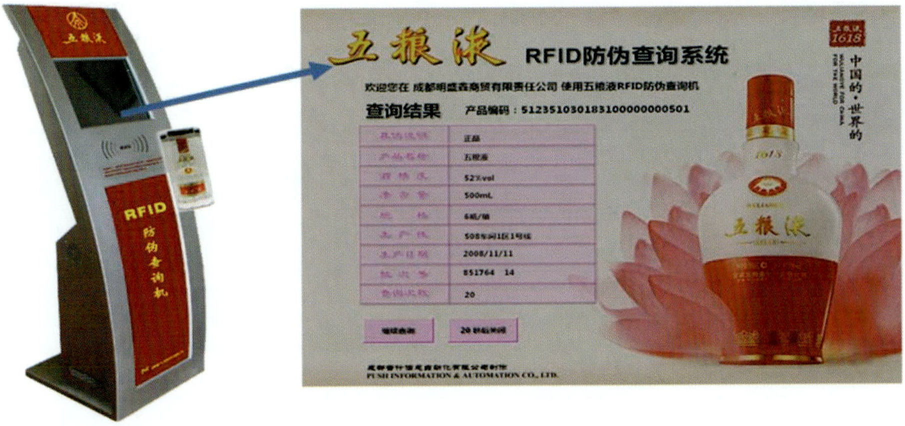


图3-43　专卖店查询真伪查询

4. RFID技术在危险气瓶安全保障追溯管理中的应用

RFID技术应用于危险化学品气瓶的标识，以实现对危险气瓶的全过程追溯管理和动态安全保障。建立的危化品气瓶安全高效管理机制，在上海世博会期间对移动容器和危化品监管发挥了重要作用。目前上海市对全部400多万个气瓶进行了全覆盖电子标签标识、高危险性气瓶运输卫星定位系统开发、全市危险化学品气瓶安全管理服务平台开发，实现对上海全市危险化学品气瓶充装、检验、配送和使用的动态安全管理的上海市政府实事工程任务，而且危险化学品气瓶安全监管系统被列入2007—2010年长三角区域科技联动项目，向江苏、浙江等周边地区辐射，形成了江苏苏州、昆山、盐城以及浙江衢州多个应用示范点。课题成果还应用于烟花爆竹安全追溯管理系统（上海、成都）、药品安全追溯管理系统（上海）、海关进出口货物检验检疫信息交互系统（上海、福建、天津）、危险化学品气瓶自动化生产灌装流水线（上液、氯碱）等项目中，为我国政府相关部门进一步落实我国在危险化学品、爆炸品、食品、药品等各方面的安全法规提供了有效的技术监管手段，也将促进我国RFID产业的形成，推动我国RFID及物联网产业实现快速发展（图3-44至图3-47）。

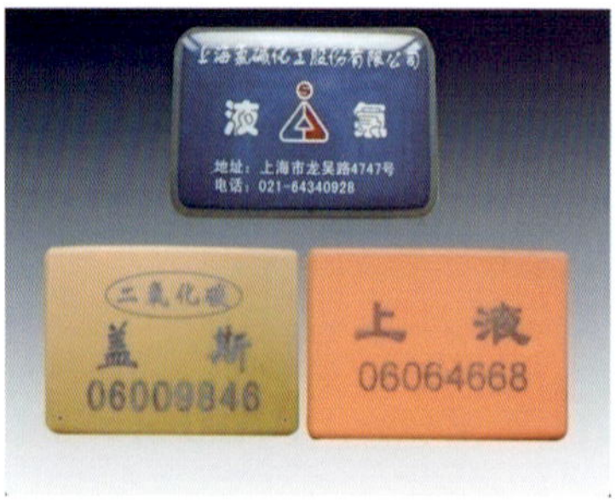


图3-44 不同种类气瓶标识用电子标签

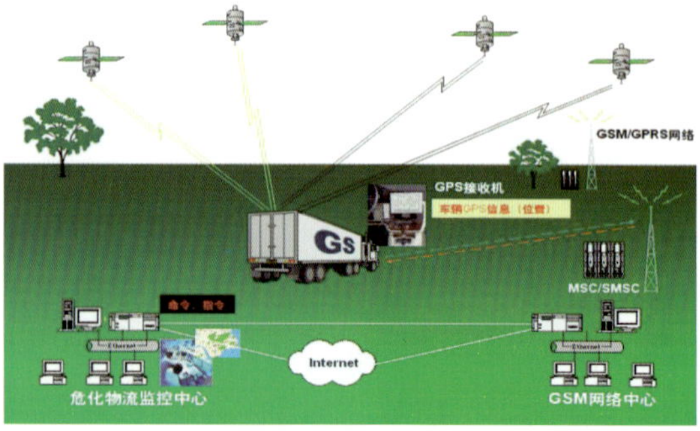


图3-45 高危险性气瓶运输卫星定位系统示意图

图3-46 在烟花爆竹安全追溯管理中的应用

图3-47 上海液化气瓶自动化生产灌装流水线

5．RFID在食品安全信息追溯中的应用

通过RFID技术，在种植/养殖、屠宰、加工、仓储、运输建立追溯系统，将食品从源头到市场整个供应链过程中质量安全信息实时记录下来，消费者在市场购买食品时，通过追溯系统，可以随时查询该食品的生产质量状况。追溯系统的实施，一方面满足消费者的知情权，提高消费诚信；另一方面可以监督和督促企业加强内部质量控制，提高质量安全水平。

深圳检验检疫局已应用RFID技术实现了对辖区内供港蔬菜的种植、加工、口岸查验、香港中转冷库仓储，超市大众消费等全过程的电子监管，供港蔬菜检验监管工作进入物联网时代。山东省内54家乳品企业应用电子台账及追溯信息系统，在全国范围内80余家乳品企业进行推广应用。果蔬行业的追溯系统在寿光蔬菜产业基地以及农超对接8个供应基地推广应用，涵盖的省市包括山东、辽宁、福建、上海、深圳等，推广应用果蔬企业20余家，特色产品包括寿光果菜、烟台苹果、大连蓝莓、漳州蜜柚、黄岩蜜橘等。与新疆吐鲁番地区质监局共同建设全疆首个哈密瓜追溯信息管理系统，系统在全疆试点应用取得显著成效，目前系统已经移植推广应用到葡萄、石榴等10多个新疆当地特色农产品种。肉制品质量安全追溯系统实现了畜禽肉从养殖、屠宰分割、加工包装、仓储物流直至销售的全产业链的推广应用（图3-48至图3-54）。

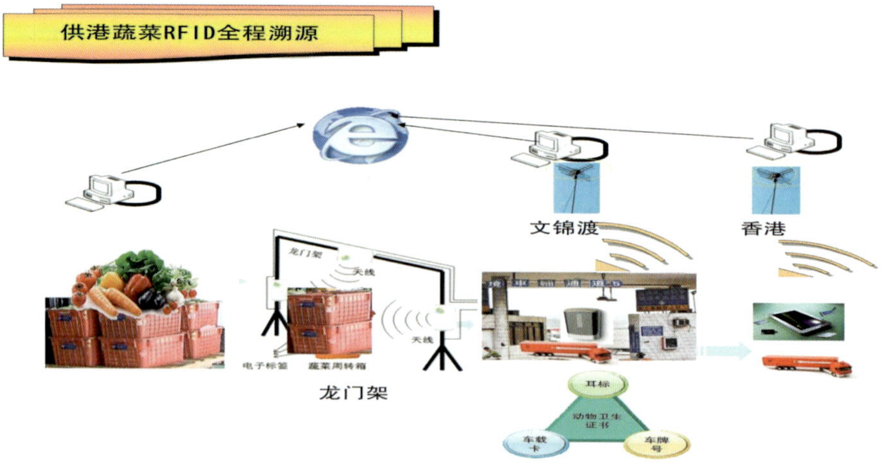


图3-48　供港蔬菜RFID全程溯源流程

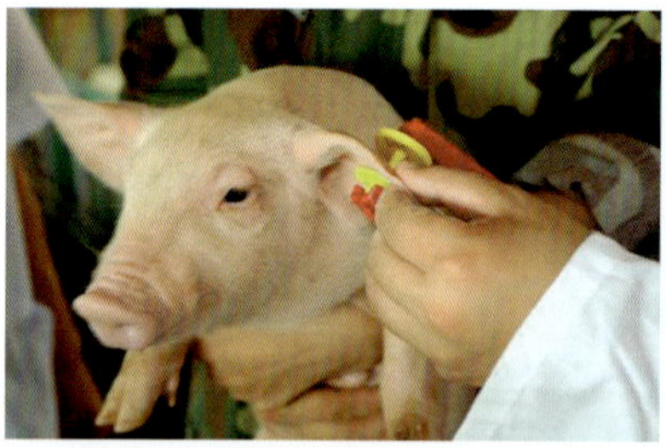

图3-49　生猪加装电子标签耳标

图3-50　种植基地身份证

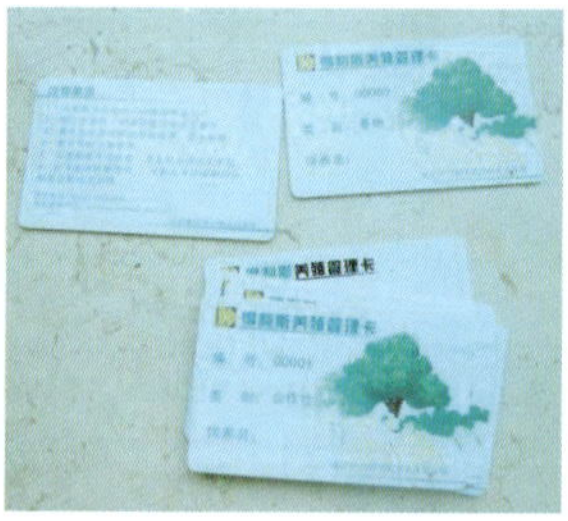

图3-51　养殖卡

图3-52　生猪养殖管理系统

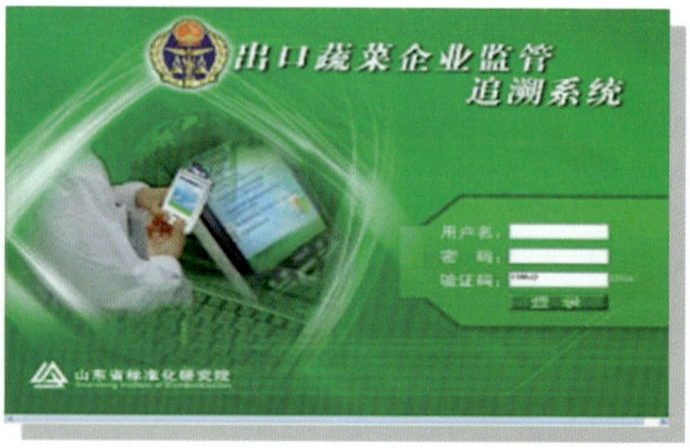


图3-53　出口蔬菜企业监管追溯系统

图3-54　出口蔬菜企业监管追溯系统

## 第七节　制造信息化工程

制造业信息化是应用信息技术、先进制造技术、现代管理技术和自动化技术等高新技术，改造提升制造业的全局性、服务性、基础性和持续性的系统工程。从“七五”开始，科技部会同有关部委，联合全国大部分省市科技部门，持续组织开展了制造业信息化科技工作，探索了一条制造业信息化发展的有效途径。

十年来，通过持续推进制造业信息化工作，激发了科技部门和广大制造企业、软件企业开展制造业信息化的热情；攻克了一批制造业信息化关键技术，取得了一批创新成果；树立了一批大中型制造企业信息化应用典型，极大地提升了企业竞争能力；搭建了一批制造业信息化公共服务平台，服务了几万家中小企业；培养了一批专业人才，形成了一支服务于制造业信息化的技术队伍；建立了一套部门、行业联动，地方各级科技部门组织实施，多层次专家队伍咨询服务，以企业为主体、产学研结合的制造业信息化组织工作体系，探索了一条科技与经济紧密结合的道路，使制造业信息化成为科技支撑制造业和国民经济发展的一面旗帜，成为改造提升制造业最有力的抓手。

## 一、发展历程

1987年6月，863计划正式启动计算机集成制造系统（CIMS）主题，拉开了中国制造业信息化的序幕；20世纪90年代初，在原国务委员兼国家科委主任宋健同志关于“甩掉图板”的倡导下，科技部联合八部委向国务院办公厅提出了《关于大力协同开展我国“CAD应用工程”的报告》并得到了批复，自此掀起了“甩掉图板”浪潮。“八五”、“九五”期间，科技部以“抓应用、促发展、见效益”为工作方针，组织实施了CAD/CIMS应用工程，引发了制造业产品设计、企业管理的变革，探索了制造业信息化科技工作与经济紧密结合的道路。

进入“十五”期间，科技部在“八五”、“九五”CAD/CIMS应用工程取得的成果和经验基础上，整合863、科技攻关两大计划资源，正式提出了组织实施制造业信息化工程。

“十五”制造业信息化工程以“抓应用、促发展、见效益、创环境”为方针，组织开展了重大关键技术产品研究开发和应用，实施了数字化应用示范，建设了技术研发体系、应用示范体系、技术服务体系、组织工作体系，推动了以CAD为代表的单元技术和以CIMS为代表的集成技术在深度和广度两个方面的应用发展，支持了制造业技术创新、管理创新、资源优化重组和产业结构调整，加速了区域经济与支柱产业的发展，提高了制造业的综合素质与市场竞争能力，促进了我国制造业的跨越式发展，开创了制造业信息化科技工作新局面。

“十一五”制造业信息化工程坚持“自主创新、重点跨越、支撑发展、引领未来”的方针，组织开展了数字化综合集成技术开发与应用示范、设计制造数字化和经营管理信息化技术集成应用示范（即“两甩”工程）、制造业信息化公共服务平台开发及应用、行业应用软件开发、制造业信息化技术保障体系与发展环境建设等工作，提升了包括集团企业、骨干企业和中小企业在内的制造企业信息化水平，增强了制造业的自主创新能力、竞争力，推进了制造业转型升级，推动制造业信息化科技工作跨上了新的台阶。

## 二、典型成果

### （一）树立了一批数字化综合集成应用示范企业标杆，促进了大型企业自主创新和综合竞争能力的提升

“十五”期间，针对产品链的集成和网络化制造的需求，组织航空、汽车、冶金、工程机械、船舶等行业大型企业，开展了重点行业/产业链集成技术开发与应用示范，培育了成都飞机、上海港机、厦工集团三明重型机器、东北特钢等20家国家级数字化应用示范企业。20家企业通过数字化集成应用示范，建立形成了设计、制造和管理集成的网络化制造系统，实现了企业业务流程重组和异地生产资源优化配置，大幅度地提升了企业数字化能力和综合竞争能力。

例如，上海港机建立了CAD/CAE/CAPP/CAM、PDM/PLM系统，丰富了设计和分析技术手段，大大提高了设计效率，加快了企业产品制造进度。厦工集团三明重型机器有限公司通过实施PDM、ERP系统，实现了从财务管理、生产计划管理、车间管理、物流管理的全面集成，支撑了产品的数字化、智能化发展。东北特钢集团建立了网络化设计与制造系统，实现了企业间的资源共享、组合与优化利用，改善了企业对物料、设备、资金、人力、技术信息等资源的管理水平和使用效率，使得企业的业务流程走向规范化、标准化、科学化。奇瑞汽车有限公司成功实施了数字化应用，带动了其产业链上一大批企业也走上了制造业信息化的道路。

“十一五”期间，结合国家重大装备/产品研制和重大工程建设需求，组织航空、航天、汽车、发电设备、家电、机车车辆、船舶等重点行业的大型企业集团，开展了数字化综合集成技术开发与应用示范，培育了唐山轨道客车、海尔、西安飞机、中国运载火箭院、大连船舶、安徽江淮汽车、东方电气、上海电气、成都飞机、中国重型汽车等10家数字化综合集成应用示范企业。所结合的工程或产品，大多是国家中长期科技发展规划和国家相关规划重点发展的重大工程、重大装备、重点产品，如超大型油轮、新一代运载火箭、新舟60改进型飞机、每小时300 km以上高速动车、1000MW级大型超超临界火电机组、1000MW核电机组等。10家企业通过数字化综合集成应用示范工作，取得了显著成效，明显提升了企业工艺创新、产品创新、管理创新能力和综合竞争能力。

例如，成都飞机公司以ARJ21等系列机研制为应用对象，建立了协同

平台和优化协同工作流程，实现了多企业间、多型号飞机的设计/制造/管理异地协同工作和全三维数字样机的快速数据交换，缩短了产品研制周期，全面提升产品质量和企业综合竞争能力；其中，某新型飞机基于全三维数字样机，从设计发图到实现首飞的试制时间，由以前需要的近4年左右缩短为现在的16个月。安徽江淮汽车公司以提升自主品牌汽车正向开发能力为主攻方向，构建了数字化综合能力平台，形成了汽车正向开发流程，成功研发了同悦轿车、和悦轿车等一系列乘用车产品，自主设计已占到整个基本车型设计的80%，加速了企业自主创新能力、核心竞争力的提升。海尔集团针对全球化经营、服务化发展需求，构建了企业数字化综合能力平台，实现了产品全生命周期的信息共享，数字化设计、分析、制造和管理等软件的全面集成，以及合作伙伴、供应商、客户之间的跨企业、区域、国界的业务协同，积极探索了家电行业与物联网结合、从制造走向服务的升级之路。

数字化应用示范企业和数字化综合集成应用示范企业在取得显著效益的同时，也为同行业企业树立了信息化建设标杆，发挥了以点带面、带动同行业及上下游企业信息化应用发展的作用。

### （二）培育了一批信息化应用示范企业典型，促进了骨干企业产品创新、管理创新能力提升

“十五”期间，围绕骨干企业的设计数字化、制造过程自动化、管理信息化、装备数字化、企业数字化发展需求，科技部联合全国27个省（市、区）和46个重点城市科技部门，组织实施了数字化应用示范，培育了4900余家省市及重点城市示范企业，辐射带动了34 000多家各类制造企业开展制造业信息化技术的应用。

“十一五”期间，针对我国骨干企业的信息化集成需求，科技部联合全国28个省（市、区）科技部门，组织实施了“两甩”应用示范，开展了以“甩图纸”为标志的数字化设计制造一体化和以“甩账表”为标志的经营管理信息化集成技术开发与应用示范，培育了550家“甩图纸”、600家“甩账表”、160余家既“甩图纸”又“甩账表”应用示范企业，带动了1000家以上企业开展制造业信息化深化应用。

参与“十五”数字化应用示范和“十一五”“两甩”应用示范的企业，大多是地方支柱、特色产业的骨干企业。示范企业结合企业实际需

求，以企业为主体，产学研结合，立足自主创新，卓有成效地开展了设计、制造和经营管理数字化集成应用，形成了各具特色的应用发展模式，带动了产业链上下游企业的信息化建设，有力促进了企业产品创新、管理创新能力提升，取得了显著的社会与经济效益。

例如，北汽福田汽车公司建立了数字化设计、制造、管理集成平台，实现了公司数据流从研发到生产的全线贯通，保证了数据从研发、销售、采购、生产、仓储、物流的统一，有效提升了产品创新开发能力、快速响应市场能力和综合竞争力。新疆金风科技公司建立了数字化协同集成平台，实现了与供应商、合作伙伴进行零部件的虚拟装配、疲劳分析等联合设计工作和在全球范围内进行零部件采购工作，有力支撑了兆瓦级风力发电机组的研发、产业化推广。

### （三）建设了一批制造业信息化公共服务平台，提升了中小企业信息化水平

“十五”期间，针对中小型制造企业信息化需求，组织开发了多个ASP平台，为广大中小企业提供信息共享与咨询、产品设计制造、企业资源计划、供应链与客户关系管理等信息化服务。“十一五”期间，针对制造业产业链和企业集群发展的需求，重点建设了14个支撑制造业产业链协作的公共服务平台和面向产业集聚区域的制造业信息化ASP平台，覆盖汽车、摩托车、模具、机床、注塑机、工控、仪器仪表、纺织、服装、五金、灯具等行业门类，累计为上万家中小企业提供了产业链协作、共性技术资源等信息化服务；并通过为企业提供服务，累计取得了1亿元以上的经营收入，在平台运营模式、服务方式等方面进行了有益的探索和尝试。

例如，基于ASP/SaaS国龙汽车零部件产业链技术创新服务平台，实现了从“信息服务”到“资源服务”，再到“业务协作”的跨越发展，创新了以ASP/SaaS模式支撑“私用软件”到“资源整合”和“软件租用”的第三方服务模式，为5000余家企业开展了采购、销售、服务和配件业务管理等生产业务协同服务。中小纺织服装企业ASP平台集聚服装院校和设计师的设计作品，实现了女装、男装和童装不同类别的服装集群区域的ASP服务，为上万家企业开展了服务。

通过制造业信息化公共服务平台建设和服务，降低了中小企业实施信息化的成本和风险，提升了中小企业信息化水平，促进了具有竞争力的产

业链和企业集群的形成和发展。

### （四）研发了一批制造业信息化软件产品，支持了企业信息化建设

十年来，针对企业信息化应用发展需求，紧密结合信息化应用示范工作，制造业信息化工程持续支持了CAD/ CAM、CAPP、CAE、PDM、PLM、ERP、MES等一批具有自主知识产权的制造业信息化软件产品及系统的开发与推广应用，形成了一批软件产品品牌，包括山大华天、CAXA等三维CAD软件，金叶西工大、开目、武汉天喻等CAPP软件，清软英泰、武汉开目、武汉天喻、北京航天神舟、北京艾克斯特等PDM/PLM系统，用友、金蝶、浪潮等ERP系统，上海宝信、石化盈科、大连华铁等MES系统，东软、武汉华工达梦、北京人大金仓、北京航天神舟等数据库管理系统。这些软件产品及系统的研发及应用，不仅有力支持了制造企业信息化建设，而且丰富了国产制造业信息化软件产品线，在一定程度上限制了国外相关软件的价格及市场份额，促进了国产软件产业发展。

### （五）培养了大批制造业信息化人才，支撑了制造业信息化应用发展

十年来，制造业信息化工程培育了近千家培训机构，建设完善了制造业信息化培训体系，累计培训了290万余人次各类信息化人才，形成了一支服务于制造业信息化的技术队伍，有效支撑了制造业信息化应用发展。

### （六）形成了制造业信息化技术保障体系与发展环境，保障了制造业信息化可持续发展

十年来，制造业信息化工程面向制造业信息化发展实际需求，培育了几百家技术服务机构，建设了制造业信息化技术咨询服务体系，广泛开展了技术咨询服务，服务了几万家企业；研究制订了400余项制造业信息化国家及行业标准、规范，促进了制造业信息化标准体系建设；开展了制造业信息化指数统计分析工作，完善了制造业信息化评估体系，从而形成了较为完善的制造业信息化技术保障体系和发展环境，保障了制造业信息化的可持续发展。

## 第八节　经验与启示

### （一）推进制造业信息化已成为促进我国制造业转型升级的必然选择

过去的十年里，制造业信息化工程一直顺应制造业的发展需求，随着

信息化与工业化深度融合而不断创新，成为推进产品创新和管理创新的重要手段，整合资源、打造全球产业链的有力工具，推进制造业全球化和绿色化的重要支撑，发展现代服务业的重要途径，实现制造业跨越发展的核心动力，成为我国实现制造业转型升级、促进制造大国向制造强国、向创造大国转变的必由之路。

### （二）汇聚资源、大力协同，是推进制造业信息化的有效方式

制造业信息化工程是一项涉及全国主要行业和大部分省市地区及企业、庞大而复杂的系统工程工作，需要汇聚资源、大力协同，发挥各方面的积极性和作用，才能保证工程的有效实施和实施效果。“十五”及“十一五”制造业信息化工程以863、科技支撑两大计划项目为支撑，集成了国家科技计划资源、地方科技计划资源和企业技改等各类资源，实现多计划衔接互动，充分发挥了行业、地方、企业、专家、科技服务机构等各方面的作用，汇聚各方面的资源和力量，大力协同开展了工作，有效推进了制造业信息化各项工作。

据不完全统计，“十五”和“十一五”制造业信息化工程，科技部投入专项经费近3亿余元（不包括863计划中的经费），引导地方配套经费13亿余元、企业投入自有资金400亿元以上；参与工程组织实施的地方科技部门覆盖了全国30余个省（市、区），直接参与工程应用研究及实施的企事业单位超过5000家，参与人员超过5万人次以上，有力保证了工程的实施。

### （三）企业是制造业信息化的实施主体、投入主体和受益主体

十年来，制造业信息化工程涉及的企业应用示范和大部分软件开发、公共服务平台建设等工作，均由企业牵头，联合科研院所、高等院校、中介机构来实施，取得了显著成效，极大地激发了企业对开展制造业信息化工作的热情，形成了以企业为主体、产学研结合工作机制和企业是制造业信息化工程的实施主体、投入主体和受益主体的格局，成为持续推进制造业信息化的强大动力。

### （四）完善的组织工作体系，是持续推进制造业信息化的重要保障

针对制造业信息化需要多技术领域综合、多计划集成、多类型单位参与、多方面协同等实施特点，“十五”及“十一五”制造业信息化工程遵循统筹协调、分类指导、分工组织、整体推进原则，建设了制造业信息化

技术研发体系、应用示范体系、技术服务体系，建立了制造业信息化协调指导小组、办公室、总体专家组，全国主要省市均建立了本省（市、区）制造业信息化协调领导小组、办公室、专家组，形成了一套从国家到地方、从省市到企业的协调管理机制和组织工作体系，从而有效保证了制造业信息化工程成功实施和可持续发展。

# 第四章
# 系统控制技术

## 第一节　概述

系统控制技术广泛应用于各种科学与工程、生产与装备中，是众多应用领域泛在的关键技术。系统控制主要研究先进的传感技术、工业控制网络技术、智能控制技术，开发高性能、高可靠的自动化控制系统和安全控制系统，从系统控制的角度来达到经济、高效、环保、安全的生产运行目标。十年来在863计划的支持下，重点研究开发了：具有先进传感技术的高端仪器仪表；具有安全、可靠、实时技术的工业实时以太网和工业无线网络标准技术体系；以及具有智能控制技术、面向国民经济重化工业的大规模高可靠自动控制系统。

我国已成为全球重化工业发展最快、装备需求最大的国家之一，对大型工程和高端装备的自动化成套控制技术有迫切的需求。控制系统与仪器仪表是重大工程和装备安全、高效和低碳运行的大脑和神经中枢，在炼油石化、钢铁冶金、火电核电等重大工程中，具有不可替代的地位和作用，也是实现工业节能减排的有效手段。

目前，尽管我国仪器仪表产业高速发展，但产品主要处于价值链的低端，高端核心产品几乎全部被国外垄断，特别是大型控制系统、高端分析仪表和高精度测量仪表等方面，与国外差距很大。2009年仪器仪表行业出口106.55亿美元，进口208.70亿美元，占当年装备制造业进口总额的1/9。特别是支撑重化工产业发展的大型自动化成套控制系统，长期依赖进口，严重制约了国民经济的健康和安全发展。

近年来，新技术的出现和进步，对我国控制系统和仪表产业的发展既是挑战，也是机遇。控制系统技术在高速发展，特别是信息与网络技术，始终是控制系统技术发展的核心驱动力。从20世纪90年代开始，现场总线技术快速发展已经成为控制系统不可或缺的重要使能技术；“十五”期间，工业实时以太网技术在工业测控系统的应用成为领域竞争的焦点，“十一五”伊始，工业无线网络技术在工业测控系统的应用成为领域竞争的焦点。欧美国家纷纷启动相应的计划，开展这一具有变革技术的前瞻研究。美国总统科技咨询报告认为，工业无线技术的应用将使美国工业生产效率提高10%，并使排放和污染降低25%。

针对上述现状和国家需求，国家863计划立项支持了若干重大工程自动化控制系统核心关键技术的开发与应用，高精度变送器和用于排污检测在线分析仪表的开发，高性能EPA工业实时以太网和WIA工业无线网络技术等多批研发项目。希望通过突破核心关键技术、制定相应国际标准、开发具有完全自主知识产权的高端核心控制系统，形成面向大型炼油、石油、化工、火电与核电等领域的自动化产品，并形成产业，打破国外在高端市场的垄断地位，提升行业的整体技术水平。

## 第二节　工业实时以太网国际标准EPA

### 一、背景与历程

#### （一）研究背景

工业以太网技术是随着现场总线技术发展起来的。众所周知，早在

20世纪80年代，国际电工委员会（IEC）就在酝酿制定统一的现场总线国际标准。经过十多年的努力和斗争，2000年初发布的现场总线国际标准IEC61158包含了基金会现场总线FF、PROFIBUS等在内的8种类型的现场总线，标志着现场总线国际标准单一现场总线标准制定目标的失败，多种现场总线并存的局面得到了确认，一方面已有技术方不愿意放弃自己的技术，另一方面，也说明在不同的领域和不同要求下，各种现场总线所起到的作用是不一样的，同时传统现场总线的低速性能所带来的部分局限也逐渐被工控领域的专家所关注。

与此同时，在商业网络上取得成功的以太网成为大家关注的焦点，以太网为什么能够在众多的网络系统中脱颖而出，种类繁杂的现场总线技术能否使用以太网技术，低速的现场总线能否借助高速以太网技术实现飞跃，是很多工业控制领域专家所关心的问题。以太网的延伸首先是在监控层网络上使用，事实证明，以太网是高效和稳定的，目前在监控层使用以太网已经成为一种共识。在以太网向现场设备层延伸的时候，各大组织都是很谨慎，在技术上想了很多方法，基本上都获得了成功，这从另一个侧面证明了以太网的能力。

从2000年开始，国际上工业控制领域已经逐步走出了技术可行性的争论，人们越来越为以太网所着迷，网络时代也逐步的渗透到了工业领域，工业控制系统这个信息孤岛已经同信息化设备建立起了一座座桥梁。然而问题是：如何根据应用来合理部署工业以太网,如何根据应用的层次来挖掘和拓展现有以太网的功能是众多用户所面临的问题。

早从1996年开始，国内浙江大学、中控集团就开始研究工业以太网技术，并成功将工业以太网应用于集散控制系统DCS中。2000年，浙江大学智能系统与控制研究所再次与中控集团联合，研究基于工业以太网的现场总线技术，即EPA（Ethernet for Plant Automation）。该研究得到了863计划的大力支持。从2001年开始，863计划通过“十五”、“十一五”的持续支持，由浙江大学、中控集团牵头，联合中科院沈阳自动化研究所、清华大学、大连理工大学、重庆邮电大学、上海自动化仪表研究所（院）、北京机械工业仪器仪表综合技术经济研究所等科研单位，以及上海自动化仪表股份有限公司、重庆四联仪器仪表集团、天津中环仪表、北京东土科技有限公司等国内仪器仪表龙头企业、网络设备企业，在解决工业以太网通信的确定性和实时性、可靠性和可用性、安全性等三大需求的系列关键技术基础上，制定了《用于工业控制系统的EPA系统结构与通信规范》国家标准GB/T20171—2006。该标准于2007年被国际电工委员会IEC正式发布国际标准IEC61158/TYPE14，成为由中国人制定的第一个工业自动化国际标准。

自此以后，EPA系列应用技术，即：EPA实时通信技术被发布为实时以太网国际标准IEC61784-2/CPF14；EPA功能安全通信技术EPASafety被发布为IEC61784-3-14；EPA高可靠性技术DRP（分布式冗余协议）被发布为IEC 62439-6；EPA本质安全设计与线缆安装技术被发布为IEC61784-5-14。由此也成为迄今为止中国制定的第一个系列化的工业自动化国际标准。

此外，EPA本质安全设计与线缆安装被发布为IEC61784-5-14，还被德国标准化委员会DKE采用为德文的德国标准，这也开创了中国自动化领域标准的先河。

### （二）发展历程

EPA经历了一个不断成熟和发展的过程，最终取得了丰硕的成果。在2000年，根据对当时国际现场总线发展趋势的深刻理解，浙江大学、浙江中控技术有限公司、中科院沈阳自动化研究所、重庆邮电学院、大连理工大学、清华大学等单位开始了将以太网应用于工业现场方面的研究。

在2001年，该研究得到了国家863项目的支持，开始“基于高速以太网技术的现场总线控制设备”的研究，解决了工业以太网中的实时通信、互可操作、总线供电、网络安全、可靠性与抗干扰等关键技术难题，开发了基于高速以太网技术的现场总线控制设备，开发了原理样机，并且在杭州龙山化工厂一次试用成功，该研究从理论上和实践上证明了将以太网应用于工业现场的可行性。

从2002年开始，国内工业以太网研究的先行者开始着手推进EPA标准规范的国际化工作，2003年8月，在国际上首次介绍了EPA系统，并展示了在联碱碳化装置上的工程应用事实和照片，向标准起草工作组首次介绍了中国EPA技术和标准开发与应用的情况。

2003年10月，起草了《用于测量与控制系统的EPA系统结构与通信规范》（以下简称《EPA标准》）。2003年12月，向IEC/SC65C正式提交了中国的EPA标准提案。IEC/SC65C联合工作会议期间，中国代表首次全面介绍了EPA的技术特点，并针对工业以太网控制系统结构、确定性通信调度等关键技术，系统地介绍了EPA技术解决方案，并再次展示了EPA在化工厂的应用实例。

2004年11月，EPA标准起草工作组按时向IEC/SC65C提交了EPA PAS提案。2005年3月，EPA PAS提案以95.8%的赞成票，远远超过了IEC标准化程序规定的50%赞成票的要求，被发布为IEC/PAS62409标准化文件，至此，EPA正是成为国际标准。

2005年4月，在加拿大渥太华召开的IEC/SC65C/WG11工作组会议上，EPA正式作为第14共用行规簇（Common Profile Family 14，CPF 14）列入实时以太网应用行规国际标准IEC61784-2。2005年12月，在美国凤凰城的IEC/SC65C/WG11、MT9联合工作组会议上，EPA被列为第14类型，进入IEC 61158（第四版）。2005年5月，TC124已将《EPA标准》报批国家标准化管理委员会出版、发布，最终于2006月发布，并在同年11月1号开始实施。

## 二、技术与成果

EPA是一种全新的适用于工业现场设备的开放性实时以太网标准，EPA是中国第一个拥有自主知识产权的现场总线国际标准，其得到国际电工委员会的认可并进入现场总线国际标准化体系。EPA在确定性通信技术、强实时通信技术、高可用性技术、安全通信技术等核心技术方面取得了重大的突破（图4-1）。

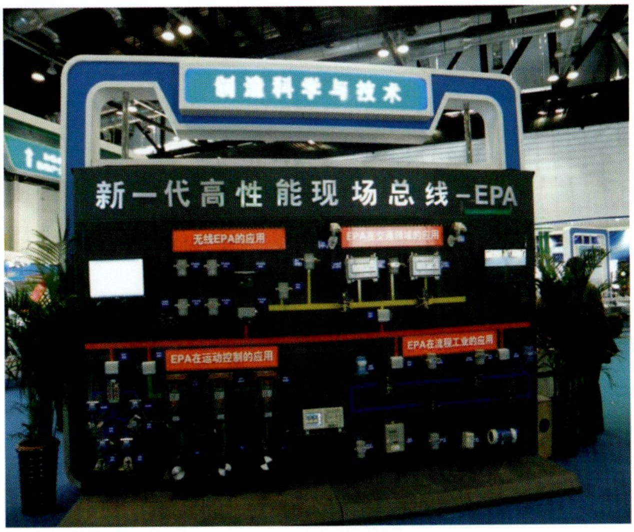


图4-1　新一代高性能现场总线—EPA

根据IEC61784-2的定义，EPA在ISO/IEC8802-3协议基础上，进行了针对通信确定性和实时性的技术改造，其通信协议模型构架如图 4-2 所示。

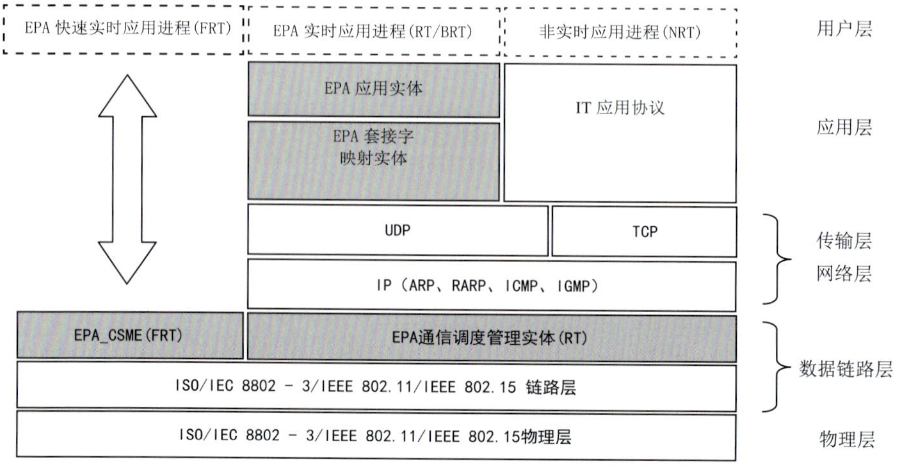


图4-2　EPA通信协议模型

其中，除了ISO/IEC8802-3/IEEE802.11/IEEE802.15、TCP（UDP）/IP以及信息技术（IT）应用协议等组件外，它还包括EPA实时性通信进程、EPA快速实时性通信进程、EPA应用实体和EPA通信调度管理实体。

针对不同的应用需求，EPA确定性通信协议簇中包含了以下几个部分。

1．NRT（N-Real-time）非实时性通信协议

非实时通信是指基于HTTP、FTP以及其他IT应用协议的通信方式。非实时性通信协议部分主要针对传统商用以太网的通信需求。

2．RT（Real-time）实时性通信协议

实时性通信是指满足普通工业领域实时性需求的通信方式，一般针对流程控制领域。利用EPA_CSME通信调度管理实体，对各设备进行周期数据的分时调度，以及非周期数据按优先级进行调度。

3．FRT（Fast Real-time）快速实时性通信协议

快速实时性通信是指满足强实时控制领域实时性需求的通信方式，一般针对运动控制领域。

4．BRT（Block Real-time）块状数据实时性通信协议

块状数据实时性通信是指对于部分大数据量类型的成块数据进行传输，以满足其实时性需求的通信方式，一般指流媒体（如音频流、视频流等）数据。

工业控制网络与用于商业的网络通信技术有很大不同，其性能指标主要是实时性、确定性、可靠性和可用性。针对工业控制网络在实时性、确定性、可靠性和可用性更高的要求，EPA在确定性通信技术、强实时通信技术、高可用性通信技术、高可靠性通信技术方面取得了重要的核心技术突破。

### （一）确定性通信技术突破

工业控制网络对于通信的确定性有着很高的要求。工业控制网络的确定性主要用于描述系统可预测的响应时间和时延，即网络中任意两节点通信，从信息发送到信息接收之间全部延迟的最大时间是确定的。主要表现为任务在时间上是可以预测的，要求最大值是可预知的，并小于一定值。由于以太网采用CSMA/CD介质访问方式，使得从根本上讲传统以太网是不确定的，这也是最初阻碍以太网进入工业控制领域的主要障碍。

在确定性通信技术方面，EPA采用分布式网络结构，并在原有以太网协议栈中的数据链路层增加了通信调度子层——EPA通信调度管理实体（Communication Scheduling Management Entity，EPA-CSME），定义了宏周期，并将工业数据划分为周期数据和非周期数据，以此实现分时调度。通过EPA-CSME实现的分时调度确保了各网段内各设备的发送时间内无碰撞发生的可能，以此达到了确定性通信的要求。

基于分时发送的确定性通信调度控制模型如图4-3所示。在一个网段内，所有EPA设备的通信均按周期进行，完成一个通信周期所需的时间Tmacrocycle称为一个通信宏周期（Communication Macro Cycle），该通信周期分为周期数据发送和非周期数据发送两个阶段：

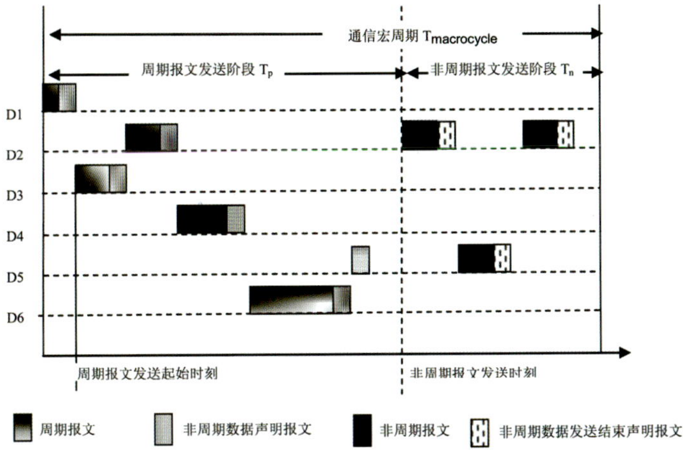


图4-3　确定性通信调度示意图

1．周期报文发送阶段

对周期性通信信息数据设计了通信调度的时间分片方法：各设备基于IEEE 1588实现精确时间同步，在周期数据发送阶段，根据组态配置自动计算，只有在其发送数据的起始时间到的时候，才发送周期数据，使其满足对时间有严格要求的控制数据的传输需要。

2．非周期报文发送阶段

对非周期通信信息数据设计了基于优先级的调度方法：设非周期性报文一共有n种优先级，分别记为1，2……n，由于总线上的广播数据可以被所有设备监听，每个设备可以在发送完周期性数据后多发送一个周期调度报文以声明该设备要发送非周期性报文的最高优先级。在非周期性报文发送阶段开始，就可以由以上判断出的设备发送有限级最高的报文。该报文发送完毕后，发送此报文的设备继续发送一个非周期调度报文，来声明自己还要发送报文的优先级。这样其他设备可以继续监听此类报文来判断自身报文的发送时刻。

依照以上原则，如果非周期报文发送阶段足够长，可以让总线上所有设备按照优先级次序发送完所有的非周期性数据，由此避免了以太网通信报文碰撞，确保优先级高的报文，从而保证了EPA通信的确定性。





## （二）强实时通信技术突破FRT

工业控制网络系统的实时性（real time）的含义是指对于某一给定任务而言，系统必须在一个较小的时间内完成该任务的处理。

针对工业控制网络的实时性要求，特别上运动控制系统对数据通信的强实时性和高同步精度的更高要求：（1）高同步精度的要求。高性能运动控制系统必须有着精确的同步机制，一般要求同步偏差小于1 μs。（2）强实时性的要求。高性能运动控制系统中，一般要求通信周期小于1ms，周期抖动小于1 μs。

EPA提出了对通信实时性的性能提高的EPA-FRT强实时通信技术，其中最主要的两个方面为协议栈的精简和对数据的复合传输，解决了特殊应用领域的实时性要求。

第一，EPA-FRT对TCP/IP协议部分进行优化，针对各强实时控制领域需求，可以删除TCP非实时性传输层协议，仅保留UDP协议。同时，对链路层扩展的CSME调度实体进行优化，包括对于同步报文发送的控制、非周期报文发送的控制等。在实际应用中，针对运动控制领域，EPA-FRT通过以上两个方面对协议栈的精简，使报文传输在满足了运动控制领域的需求。

第二，EPA考虑将数据在满足实时性需求的前提下通过数据融合统一发送，而对于一些原有的网络功能性报文，可以根据实际需求进行复合传输，以此来降低系统在自身运行方面的网络带宽的大量占用和开销。

### （三）高可用性通信技术突破——分布式冗余协议DRP

工业控制网络对于可用性有着相比普通商用网络更高的要求。工业控制网络的可用性是在要求的外部资源得到保证的前提下，在规定的条件下和规定的时刻或时间区间内处于可执行规定功能状态的能力。它是产品可靠性、维修性和维修保障性的综合反映。

目前对于并行网络、环形网络或是网状网络，使用冗余路径以获得可用性的网络技术都要解决诸如广播风暴的抑制、故障后能在极端时间内恢复、设备上下电系统切换、确定故障位置以及无间断替换故障设备的技术问题。就工业场合使用最普遍的是主从式的环网将网络故障的风险高度集中在主交换机上。在主交换机故障的情况下，网络的可用性将失去保证。

针对这些问题，EPA提出了一种基于高精度时钟同步的分布式环网冗余方法——分布式冗余协议（Distributed Redundant Protocol，DRP），即IEC62439-6，它在提高系统整体时钟同步精度的基础上，通过分布式方式解决主从式环网中对于主交换机的依赖，进一步提高环网系统的可用性。

DRP网络中，所有交换机首尾相连，构成一个环型结构。DPR控制系统中的传感器、控制器、执行结构等网络节点各自接入到环上的某一任意交换节点，通过该环型网络建立链接并交互数据实现网络通信。

首先，正常工作的DRP环型网络为了避免数据报文在网络中无止境循环转发而造成广播风暴，采用禁用备用路径的方式，如图4-4所示中交换设备1、8间的路径在正常工作时物理上是通路，但是在逻辑上是断路，从而避免了逻辑环路的形成。因此在正常工作时，网络为一条直线的总线结构。

其次，DRP网络采用环型拓扑结构。一方面，相对于星型网络冗余和端口冗余，或是Mesh型多重化冗余，它简化了网络结构的复杂度，一定程度上利于网络管理以及降低网络构建成本；另一方面，在DRP网络中每个交换设备轮流承担环网管理的主设备功能，分散了主从式方法中高度集中在主交换设备上的网络风险。

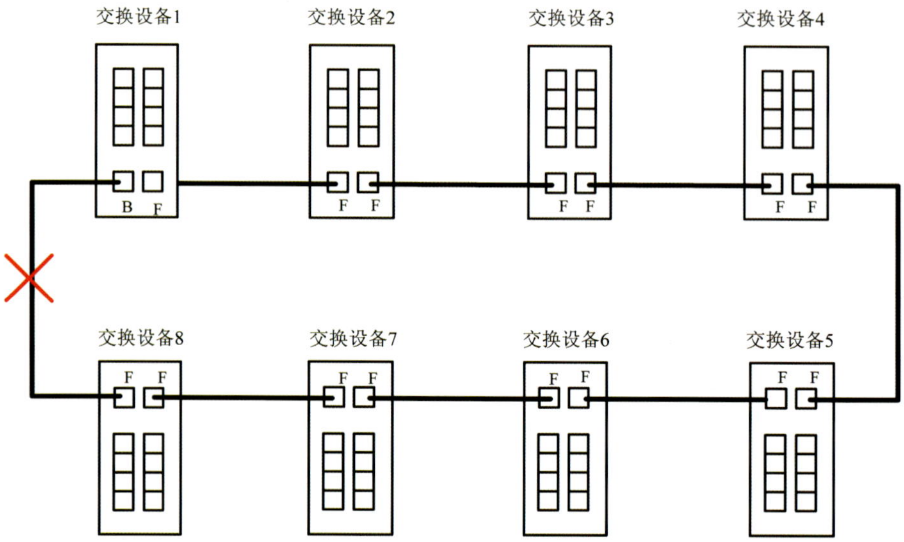


图4-4 DRP网络拓扑结构

最后，采用DRP协议的控制网络能够快速检测出物理链路和交换设备发生的故障，并解决由单个物理链路或者交换设备故障而引发网络通信中断的问题，快速地恢复网络传输功能，一定程度上很好地解决现有工业以太网网络中风险集中、可用性低的问题。

DRP从以下4个方面来提高网络的高可用性：

（1）DRP控制网络的拓扑结构为环型，此种拓扑结构为冗余网络的基本架构，具有较高的链路冗余性能；

（2）它提供了一种可以用于描述环形网络中的交换机操作行为的架构，利用这种架构可以检测网络中的单个故障（比如交换机之间的链路故障或者交换机节点故障）并且能够在确定的时间内恢复网络的通信功能；

（3）一个DRP控制网络拥有多个交换节点且每一个交换节点都具有相同角色的管理功能，不存在一般环型网络中通信主要依靠主节点控制的问题；

（4）针对普通以太网广泛存在的广播风暴问题，DRP也提出了应对策略，有效地控制了广播风暴的产生，降低网络丢包以及通信故障发生概率。

### （四）EPA安全通信技术突破——EPASafety

工业控制网络的可靠性是网络系统在一定时间内、在一定条件下无故障地执行指定功能的能力或可能性。工业控制网络的可靠性和实时性也是紧密相关的。同时，工业现场的环境恶劣，噪声干扰严重，大大降低了网络的可靠性，这就需要有合适的抗干扰措施和差错控制技术降低传输错误，保证系统可靠运作。

随着IEC61508、IEC61511和ISA-84等功能安全国际标准的正式发布，生产厂商和用户越来越关注生产装置的功能安全要求，纷纷对危险和风险进行严格的分析，并开发、验证和应用已经经过功能安全认证的安全仪表系统（SIS）。

为满足EPA功能安全通信的需求，EPA控制系统在EPA协议栈的基础上，制定和添加了EPASafety协议。

EPASafety基于EPA通信协议，描述了在EPA控制系统中用来连接安全现场设备和安全现场控制器的EPA安全通信层的规范，EPASafety通信模块位于EPA用户层和通信栈之间，用于用户数据的功能安全保护，如图4-5所示是对EPA协议规范的补充，以减少安全变送器、执行器和现场控制器在数据传输中的失败和错误概率，以达到或超过相关安全标准。

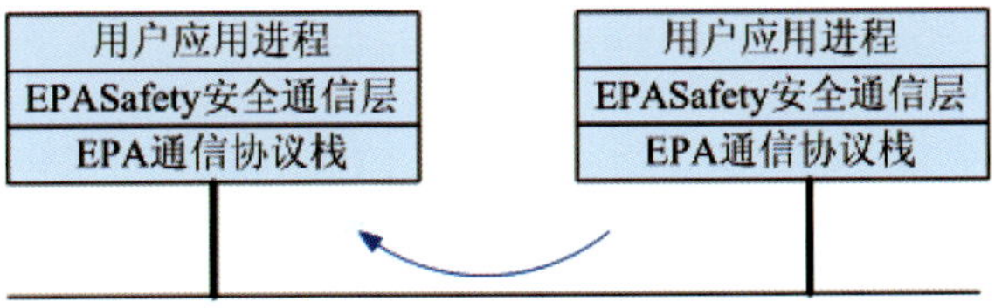


图4-5　EPASafety架构

EPASafety按照IEC61508 SIL3的要求使用一系列的安全措施将随机错误或故障发生的概率降低在一定的范围内，并且能够诊断和处理其他的通信错误或故障。

EPASafety针对工业数据通信中存在的数据破坏、重传、丢失、插入、乱序、伪装、超时、寻址错误等风险，采用专利的工业数据加解密方法、工业数据传输多重风险综合评估与复合控制技术，将通信系统的安全完整性水平提高到SIL3等级，并通过德国莱茵TÜV的认证，保证了整个工业控制网络通信的可靠性。

### （五）本质安全关键技术突破——EPA本质安全与安全防爆

工业领域自动化控制的电气设备防爆最常用型式是：本质安全型、隔爆型和增安型。本质安全型是唯一可适用于0 区的防爆技术。它是利用安全栅技术将提供给现场仪表的电能量限制在既不能产生足以引爆的火花，又不能产生足以引爆的仪表表面温升的安全范围内，从而消除引爆源的防爆方法。对于仪表检测和控制回路而言，限制能量首先意味着限制电压和电流。又由于电容和电感能够储存和释放电能量，因此电容和电感也须限制。

在EPA系统中，需要对应用于工业现场的设备（如工业现场以太网交换机、传输媒体以及基于以太网的变送器和执行机构等现场设备等）进行安全防爆设计。

由于目前以太网收发器本身的功耗都比较大，一般都在300MW以上，因此相对而言,基于以太网的本质安全设计比较困难。但采用降压扩流、低功耗设计、智能化功率管理、分级式能量泄放等技术，使得工业以太网系统的本质安全设计得以可行。

EPA作为一类有代表性的工业以太网标准，已经在EPA协议现场设备、EPA协议齐纳式安全栅、EPA协议隔离式安全栅、传输媒体等多个方面实现了本质安全技术，并具备了相应通过本质安全认证的产品，为工业以太网的应用开辟了新的天地。

EPA协议现场设备包括EPA压力变送器等一次仪表，EPA标准信号测量模块等二次仪表，或EPA供电交换机，EPA协议网桥等网络设备。其中EPA供电交换机、EPA标准信号输出模块等设备由于有配电输出，因此在本质安全设计中难度较大，在防爆参数选取上也较为复杂。但是通过直接在其供电输出口注入本安的PSE电源的方式，可以将EPA供电交换机本身从供电输出功能中脱离开来，简化了其本安设计的技术难度（图4-6）。

图4-6　支持EPA标准的相关产品

EPA国际标准包括1个核心技术国际标准和4个EPA应用技术标准（图4-7）。以EPA为核心的系列国际标准为新一代控制系统提供了高性能现场总线完整解决方案，可广泛应用于过程自动化、工厂自动化（包括数控系统、机器人系统运动控制等）、汽车电子等，可将工业企业综合自动化系统网络平台统一到开放的以太网技术上来。

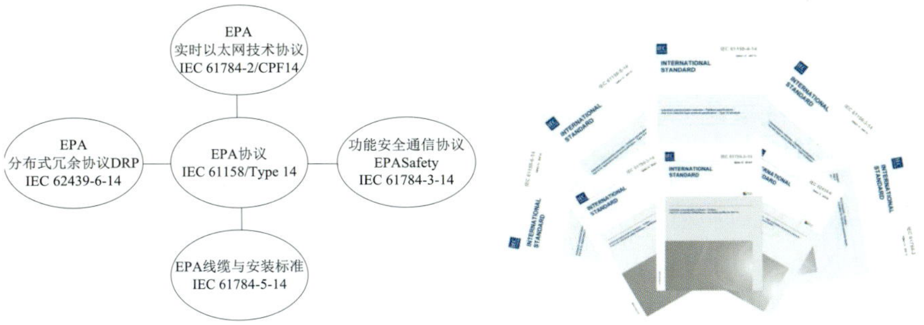


图4-7 基于EPA的IEC国际标准体系

①EPA现场总线协议（IEC 61158/Type14）在不改变以太网结构的前提下，定义了专利的确定性通信协议，避免工业以太网通信的报文碰撞，确保了通信的确定性，同时也保证了通信过程中不丢包，它是EPA标准体系的核心协议，该标准于2007年12月14日正式发布。

②EPA分布式冗余协议DRP（IEC62439-6-14）针对工业控制以及网络的高可用性要求，DRP（Distributed Redundancy Protocol）采用专利的设备并行数据传输管理和环网链路并行主动故障探测与恢复技术，实现了故障的快速定位与快速恢复，保证了网络的高可靠性。该标准于2010年底正式发布。

③EPA功能安全通信协议EPASafety （IEC61784-3-14）针对工业数据通信中存在的数据破坏、重传、丢失、插入、乱序、伪装、超时、寻址错误等风险，EPASafety功能安全通信协议采用专利的工业数据加解密方法、工业数据传输多重风险综合评估与复合控制技术，将通信系统的安全完整性水平提高到SIL3等级，并通过德国莱茵TÜV的认证。该标准于2010年底正式发布。

④EPA实时以太网应用技术协议 （IEC61784-2/CPF14）定义了3个应用技术行规，即EPA-RT、EPA-FRT和EPA-nonRT。其中EPA-RT用于过程自动化，EPA-FRT用于工厂自动化，EPA-nonRT用于一般工业场合。该标

准于2007年12月14日正式发布，并于2010年底发布了修订版。

⑤EPA线缆与安装标准（IEC61784-5-14）定义了基于EPA的工业控制系统在设计、安装和工程施工中的要求。从安装计划，网络规模设计，线缆和连接器的选择、存储、运输、保护、路由以及具体安装的实施等各个方面提出了明确的要求和指导。该标准于2010年底正式发布。

⑥EPA的成果在于制定了多个国家标准，其中包括《用于测量与控制系统的EPA系统结构与通信规范》、《EPA一致性测试规范》、《EPA互可操作测试规范》、《EPA功能块应用规范》、《EPA实时性能测试规范》、《EPA网络安全通用技术条件》等。

总体来说，EPA是中国第一个拥有自主知识产权的现场总线国际标准，并取得了一系列重大技术突破和重要成果。EPA标准的提出，对于我国在新一代现场总线技术中实现跨越式发展，缩小与国外同类先进技术的差距，打破国外垄断，在国际标准化工作中争取中国工业自动化产业应有的话语权，改变我国工业自动化产业一直所处的跟踪研究与低端产品开发的状态，突破产业实现跨越式发展的瓶颈，推动我国自动化产业的进一步发展，具有十分重要的意义。





## 第三节 工业无线网络国际标准WIA

WIA-PA（Wireless Networks for Industrial Automation-Process Automation，面向过程自动化的工业无线网络）技术是由我国科技人员自主研发成功的，符合工业测控应用的一种工业无线网络标准技术体系。WIA-PA已经于2011年10月14日，成为国际电工委员会（IEC）的正式国际标准，标志着我国在工业无线网络技术领域已进入国际领先国家行列。

### 一、背景与历程

#### （一）研发背景

在计算机、通信和网络技术发展的推动下，工业通信技术的发展经历了20世纪六七十年代的模拟仪表控制系统、20世纪八九十年代的集散控制系统（DCS）和20世纪末的现场总线控制系统（FCS）阶段，正朝着智能化和网络化的方向不断发展。随着测控系统规模的不断扩大，降低投资和使用成本成为工业通信技术发展新阶段的迫切要求。据美国市场研究机构

Freedonia集团统计，2001年全球工业用传感器的市场份额是110亿美元，而安装和使用成本（主要是布线成本）超过1000亿美元，成为阻碍工业通信技术发展的主要难题。在这一背景下，无线通信技术的低成本特征引起了人们的广泛关注。

美国能源部（DOE）在2002年发布的“面向21世纪的工业无线传感器网络技术”白皮书中首次提出将无线传感器网络应用于工业自动化领域，并将适合在恶劣的工业现场环境使用，具有很强的抗干扰能力、超低能耗、实时通信等特点的一类特殊的无线传感器网络技术称为工业无线网络技术。

工业无线网络是工业物联网技术和产业发展的核心，引领工业测控系统的未来发展方向。工业无线网络技术通过支持设备间的无线交互，提供低成本、高可靠、高灵活的新一代泛在制造测控系统，将引发传统工业测控模式的变革，引领工业自动化系统向着低成本、高可靠、高灵活的方向发展。利用工业无线网络的低成本、易用和泛在感知等特征，人们可以以较低的投资和使用成本实现对工业全流程的全面监测，获取传统由于成本原因无法在线监测的重要工业过程参数，并以此为基础实施优化控制，来达到提高产品质量，降低工业生产过程中的跑冒滴漏、提高能源效率的目标。国际知名的咨询机构和市场分析公司ARC Group、IMS Research、On World等都将工业无线网络列为技术成熟度最高、市场前景最好的物联网方向，是推动物联网产业快速发展的先行技术。

工业无线网络技术备受全球先进工业国家的关注。美国能源部（DOE）在2004年发布“未来工业计划”（IOF）中指出：基于工业无线网络技术的低成本测控系统是实现到2020年美国工业整体能耗降低5%目标的主要手段，代表着工业自动化系统技术的发展方向，将在石油天然气开采、石化、冶金、污水处理等高耗能、高污染行业有广泛的应用前景。美国总统科技顾问委员会在“面向21世纪的联邦能源研究与发展规划”中指出：工业无线网络技术的广泛应用将使工业生产效率提高10%，并使排放和污染降低25%，是影响未来制造业发展的革命性技术。

以美国、德国为代表的西方工业强国投入巨资开展相关的研发工作。2004年由美国能源部发起，GE、Honeywell、RAE等70多家大公司参与成立了无线工业控制网络联盟（WINA），该联盟专门讨论无线技术在工业控制领域应用的技术难题。同年，美国工业技术计划“传感器和自动化”

方向上设立了4个重点项目。在这些项目的支持下，工业自动化领域一些大的公司开展了以测控系统应用为牵动的工业无线传感器网络技术共性关键问题的研究。Eaton公司在2004年启动了“基于无线传感器网络的工厂高级能源管理”项目，该项目致力于构建一个低成本的无线网络，来完成信息的快速采集、监视和诊断。GE全球研究中心在2004年启动了“分布式无线多传感器技术”项目，主要研究工业现场环境对无线网络的影响。Honeywell实验室在2003年9月启动了“可提高工业效率的无线和感知”项目，重点研究面向工业现场的可靠无线技术。欧盟也启动了RUNES计划进行工业无线网络关键技术的研究。

突破工业无线网络核心技术，是抢占战略制高点的关键。工业自动化应用与通常的商业应用不同，对数据传输的可靠性、实时性和安全性有着极苛刻的要求，而无线系统的开放特性又使得它极易受到工厂高温、高湿、强遮挡、强电磁干扰的影响。因此，在复杂工业环境下窄带随机干扰的有效抑制、高低温环境下时间漂移的精准补偿和快速可靠的组网等技术，是工业无线网络必须面临的极具挑战性的问题。

技术标准制定是工业无线网络技术竞争的焦点，也是掌控行业市场主动权的关键。形成技术标准，是技术系统化和实用化水平的重要标志。因此，西门子、爱默生、霍尼伟尔、横河等把持和垄断世界工业控制系统技术和市场的跨国公司，都率先开展了相关的标准制定工作。这背后代表了它们十分看好工业无线网络技术和产品的市场前景，并为各自经济利益和政治利益展开激烈竞争的态势。

### （二）研发历程

我国是较早开展工业无线网络技术研发与应用的国家之一。在国际工业无线网络技术发展的关键时期，863计划先进制造技术领域于2006年果断地启动了工业无线网络技术的重点科研项目。通过统筹组织和有力的资金支持，由中国科学院沈阳自动化研究所牵头，联合浙江大学、机械工业仪器仪表综合技术经济研究所、北京科技大学、重庆邮电大学、沈阳中科博微自动化技术有限公司、上海工业自动化仪表研究所、东北大学、西南大学、大连理工大学等近20家单位成立了工业无线技术联盟，创新性地提出了自适应跳频干扰抑制技术、多层次时间同步技术和高可靠智能自诊断组网技术，攻克了无线技术在工业测控应用中的可靠性、实时性、低功耗等关键技术，形成了核心自主知识产权，构建了由50余项专利构成的核心自主技术系统，并在化工、采油等领域进行了成功的示范应用，标志着我国工业无线网络技术进入了新的发展阶段。

随后，科技部会同相关部门积极推进了工业无线网络技术的国际标准化工作。在突破上述关键技术的基础上，由中国科学院沈阳自动化研究所牵头，协同全国工业过程测量和控制标准化技术委员会开展“工业用无线通信技术”标准起草工作。2008年10月，标准起草工作组完成了WIA-PA国家标准的征求意见稿；2011年7月29日，WIA-PA标准以中华人民共和国国家标准GB/T 26790.1—2011发布。同时，标准起草工作组积极与国际标准化组织各成员国进行技术交流和沟通，德国、法国、美国、日本、瑞典等国也都积极推荐专家参加WIA-PA国际标准起草项目组，为WIA-PA标准成为国际标准打下了良好的基础。标准起草组经过3年多的努力,经历了提案建议（NP）、委员会草案（CD）、委员会修正草案（CDV）等不同阶段的考核，最终成为IEC正式国际标准。

WIA-PA技术在工业物联网技术领域具有不可替代的地位和作用。工业物联网技术目前有3个比较公认的技术体系：WirelessHART、ISA100和WIA-PA。WIA-PA是面向未来的工厂泛在信息感知和物联的独立无线技术。由于在拓扑结构、自适应跳频、分簇报文聚合等方面开展了原创性研究，在规模可扩展性、抗干扰性和低能耗运行等关键性能方面形成了明显的比较优势，从而成为继WirelessHART之后新的IEC国际标准。WIA-PA不仅具有技术优势，其市场前景和发展应用空间也得到了业界的认同，IMS Research在年度市场报告中对WIA-PA的市场前景给予了充分的肯定。

拥有IEC国际标准对我国工业物联网技术的发展具有里程碑意义。工业无线网络将带动芯片、通信、网络、仪表、控制系统等整个产业链的发展，推动战略新兴产业形成。据业界知名咨询公司On World预计，到2014年，全球用于工业生产的无线传感器终端将达到2000万个，市场规模将达到数十亿美元。到2020年前后，用于工业生产的无线传感器终端数量将达到亿级，市场规模达到千亿美元。面对如此巨大和重要的战略新兴产业，拥有自主知识产权的标准体系，是我国在新一轮信息技术产业竞争中赢得主动的重要保证。

## 二、技术与成果

### （一）主要技术

1．工业无线网络架构设计技术

针对工业无线网络超大规模、高可靠、高实时和低能耗的要求，研究如下两个方面的工业无线网络架构设计技术：针对工业无线网络分布式、大规模的特点，以及高可靠、高实时和低能耗的性能要求，设计了Mesh+Star结构体系，不仅可以提高网络的可扩展性，而且管理和维护开销较小、网络性能得以较好程度的保障；针对分层协议栈次优的缺陷，以及传统跨层优化方法高耦合度、高复杂度、难以实现在线调节等问题，设计了跨层优化体系，具体包括基于跨层优化的协议栈模型和基于数学分解的跨层优化方法，不仅能够使节点可配置参数较快地收敛到非线性规划问题的最优解，而且可以实现节点可配置参数的分布式在线调节。

2．工业无线网络高可靠通信技术

针对工业现场存在大量的多频窄带干扰，且信道状态受环境影响在时间、频率、空间维度上存在差异性等问题，提出了基于信道认知的自适应调频技术，具体包括基于支持向量机的阶段自适应跳频和时隙自适应跳频等两级自适应跳频机制。该方法通过实时测量无线传输环境，对环境质量进行认知，根据信道质量智能切换通信信道，在节省信道切换开销的同时，实现了频率的多样性和智能性，提高了报文传输的可靠性。基于以上技术，目前可保障工业无线网络端到端数据传输可靠性达到99%以上，满足工业监测的应用要求。

3．实时通信技术

针对工业无线网络多跳数据传输的实时通信要求，提出了基于期望的链路级重传时隙数优化方法、基于低开销信道状态认知的两阶段资源分配算法、路由、调度和功率控制联合的方法。其中，基于期望的链路级重传时隙数优化方法优化重传时隙数解决了固定分配过程中资源浪费的问题，在可靠传输的前提下，保证了数据传输的实时性；基于低开销信道状态认知的两阶段资源分配算法基于时隙数和信道数的下限值，提出适应于不同应用场合的全局时隙调度和局部信道调度混合的传输调度算法，资源利用率高、开销较低，适合复杂多变的工业应用环境，在保证网络吞吐量的基础上，提高了网络的实时性；路由、调度和功率控制联合的方法，优化节点传输半径和传输功率，在降低能耗的同时保证截止期要求，适应网络拓扑和载荷动态变化，且利用李雅普诺夫稳定性直接判据证明了该算法下网络容量的有效性。基于以上技术，目前可实现，百点网络规模下，平均传输延时低于1秒。

4．低功耗运行技术

针对工业无线网络中节点电池独立供电以及工业应用的长期工作要求，建立了工业无线网络时间同步的框架和方法，提出了基于精准时间同步的多级休眠和唤醒策略，降低了网络的占空比；并面向周期数据提出了两级报文聚合方法，减少了报文头的通信开销，减少了通信次数，实现了进一步的节能。基于这些方法，目前可实现在秒级通信频率下，工业无线网络设备平均功率小于0.6mW，使用常规1800mA·h的锂电池，设备可以工作1年以上。

## （二）主要成果

1．技术成果

（1）提出了基于射频环境认知和自适应跳频的高可靠通信技术，有效抑制了工厂环境中各种大型器械、金属管道等对无线信号的反射、散射所造成的严重多径效应，以及马达、器械运转时产生的电磁干扰，使无线数据传输的可靠性达到99%，能满足工业监测的应用要求；

（2）提出了基于空、时、频多维调度的实时通信技术，解决了自配置多跳接力数据传输，端到端通信时延不确定的问题，使得端到端数据传输延迟低于1.5倍的传感器采样时间，百点网络规模下，平均传输延时低于1s；

（3）提出了基于高精度同步和事件驱动的低能耗技术，使得现场设备依靠自身携带的电池供电，在秒级通信频率下，平均能耗低于0.6mW，使用高容量锂电池，可工作一年以上。

2．标准及专利体系

WIA-PA核心技术已经成为正式IEC国际标准和国家标准（图4-8），为WIA-PA技术的推广应用提供了技术标准的支撑。在WIA-PA研发过程中，以中国科学院沈阳自动化所为首的各参研单位在工业无线网络组网方法、管理技术、高可靠通信技术、实时通信技术、低能耗运行技术、测试开发技术、装置设计技术等方面共申请国家发明专利50多项，国际发明专利8项，为WIA-PA技术提供了有效的专利保护。

图4-8 WIA-PA工业无线网络技术国家及国际标准封面

3．工业无线网络核心装置及工业无线网络仪表

（1）工业无线网络核心装置

WIA-PA工业无线网络核心装置包括WIA-PA无线网关和WIA-PA网络适配器（图4-9）。WIA无线网关设备是实现WIA-PA网络构建，网络节点管理及网络资源管理的核心设备。WIA-PA网络适配器是WIA工业无线网络的基本组成设备。WIA无线网络适配器设备与工业现场的仪表、变送器等设备通过串行数据通信接口通信，实现透明传输现场数据、组建工业无线网络等功能，特别适用于工业过程自动化及工厂自动化领域，如石油、化工、电力、冶金等行业的数据采集、状态监测等应用，也适用于家庭自动化、环境监测、医疗护理等无线传感器网络采集和监控系统。

图4-9 WIA-PA无线网关和网络适配器

由工业无线网络核心装置及配套开发板及网络管理软件构成的WIA-PA开发套件已经被华中科技大学、上海交通大学、北京冶金自动化研究院、上海自动化仪表研究院等20多家大学和科研机构用于开展WIA-PA技术和应用研究工作，有效地支持了WIA-PA的技术推广工作。

（2）工业无线网络仪表

上海自动化仪表股份有限公司、川仪集团、苏仪集团、北京天宇蓝翔等十余家仪表企业，已经推出了数十种工业无线网络仪表，包括：无线温度变送器、无线压力/压差变送器、无线阀门定位器、无线示功仪、无线电度表等，已创产值2000余万元。WIA-PA技术为我国工业仪表企业的技术升级提供了有效的核心技术支持（图4-10）。

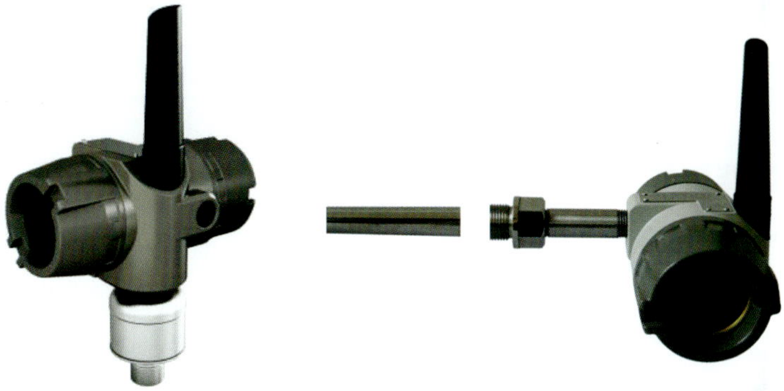

图4-10 WIA-PA工业无线温度及压力仪表

4. 工业无线网络示范应用

WIA-PA技术已经面向工业企业的设备管理、能源管理、工业过程优化等需求，形成了系统性的解决方案，并进行了示范应用。在鞍钢股份有限公司冷轧厂设备故障诊断监测中实现了两次轴承故障报警，避免了非计划停产，创造直接经济效益1000多万元，受到了厂方的好评。在上海锅炉厂焊接过程监测示范应用中，通过电焊机工作参数的监测，提示焊接缺陷隐患20余次，成功避免了电站锅炉、压力釜等大型压力容器的出现加工缺陷，并实现了焊接缺陷过程的参数回溯，为提高焊接质量提供了有效支持。在大港油田油井计量及油井状态监测示范应用中，成功实现了油田地面工艺路线的简化及油井运行参数的优化，为油田节能减排提供了技术支撑。在江苏利达宁化工有限公司二乙基苯生产过程控制系统有线替代示范应用中，实现安装成本降低80%，安装周期减少70%的显著效果。

示范应用项目展示了WIA-PA技术的优势，为WIA-PA工业无线网络技术的推广起到了良好的技术引领和宣传示范作用（图4-11）。

图4-11　鞍钢冷轧厂和太原钢厂WIA-PA应用现场

## 第四节　流程工业智能仪器仪表

### 一、背景与历程

随着我国国民经济的高速发展以及对工业制造过程的质量、效率、能耗、排放、安全等提出越来越高的要求，对仪器仪表的需求快速增长，产业规模迅速壮大，发展态势良好。但是，中高档产品市场和大型工程项目市场基本被国外产品占有。国内产品技术水平与国外仍有较大差距，竞争力差。

根据国家统计局的数据，仪器仪表行业产值2004年首次突破1000亿元。从建国算起，用了55年的时间。但是从2004年到2010年，行业发展突飞猛进，总产值实现每两年增加1000亿元，到2010年达到5253亿元，“十一五”期间年均增长24.2%。其中工业自动控制系统装置制造业（包括控制系统和现场仪表）是仪器仪表行业最大的子行业，2010年总产值达到1699亿元，年均增长33.2%。

但是，从市场格局来看，我国仪器仪表产品的形势不容乐观。总体格局为：大中型工程项目主要采用合资企业和进口产品，中小型工程项目主要采用国内产品。中高端产品市场由国外市场占领，国内产品均为中低端产品。其中主干产品的情况更为严重，以压力/差压变送器、电磁流量计、在线分析仪器、电动执行器四类主干产品为例予以说明。

1．压力/差压变送器

压力/差压变送器分为测量精度为0.075%以上的高精度变送器和测量精度为0.1%以下的中低档变送器两类产品。

高精度变送器的年需求量约为60万台，基本都是合资或者进口产品。其龙头企业为中日合资企业横川公司EJA系列和中美合资公司北京远东公司3051系列，约占高精度变送器60%的市场。中低档变送器均为国产产品，年销售量约为18万台。其中重庆伟岸公司已经达到年产6万台的规模，其他如上海威尔泰公司、福建上润公司、上海自动化仪表股份有限公司的年产量在2万台左右。

2．电磁流量计

电磁流量计产量最大的是中德合资光华–爱尔美特公司，年产量约1万台。其次是中日合资上海横河公司。国内主要生产厂有川仪总厂、上海威尔泰公司、开封仪表厂等，年产量达到4000台左右。而且，国外主要流量计制造企业，如日本横河电机株式会社、美国Emerson公司、德国西门子公司和E+H公司，纷纷在国内投资建设电磁流量计生产基地，单横河电机苏州工厂一年电磁流量计的产量达到3万台左右（大部分外销）。

3．在线分析仪器

在线分析仪器市场80%以上采用国外产品，国内产品仅在个别工业领域得到应用。如杭州聚光科技的激光在线分析仪，在冶金行业有比较高的市场占有。

4．电动执行器

电动执行器的年市场需求大约为30亿元左右。国内外产品的市场大约各占一半。但是其高端产品——智能型电动执行器，特别是基于变频技术的产品，是目前的发展方向，深受用户青睐。但国内电动执行器厂家生产的大都是非智能型的产品，智能型产品处于研发和小批量生产阶段。

综上，我国仪器仪表与国际水平的综合差距约10～15年。现代仪器仪表的特征是高可靠性、高性能、高适用性，其技术特点和趋势是数字化、智能化和网络化。我国产品的差距也正是在这些方面。主要包括：性能落后，现有国内产品在测量精度上要与外国产品相差1～2个数量级；智能化水平低，目前外国产品智能化程度相当高；产品的可靠性较差，现有国内产品与国外产品的寿命大致要相差2～3个数量级。

根据以上对仪器仪表行业技术和市场的分析，863计划在以下几个方面进行了重点支持：

在高端仪表关键技术及示范应用方面，启动了“高精度压力/差压变送器”等课题，目标是攻克了制约产业化发展的关键技术，建立智能压力/差压变送器的线性、温度、静压多元数学模型；开发和构建测量精度为0.05%的压力／差压变送器的先进生产制造工艺，为产业化发展奠定了基础。

针对排放物浓度（含量）缺乏有效在线检测手段的现状，开展融合“半导体激光吸收光谱分析技术”和“紫外分光光谱分析技术”的高性能、多功能、模块化分析仪器及成套装置的研发，能同时对多种气态组分（$SO_2$、NO、$NO_2$、$H_2S$、HCL、$NH_3$、HF等）进行实时监测和分析，具有恶劣环境适应能力强、运行可靠性高、测量准确性高等优越性能，可广泛应用于电力、钢铁、石化、建材、垃圾焚烧等流程工业中污染气体排放监控。

## 二、技术与成果

### （一）仪器仪表智能化

为提高仪器仪表智能化水平，攻克仪器仪表智能化的共性技术，支持了一批企业对主干产品进行智能化产品开发，实现了主要产品从非智能向智能的跨越

1．攻克了仪器仪表智能化的共性和关键技术

突破了仪表智能化硬件设计的三项共性技术：低功耗技术、抗环境影响技术和防爆技术，并通过了第三方的相关认证，为仪表智能化打下了硬件基础。

另一方面，软件是仪表智能化的核心，也是关键技术。但是针对不同类型的仪器仪表，智能化软件需要进行个性化的开发。针对测量仪表，智能化软件包括对传感器特性的非线性修正、零点漂移和抑制噪声等功能。而对执行类仪表，智能化软件则包括对控制对象非线性模型参数的在线自动辨识、控制算法参数的在线自动寻优及自动整定。多家相关企业完成了主干仪表智能软件的研发，并在实际中得到验证。

针对HART通信协议是当前流程工业领域使用最普遍的通信协议这一现状，通过合作和共享相关技术，目前国内仪表制造企业普遍掌握了HART协议通信软件的开发，其中一部分企业的产品还通过了国际HART基金会的一致性测试认证。

2．开发了一批流程工业用的主干仪表产品

参与攻关的仪表制造企业一共开发了5个系列智能化仪表产品，它们是智能压力/差压变送器，智能液位变送器、智能电磁流量计、智能阀门定位器和智能电动执行机构。所开发的5种产品都实现了产业化，成为攻关参与企业的重要产品。

3．充分发挥企业技术自主创新的潜力，为企业培养了高端综合性人才队伍

充分发挥了参与企业的自主创新能力，有关仪表智能化方面的技术，共申请发明专利13项，使用新型专利30余项，软件著作权4项。特别是为企业培养了一批既掌握数字硬软件设计技术，又对仪表的原理、工作特点和各种外部影响有深入了解的综合性人才队伍，为企业后续智能仪表的发展打下了良好的基础。

技术成果迅速在行业内向其他产品扩展，到2010年我国仪表行业的整体产品结构完成了从模拟技术向数字技术和智能化技术的一代跨越。

### （二）仪器仪表网络化

针对目前国际标准中三种主流的现场总线协议，即基金会现场总线FF、Profibus PA和具有自主知识产权的EPA，支持有基础的企业，开发出具有现场总线通信功能的典型产品和现场总线仪器仪表的快速开发平台，为进一步在行业中推广现场总线技术打下了坚实的基础。

1．自主设计研发现场总线通信控制器核心芯片

采用了多项自有的专利技术，设计并批量生产了具有中国自主知识产权的现场总线通信控制器核心芯片EPA863（图4–12）和FBC0409，芯片的设计采用了先进的低功耗设计方法，设计出的核心芯片满足了工业现场本质安全对于低功耗设计的要求。EPA863芯片支持EPA标准设备的开发，FBC0409芯片支持基金会现场总线FF和Profibus PA标准设备的开发。

这些核心芯片的使用打破了国外企业对全数字化现场总线技术的垄断。并且使仪器仪表通信接口卡的硬件成本降低了45%左右。

2．自主设计研发现场总线通信协议软件

在现场总线通信协议软件的开发方面，完成了使用EPA863芯片实现EPA标准的通信协议软件，完成了使用FBC0409芯片实现基金会现场总线FF和Profibus PA通信协议软件，并通过了标准的一致性测试认证。在国家

支持下积极的在行业内推广使用自主开发通信协议软件，从而大大降低了企业的开发投入风险。并且由于完全掌握源代码，比从国外购买通信协议软件带来的动辄数万欧元的维护费以及数月之久的维护周期相比，有明显的时间优势和成本优势。

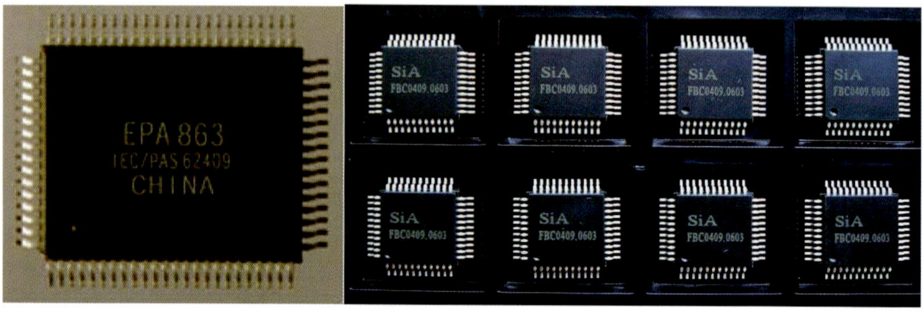


图4-12　现场总线通信控制器核心芯片

3．依托自主技术推出多种现场总线智能仪表

从通信协议软件和仪表行规嵌入式软件的每一行代码，到硬件的现场总线通信接口电路设计，用于智能仪表的现场总线通信模块都具有完整的自主知识产权，完成了多种具有基金会现场总线FF和Profibus PA通信功能的压力/差压变送器、液位变送器和阀门定位器。依托自主的现场总线设备研发平台，大大降低了具有现场总线接口的数字化仪表的成本。对满足国内越来越明显地向现场总线技术发展的需求有着很大的促进作用。

## （三）仪器仪表精准化

为促进仪器仪表向高端发展，瞄准市场需求量大和涉及环境保护等重要领域的产品，支持自主创新能力比较强的企业，向高端产品市场拓展，打破国外产品的垄断。

1．开发出高精度压力/差压变送器

如前所述，测量精度为0.075%的高精度压力/差压变送器市场完全被国外产品或者合资企业产品所垄断。为了打破这一局面，专项设置了高精度压力/差压变送器的内容。

项目的技术难度非常大，各国外公司对此项技术都高度保密。项目承担企业在技术路线的选择上大胆创新，闯出了一条新路子：通过对产品的深入研究，将产品整机的技术要求分解为若干部件的分技术要求。根据分技术要求，寻求国外的成熟技术和设备，最终在企业内实现技术集成。例如传感器芯片，先由国内外专家对芯片设计方案反复评估和修正，制定出符合整机要求的芯片设计要求。然后对多家国外芯片制造商进行考察，确定制造商。后又以同样的方式解决了芯片管座、多芯片高精度封装和引线焊接等技术难题。这一技术路线取得满意的结果，保证了项目的顺利完成。

对国外不提供的技术和设备，则企业在借鉴同类设备的基础上，实行自主开发。例如一级传感器测试设备，欧美专业公司拒绝提供用于批量生产的设备。承担企业在借鉴国外同类设备的基础上，采用更先进的技术，自主设计和集成了该台设备，达到了批量生产的要求。根据生产工艺要求，企业还自主设计了大量模具和专用设备。

电子电路的研发，则采用了有丰富经验的公司作为合作伙伴，借助合作伙伴在高精度信号处理的技术和经验，达到了整机的要求。

项目最终完成了覆盖全量程范围的高精度压力/差压变送器的开发和产业化。经过第三方检测机构的检验，产品测量精度高达0.05%，超过了原定的目标。目前已在市场投放超过2000台产品，用户十分满意，打破了国外在这个领域的垄断局面。

2．基于变频技术的智能电动执行机构

研究了包括开关磁阻伺服电机设计与优化、基于开关磁阻电机的高性能动态控制技术、以电流定向为核心的转矩柔性控制技术。

在样机设计阶段，把重点放在产品的高可靠性和免维护技术，其自诊断功能能够自行对产品故障进行处理，而且有自恢复功能。在结构设计上采用组合式模块化设计，大大节约了生产的复杂性和减少库存的需求。

产品的最终测试证明其技术指标达到了国际先进水平，并申请发明专利13项。

3．面向流程工业的排污在线检测技术与仪表

在原有的分析技术和产品的基础上，解决特定市场细分的应用技术，从而获得明显的市场效益。

在半导体激光在线分析气体技术的研究中，重点研制了解决超恶劣工况中粉尘、水分过大的现场在线预处理技术，特性危险、易吸附、难储存的标准气体的替代标定技术。

在紫外分光光谱气体分析技术的研究中，将原有两种分析技术综合创新为新的原位抽取热湿法分析技术，满足了现场的要求。发明了高温电捕焦油探头，解决传感器被焦油附着和堵塞的问题（图4-13、图4-14）。

图4-13　原位在线紫外分光光谱气体分析仪表图

图4-14　半导体激光在线气体分析仪

正是这些面向市场应用技术的研究，解决了现场使用的实际问题，得到用户认可，在冶金、石化、化工、电力行业的得到广泛应用，并进一步进入美国、英国和日本等国际市场，并成为日本垃圾焚烧市场激光气体分析仪器的最大供应商。目前研究成果通过产业化已累计现成销售额5.8亿元，经济效益十分明显。

## 第五节　石化控制系统

### 一、背景与历程

炼油化工是国民经济的支柱产业，体现了一个国家国民经济和社会发展的总体水平与综合实力。当前我国正处在能源和重化工业的高速增长阶段，石油、化工等基础工业增长十分迅速，对具有自主知识产权的大型工程自动化成套控制系统的需求日益迫切。石油、化工行业生产过程连续，能源、资源消耗巨大，具有生产装置规模大、工艺流程复杂、高温高压、易燃易爆等特点，只有采用大规模、高可靠性、高适用性的自动控制系统，才能确保生产过程安全、稳定、长周期、满负荷地优化运行。自动化成套控制系统不仅是确保重大工程安全可靠运行的神经中枢、运行中心和安全屏障，也是解决我国流程工业“高能耗、高消耗、高污染”等问题的重要手段。为此，《国务院关于加快振兴装备制造业的若干意见》中明确提出“发展重大工程自动化控制系统和关键精密测试仪器，满足重点建设工程及其他重大（成套）技术装备高度自动化和智能化的需要”。

我国自动控制系统经过十多年的发展，已经在中小工程项目占有明显优势，但还未能突破重大工程的应用。而大型石油化工重大工程方面，长期以来，我国石油化工重大工程的高端自动化控制系统基本被国外垄断，如美国的Honeywell、Emerson、AspenTech，日本的Yokogawa，欧洲的Siemens、ABB等跨国公司，在国际上他们也处于绝对垄断支配地位,这对我国国民经济的战略安全带来了巨大的潜在风险。因此，必须掌握自动控制系统的关键技术，实现大型石化装置自动化成套控制系统的国产化，我国重大工程的安全、经济运行才能得到真正的保障。

以千万吨炼油重大工程项目为例，以原油为原料，生产流程包括常减压、催化裂化、加氢裂化、延迟焦化、催化重整、辅助工程等前后关联的工序，生产出包括汽油、煤油、柴油、液化气、石脑油等30多个品类的石油产品。需要通过全流程工艺研究和设计，有效解决自动控制系统全网负荷平衡、安全防护、协同工程等技术难题（图4–15、图4–16）。

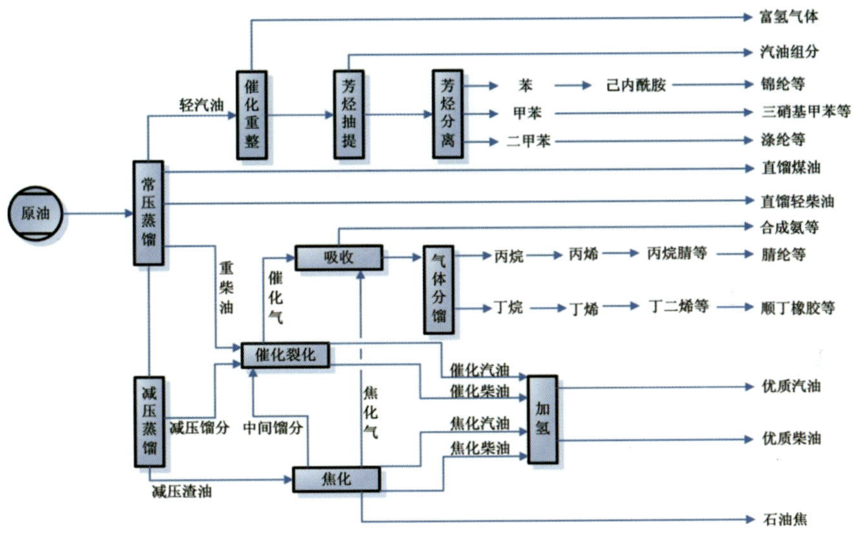


图4–15　炼油生产工艺流程图

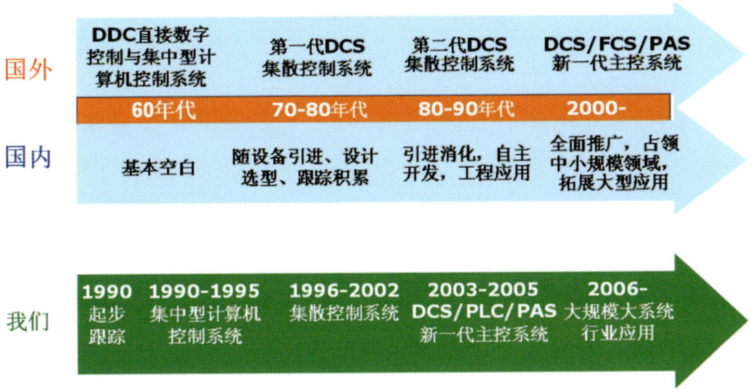


图4–16　国内外大规模系统实施历程

在863计划的支持下，首先，进行了基础条件的建设。通过建立相应的开发、测试和试生产基地，配备充分的软硬件开发设备，从产品的开发、测试到生产进行层层把关，确保了产品化工作的顺利进行。其次，配备强有力的技术开发队伍，完成关键技术的研究和产品化的工作，同时积极培养工程实施队伍，寻找合适的合作伙伴，为重大工程的实施做好准备。第三，寻找有代表性的企业进行试点应用，逐步从重大工程的部分主控系统开始，逐步实现全装置自动控制系统的国产化，通过大型工程的试点应用进行推广，逐步树立国产控制系统的形象（图4-17）。

通过分析需求，提出了系统的关键技术。

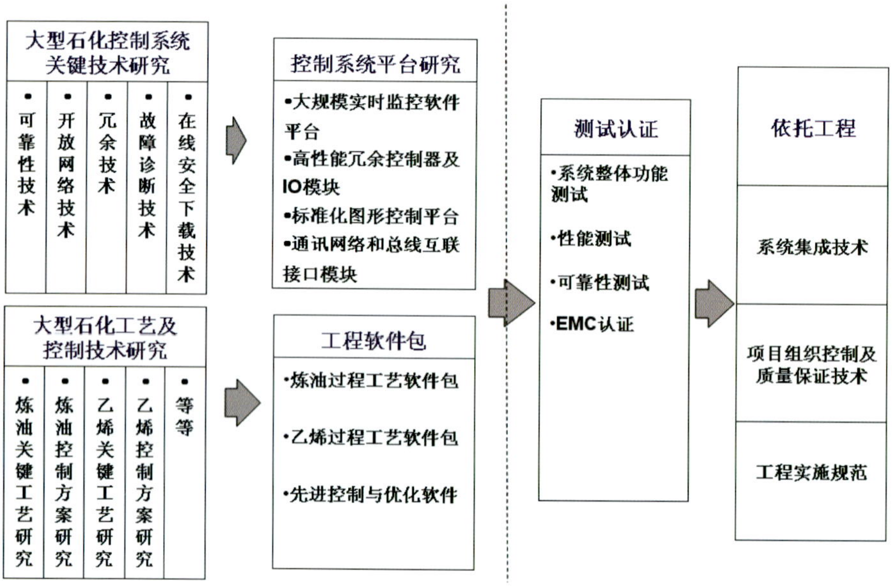


图4-17　系统攻关技术路线图

通过专业文献数据库、企业走访、设计院交流、专业展会、行业会议等渠道收集到了千万吨级炼油、百万吨级乙烯相关的生产工艺过程资料，并组织相关人员进行资料的解读和研究，对工艺过程进行充分的了解。

通过对大型石化典型装置控制系统需求的深入了解，总结出了中小型企业和石化大型企业的主要不同点，如表4-1、表4-2所示通过分析需求，提出来了系统的关键技术。

表4-1 中小型企业和石化大型企业的主要不同点

| 对比项 | | 中小型企业 | 石化大型企业 |
|---|---|---|---|
| 管理模式 | 控制工艺 | 单装置 | 全厂多工段，几十个装置单元分布在几平方公里，生产联动 |
| | 维护周期 | 半年～1年；生产周期间隙式 | 3年，连续不停车 |
| | 控制室 | 每套装置分布设置控制室 | 设立联合操作室以及现场控制间 |
| 控制系统 | 监控规模 | 500点～2000点 | 5万点 |
| | 控制站数量 | 2～5个控制站 | 150个控制站 |
| | 操作站数量 | 1个工程师站，2～3个操作站 | 20多个工程师站，90个操作站，20多个现场维护站 |
| | 现场总线 | 很少用，常规仪表为主 | 大量使用HART、FF等智能仪表 |

表4-2 识别的关键技术

| 需求分类 | 需求概述 | 关键技术 |
|---|---|---|
| 大规模 | 系统规模大，监控信号点多，上下游联动，实时信息传递 | 大规模联合控制技术 |
| | 大量使用智能现场仪表，自动化程度很高 | 多现场总线集成技术 |
| | 分布广，占地面积几平方公里 | 一体化联合控制技术 |
| 高可靠 | 网络布局复杂，投资巨大，几百亿元，装置一旦开车，几年不停，可靠性、可用性和可维护性要求很高；恶劣工业环境；地域广，干扰强，腐蚀性 | 可靠性技术（EMC抗干扰、防腐等） |
| 工程管理 | 联调与投运工作量大，上百名工程师、操作员协同工作 | 多人协同组态技术 |
| 易维护 | 日常维护不能导致停车 | 在线下载技术，系统诊断技术 |

研制完成的石化控制系统通过产业化，现已成功通过了中国石化、中核集团、中石油、中海油、兖州集团等大型企业重大工程的示范应用，目前已在70余项重大工程中得到应用，并逐步实现大炼油、大化工、大化肥、大型纯碱规模化应用，其他各类应用工程总数达到1000余项/年。

## 二、技术与成果

自动控制系统是重大技术装备的核心装置和技术之一。通过“十五”、“十一五”的科技攻关和产业化项目的支持，国内自动化企业研制成功基于HART、FF、PROFIBUS、EPA等现场总线的网络化控制系统，并在应用实践中不断研究完善，解决了系统冗余、全智能化、实时数据库、开放性、多现场总线互联、抗干扰、快速故障诊断和维护等关键技术，可靠性和各项功能得到很大提高。满足石化企业全厂综合控制需求，实现流程工业过程信息的共享和综合集成，具有很大的开放性和扩展性，并通过产业化使国产系统的竞争力得到很大提升。

核心技术突破点如下：

1．大规模联合控制

在大型炼油的联合装置，特别是新建的大型石化企业，从原油的储灌管理，到炼油工艺控制，是一个有机的整体和物料链。基于工业控制网络技术的大型石化控制系统，不仅实现单元控制和大规模组网，而且实现系统内部协调控制和安全管理，构成了一个整体自动化的平台，满足炼油化工过程现代化大生产的应用要求。通过多域网络和多控制器协同等技术，使系统应用规模达到10万I/O点以上，最小控制周期达到30ms。

控制系统适合大型工厂工艺装置的分散布局和集中监控。现场控制站可以分布式就近安装于工艺装置附近的现场控制室，减少电缆铺设费用。各现场控制站通过高速冗余的控制网络汇集信息到大型的中央集控室。在中央集控室可以同时监控各现场控制站的状态，实现全厂联合装置的生产过程、安全、储运、视频监控以及信息集成的综合自动化。现场控制站到中央集控室距离可达10km。

鉴于大型装置的维护管理复杂性，系统配置统一的组态服务器，集中管理系统数据库，保持整体装置配置的完整性和同步。允许多个工程师同时组态，协同完成面向炼油大规模生产应用的工程设计与管理。

由于大型石化装置投资巨大，一旦投运以后长期连续运行，因此控制系统具有在线维护和升级扩容的能力。系统保证安全无扰的在线组态更改能力。系统扩容时，增加控制站、操作站、服务器、I/O模块、软件功能都不影响已投运的系统控制功能。

2. 高安全性与可靠性

面向大型炼油、化工装置研究并解决了抗干扰、防雷、防腐、系统组网等可靠性工程技术问题。采用电气隔离、低通滤波、干扰瞬态抑制等技术使控制系统达到EMC Ⅲ级，并在大区域冗余光纤传输技术基础上实现等电位设计和全系统防雷；系统电子部件采用高分子微镀膜和表面局部温升技术解决了$SO_2$、$H_2S$等现场腐蚀气体的侵蚀问题，达到国际G3的等级标准；按照CMMI3标准规范产品研制流程；对工业现场可靠性量化和功能失效模型分析，对系统关键部件进行降额、宽温、冗余、故障隔断等专项技术处理，使系统在工业应用环境下板卡的平均失效率降低到0.32%，具备在-20～70℃可靠运行能力，保证产品长寿命运行；攻克了基于双网双冗余的大规模组网技术，使系统对横向和纵向数据管理更加透明、可靠，保证一体化系统硬件、数据信源、软件长周期运行可靠性。从人因工程角度对工艺参数报警、操作关联组态和紧急工况下画面优先级进行设计，使异常状态下操作、处理更加智能与安全；实现了区域全对等实时数据服务，使得系统工艺流程图单幅可含上千个动态信号变量，提高了操作响应实时性。

3. 开放性

随着工业控制网络的发展和应用的进一步推广，基于开放网络技术的分布式现场控制技术成为新一代控制系统发展方向之一，大量具有现场总线或其他开放网络接口的现场智能仪表或现场I/O智能模块在石化装置中已经大规模推广。石化自动化控制系统必须具有完善的综合集成能力，实现跨平台、跨异构网络环境的无缝信息集成，消除由不同网络应用而导致的“信息化孤岛”。鉴于智能化和信息化的需求，石油、化工等行业对于自动化控制系统的管控一体化和信息化要求越来越高，这就要求控制系统具备良好的开放性来支持厂级的综合自动化。

大型石化控制系统需具备支持HART、FF、PROFIBUS、MODBUS、EPA等多种现场总线的无缝接入的能力，实现异构系统互联，具有较好的系统开放性，从而保护投资，达到系统可用性的最大化和维护量的最小，保证最佳的效率、质量、成本投入和投资安全性。

同时，由于石化装置中厂区分布广，维护工程师管理现场设备的工作量很大，支持多种现场总线设备的控制系统和现场总线的设备管理软件，支持管理命令通过控制系统下达到现场，使工程师可以在中央控制室就可以诊断现场设备的状况并进行维护。

4．行业适用性

由于重大工程对应用业绩有严格的要求，原来国产系统基本没有应用的机会，造成国产系统在重大工程中的实施经验缺乏，无法在应用中持续改进，从而形成了与进口产品实施能力的较大差距。

通过对千万吨级炼油、百万吨级乙烯、百万吨级PTA等大型石化装置工艺过程进行深入研究，并随着国产石化控制系统在重大工程设计与实施能力等方面不断提升，以及在石油化工主要装置上获得大规模应用，已形成面向石油化工行业的应用经验和自动化控制整体解决方案。控制系统软件功能模块与行业工艺流程紧密结合，能满足这些行业重大工程的特殊要求。

相对于国内传统的产品在体系结构、硬件、软件、通信等各方面取得了重大突破，形成了如下典型成果：

（1）公共信息交互协议与规约。形成对组态、实时、报警、诊断、管理数据等信息的统一描述，从而构建大规模综合自动化公共信息平台，保证自动化系统内实时信息的实时性。

（2）开放式的系统组态平台。包括系统结构组态软件、组态管理软件、硬件组态软件、位号组态软件、系统组态转换软件等部件，实现多种异构设备的统一组态。

（3）大规模的网络平台。研究面向实时控制、数据采集和系统组态目标的基于统一架构的工业通讯体系结构，保证通信的确定性和可重复性，并实现信息的分优先级传送。

（4）高可靠性控制平台。依据IEC61131–3国际标准，开发高效的图形编程环境包括功能块图FBD编辑器、梯形图LD编辑器、顺序控制图SFC编辑器、ST语言编辑器等组态工具。并按照IEC61499设计系统功能块。

（5）基于分域处理的大规模高可靠性可视化平台。可视化平台包括实时数据库、历史数据库、人机界面、调度、报警、趋势等软件，提供ODBC、OPC、系统驱动等多种手段来保证数据共享的方便性、有效性，为MIS、先进控制、专家系统等提供底层数据。

（6）基于专家规则的统一维护平台。基于专家规则的智能诊断，能实时在线分析系统的隐性故障，通过计算系统异常的网络流量、指令访问分析出故障可能性，并指出潜在的故障源（图4–18）。

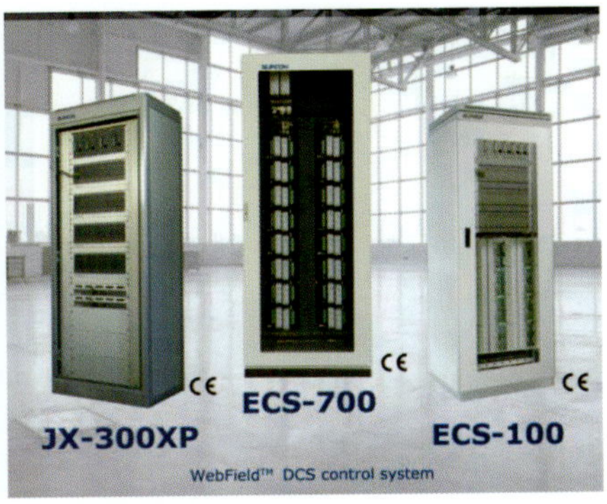


图4-18　系统应用与系列产品

以下为大型石化控制系统与国外同类产品的技术性能比较如表4-3。

表4-3　与国外同类产品比较表

| 类别 | 产品 / 性能指标 | 中国 ECS-700 | 日本 Yokogawa CS3000 R3 | 美国 Emerson DeltaV | 美国 Honeywell PKS R300 |
| --- | --- | --- | --- | --- | --- |
| 整体性能 | 防腐等级 | 具有符合ISA G3防腐 | 具有符合ISA G3防腐 | 具有符合ISA G3防腐 | 具有符合ISA G3防腐 |
| | 系统规模 | 最大16个域，每个域60个控制站，60个操作站 | 最大16个域，最多256个控制站，单域最多64个 | 不分域，控制网总节点 120 个，60个操作站 | 每个域允许16个控制站，最大330个节点 |
| | 系统冗余 I/O总容量 | 全系统热冗余单域65000点，可叠加扩展 | 全系统热冗余单域100 000点 | 全系统热冗余单域25 000点 | 全系统热冗余单域65 000点，可叠加 |
| 控制站 | I/O总线 | 100Mbps冗余工业以太网 | 128Mbps ESB总线，10Mbps远程ER总线 | 1M专用总线 | 5M ControlNet |
| | 控制器性能 | 32位主频160MHz的RISC芯片，20M内存空间 | 32位133MHz主频CPU芯片；32M内存空间 | 32位266MHz主频的CPU芯片，48M内存空间 | 32位100MHz 主频CPU芯片；16M内存空间 |
| | 控制周期 | 快速扫描周期20ms | 高速扫描周期50ms | 快速扫描周期100ms | 快速扫描周期50ms |

续表

| 类别 | 产品<br>性能指标 | 中国<br>ECS-700 | 日本 Yokogawa<br>CS3000 R3 | 美国 Emerson<br>DeltaV | 美国 Honeywell<br>PKS R300 |
|---|---|---|---|---|---|
| 操作监控 | 在线下载 | 支持 | 支持 | 支持 | 支持 |
| | 多人协同组态 | 支持 | 支持 | 支持 | 支持 |
| | 编程语言 | LD、FBD、ST、SFC | FBD、SFC、SEBOL | FBD、ST、SFC | FBD |
| | 时钟同步 | 时钟同步精度为1ms | 时钟同步精度为1ms | 100M以太网精度为1ms | 时钟同步精度为1ms |

该系统在大炼油、大化工、大化肥、大石化等行业推广应用并成功实施产业化，不仅在中国石化武汉和长岭分公司1150万t/年炼油联合装置整体自动化项目成功示范应用，而且通过商业化推广和应用服务，在江苏灵谷项目80万t/年大型尿素联合装置项目、新疆天业煤基循环经济综合自动化项目、四川维尼纶厂30万t/年醋酸乙烯项目等重大工程装置中应用推广。

该系统成功研制并在重大工程取得首台套应用技术突破，彻底打破了国外高端控制系统市场垄断和技术封锁局面，极大推动了我国工业自动化仪表和控制系统技术的健康发展，提高了流程工业企业自动化水平和综合竞争力，也有力保障了国家基础材料生产、能源等领域的健康发展和产业战略安全。

## 第六节　火电控制系统

### 一、背景与历程

电力是国民经济各行各业的最基本的能源，发电处于整个电力生产（发输配供）的最基础部分，2011年我国电力总装机已达10.5亿kW，居世界第一。由于电力结构调整的要求和发电装备的技术进步，大容量火电机组在装机容量中的比重正在迅速上升，其中600MW亚临界机组有132台、600MW超临界机组有243台、1000MW超超临界机组39台，这些大容量机组对电网的影响十分显著。另一方面，它们监测参数数量庞大、运行控制技术复杂，生产过程完全依赖于高性能控制系统。因此，研发具有我国自主知识产权的超（超）临界机组自动化成套控制系统已成为国家重大需求。

我国在未来相当长的时期内电力生产仍是以煤为主的格局。为提高发电煤炭利用效率和降低污染、促进电力工业可持续发展，最现实、最可行的途径就是加快建设超临界机组，配备以常规的烟气脱硫系统。目前，其他洁净煤发电技术，如CFB（Circulating Fluidized Bed，循环流化床）、IGCC（Integrated Gasification Combined Cycle，整体煤气化联合循环）等在大型化方面还有很长的路要走。超临界机组的效率可比亚临界机组高2%左右，超超临界机组的效率又可比超临界机组再提高4%左右。上世纪末，国内开始建设一批采用引进技术制造的600MW超临界机组，2002年国家科技部把“超超临界燃煤发电技术”研究课题列入863计划，并由国内近20个科研机构、大学、电力设计单位参与课题的各项研究任务，国家计委也批准了华能玉环电厂建设两台引进技术制造的百万千瓦级超超临界发电机组，有力地促进形成了我国自行研制、开发大型超超临界发电机组的能力。但我国超（超）临界机组控制系统技术远远滞后于主机制造技术的发展进程，在掌握了600MW亚临界、600MW超临界和1000MW超超临界主机制造技术的5～6年时间内，这些机组的控制系统全部采用了进口产品，现在也仍然进口系统占据大部分市场份额。事实上，自从DCS分散控制系统面世以来，国外厂商对作为大型工程控制和运行核心的DCS技术严加封锁，核心技术从未向国内进行转让，中外合资的DCS公司只是代工和应用层面的工程服务，而且这些公司在最近几年都无一例外地成为外商独资企业。这种重大技术装备和大型工程严重依赖进口控制系统亟待彻底打破。

最近十年来，我国自主产权火电控制系统技术基本上是跟随着机组主设备技术发展的，走过了一条从600MW亚临界机组控制系统到600MW超临界机组控制系统、再到1000超超临界机组自动化成套控制系统的系统性能不断提升发展历程，实现了控制系统技术从处于国际先进水平到进入国际先进行列、再到达到国际领先水平的跨越。

在自主产权控制系统在国内300MW机组上获得广泛认可和应用后，2004—2005年期间，北京和利时系统工程股份有限公司和北京国电智深控制技术有限公司在国内首批开展了600MW亚临界机组控制系统的研发，控制系统的体系结构与和300MW机组的基本相同，但网络、控制器等先进通用技术的采用，满足了600MW亚临界机组的控制性能需求。2006年6月，和利时公司的系统在国华锦界电厂600MW亚临界机组上成功投运，2007年1月，国电智深公司的系统在国电龙山电厂600MW亚临界机组上成功投运。

为了跟踪600MW超临界机组控制系统技术，国电智深公司积极争取到十数个600MW超临界机组采用进口控制系统的工程项目，掌握了机组对控制系统的性能要求。在此基础上，2006年，国电智深公司在国内率先开展了600MW超临界机组控制系统的研发，系统在体系结构、系统实时性能、系统可靠性、控制策略等方面取得明显技术进步，满足了超临界机组的控制要求。2007年8月，系统在大连庄河电厂600MW超临界机组主控和辅助车间一体化控制项目中成功投运。

在我国首次引进建设百万千瓦级机组外高桥电厂2 X 900MW超超临界机组时，国电智深公司抢抓机遇，于2003年承担了该机组控制系统的咨询工作，之后又从2006年开始承担国电泰州电厂和国电北仑电厂的共4台1000MW超超临界机组采用进口系统的工程项目，这些项目使国电智深公司掌握了1000MW机组对控制系统的性能要求。同时，600MW超临界机组的研发成功更是奠定了自主研发1000MW机组控制系统的技术基础和增强了继续向前的信念。2007年10月，国电智深公司联合中国国电集团公司和华北电力大学等单位获得国家科技部863重点项目“先进制造技术领域火电行业重大工程自动化成套控制系统”，在国内率先开展了1000MW机组成套控制系统的研发。通过863项目的研究，拓展了DCS功能，研发了实现多控制信息系统互联与信息融合的控制体系结构、器实时性能提升、跨操作系统平台、现场总线集成等关键技术，开发出符合超超临界机组大规模复杂系统应用需求的成套控制系统。2011年5月，成套控制系统在国电谏壁电厂1000MW机组上成功投运。

## 二、技术与成果

在自主研发600MW亚临界、超临界机组控制系统和1000超超临界机组自动化成套控制系统的进程中，跟随着机组主设备技术发展对控制性能需求的不断提升，跟随着计算机技术、通信技术和控制技术的最新发展，以集成化、智能化、网络化为实现手段，满足了这些机组对控制系统在高实时、高可靠、高安全性能上的指标要求。目前，这些子系统都已统一到自动化成套控制系统平台下。

自动化成套控制系统是为满足百万千瓦超超临界机组控制需求、满足电厂由机组级、辅助车间级监控过渡到全厂综合监控的发展需求而开发的控制系统平台，它支持大规模复杂过程的高性能监控、对第三方设备的开放集成、管控一体化的更高监控模式。系统主要技术特点如下。

### （一）系统网络结构

对系统网络进行了全新定义，将系统在逻辑上分为三层网络结构，它们是管控网MCN（Management and Control Network）、扩展输入输出网EIO（Extended Input and Output Network）和本地输入输出网LIO（Local Input and Output Network）。

MCN是监控层，它是基于工业实时以太网的运用多域技术进行管理。MCN逻辑上划分为多个“域”。域之间可以通过全双工交换机直接互联，也可利用VLAN技术或专用的安全隔离装置进行安全隔离。分散处理单元或控制器DPU（Distributed Processing Unit）、操作员站、历史站、工程师站等接入MCN构成控制域，厂级实时监控信息系统SIS（Supervisory Information System）和仿真系统SIM（Simulation）等增值网也可以是MCN的域，通过可选的安全隔离装置进行安全隔离。DCS的控制域和SIS、SIM之间通过MCN进行直接的数据信息交换，不存在系统间通讯协议转换问题（图4-19）。

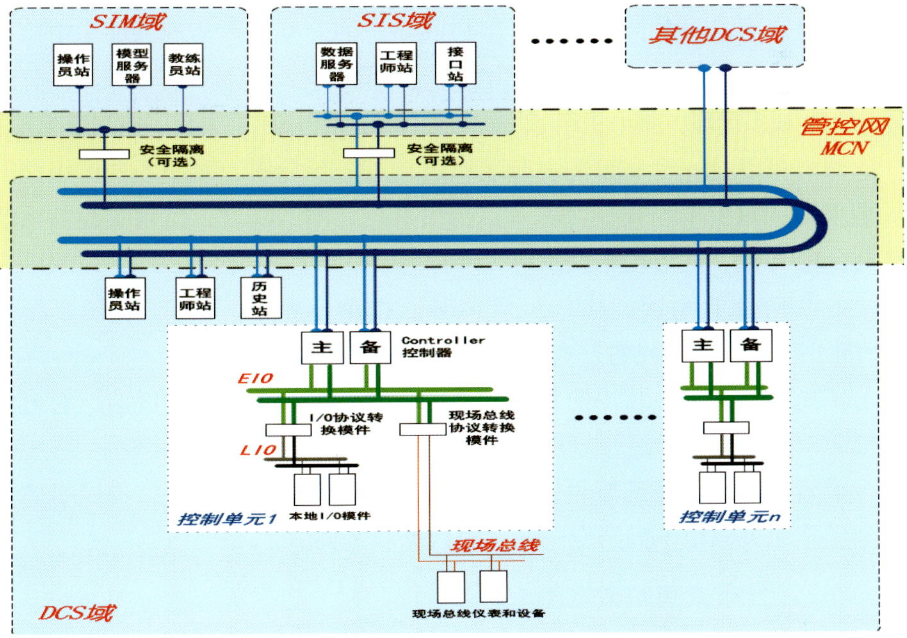


图4-19　自动化成套控制系统网络结构和分域结构图

EIO是过程层，用于整合现场总线等智能设备的功能、组态与调整控制器的实现功能，在过程层增强分布数据处理和分布控制的能力。纯数字的现场总线信息和传统输入输出I/O（Input/Output）信号通过各自的协议转换模件转换为EIO信息，仿真、PLC等第三方系统也可以在EIO层上集成。EIO网络上可以接入一个或多个控制器，组成一个更高性能的控制器。

LIO接入层，用于满足传统的数据输入输出方式。

三层的网络结构简洁清晰、功能分配明确，便于在各个层次封装与外界无关的技术细节。不同层次不同类型的数据流各行其道，每层节点面对的都是自己需要和感兴趣的数据，能够专门针对本层的特点，设计实现或直接采用私有或标准的通信协议，在不同层次实现系统性能提升和开放性。

### （二）系统分域结构

电站发电机组的典型组合是两个单元机组加一个公用系统，在控制上，一方面希望能在任一单元机组上集中操作与管理公用系统，同时又希望这几个部分相对独立，尤其是两个单元机组控制系统不能因公用控制系统而耦合在一起。为此，提出了“域”技术，把整个大型控制系统在MCN网上分成若干相对独立的子系统，一个子系统构成一个域，域间信息可以按要求进行有选择的隔离和交互。域间信息的交互可以实现局部集中监控或全厂集中监控。这样可以按全厂生产过程和工艺，把被控对象按功能分组管理，形成多个域，如#1机组域、输煤系统域等，从而构成全厂控制系统。

域也可以把一个完整的复杂生产过程进一步分解，减小各功能组件的处理规模，减少不同被控对象及其控制系统之间的耦合，使整个控制系统进一步蜂窝化、模块化。

非实时控制系统，比如厂级实时监控信息系统（SIS）、仿真系统（SIM）等，可以按域的方式集成进全厂控制系统。

采用域技术后，可以避免不相关的实时信息的不必要的混杂、有可能出现的对生产过程和运行管理造成干扰。

成套控制系统中的域可以运行于各种拓扑结构的网络上，与网络的硬件和形式无关，也不需要专门的实时数据服务器。

### （三）分布式实时数据库

成套系统设计实现了无服务器的、多域的分布式实时数据库，各功能站实时数据分布贮存在各自站上，同时又按域管理，使大系统的大数据量得到分区管理，减少信息混杂，既便于单独组态又容易统一管理，保证了数据库的动态安全。这一功能十分有利于各子系统的按域分部调试和逐步加入到大系统中。

系统无集中的实时数据服务器，没有数据的统一存储和转发、没有额外的数据转换，实时数据流动通道中无瓶颈，每个网络节点带宽利用充分、平均，没有突出的热点。还避免了数据存储转发带来的延迟。无数据服务器的网络实现冗余功能时，只需要考虑网络冗余，不需叠加服务器的冗余和切换问题。

分布式实时数据库实现了域内、域间实时数据的组播和订阅两种数据刷新方式，降低了网络负荷和节点站负荷，在全系统120万点时，网络负荷和各节点站负荷能控制在10%以下。

### （四）与硬件无关的标准DCS软件模型

各功能站点（统称为节点）是成套控制系统中的基本单元。通过分析，各节点都可分为上层应用、分布式实时数据库、底层支撑环境网络通讯及输入输出三层，其中分布式实时数据库构成了节点核心，节点的特殊功能（人机界面站或过程控制站等）是在分布式数据库的基础上增加上层应用实现的。底层的通讯及I/O的作用是为分布式实时数据库提供基础数据以及完成实时刷新，依靠这些，单个孤立的节点就可以完成最基本的功能。

把系统的三层网络模型与节点的三层功能模型相结合，建立了指导成套控制系统设计实现的标准软件模型以及该模型内部信息流的统一表达方式。以该软件模型及其内部信息流的统一定义为基础，可以规范地设计开发各类节点的核心软件。在软件模型的最下层，实现三层的网络结构，形成了一个与硬件和厂家无关的标准DCS软件模型。软件模型的下层数据源与中间层分布式实时数据库一道为各类节点提供统一的分布式计算环境（DCE，Distributed Computing Environment）。统一的分布式计算环境和统一的信息描述模型，使多功能、多系统（多域）一体化成为可能。

### （五）模型中统一的信息描述模型

从软件模型可以看出，MCN、EIO、LIO三层结构都与分布式实时数据库交互，而上层应用也只与分布式实时数据库交互。分布式实时数据库包含有测点、算法和智能设备，并且这些点、算法、设备有的在本地，属于本地的应用和LIO，有的在远程，属于EIO上的远程信息，描述EIO上智能节点的信息会包含多个测点和算法。但从面向对象的角度来看，所有这些都是实时数据库的一个记录。这个统一，保证了点、算法、记录、记录的集合在实时数据库以及组态数据库中的概念一致性，简化了存贮结构，使MCN上和EIO上分层信息处理的复杂程度大为减轻，所有的上层应用不再需要担心涉及的记录来自本地还是远程。

### （六）跨操作系统平台上位机软件

域技术和分布式计算环境解决了上位机节点高效的网络通讯以及实时数据库的建立与刷新，在此基础上，采用C++、OpenGL、Qt、ACE等技术和底层工具，以面向对象的方式，实现风格、性能、功能完全一致的跨Windows和Linux操作系统平台的上位机软件包。

Linux平台上的操作员站具有优越性能，它拥有更好的网络性能和可靠性，对多网卡、多域的支持更方便，支持多用户、多任务应用，过程画面的刷新频率提高到每秒10次，并且大大减少了受病毒攻击的可能。

### （七）系统实现的关键性能参数（部分数据为1000MW机组控制系统实测数据）

1. 系统支持100个域、120万点
2. 网络平均负荷率3.08%，最大负荷率3.19 %
3. 最大的控制器负荷率20.6%
4. 控制器执行周期精确、稳定，最小周期10ms
5. 在控制器周期250ms时，操作命令平均响应时间 236ms，最长响应时间300ms

火电行业重大工程自动化成套控制系统实现了从国家重大工程和重点能源领域入手，研究开发了以大规模、高性能、高可靠性、开放性为特征，数字化、智能化、网络化、集成化为标志的大型火电自动化成套控制系统，并研究百万千瓦级超超临界机组工艺技术和自控方案以及相关工程成套技术，通过重大火电工程的示范应用，掌握了大型火电自动化成套控制系统的集成和成套技术，保证了我国大型火电工程具备自主实施和运行的能力。

# 第七节　核电控制系统

## 一、背景与历程

核电站DCS控制系统，控制着整个核电站从常规岛（汽轮机、发电机、辅机设备）到核岛（反应堆）的阀门、开关、继电器等一次设备，电站运行工况数据在 DCS 系统中集中监视和管理，控制单元完成控制方案计算后驱动执行机构，实现电站运行的自动控制。DCS系统是核电站安全运行和自动控制技术的载体，是核电站四大关键性成套设备之一。以往，我国核电站 DCS 控制系统依赖进口，缺少自主知识产权的产品，核电站数据化仪控行业一直为德国SIEMENS公司、法国Areva公司、美国西屋公司、日本三菱等国际大公司所垄断，每年国家都要花费不菲的外汇从国外进口此类设备。

我国核电站数字化仪控系统的发展历程，经历了从巴基斯坦30万kW核电站HS-DAS-5000系统、秦山二期60万kW核电站HS2000CAS系统、到红沿河100万kW核电站HOLLiAS-N系统的发展历程。其间和利时公司作为我国在核电站数字化仪控系统领域的先行者，经历了核电站数字化仪控系统研发从无到有、从小到大的成长历程。

巴核工程创造了两个“中国第一”：中国自行研制的第一套核电站计算机系统，也是中国第一套出口的核电站计算机系统。

秦山核电二期工程核电站计算机监测系统和常规岛控制系统是我国核电站中采用的第一套自主设计、自主开发、自主安装调试的国产化计算机监控系统，是核电仪控系统国产化的一次成功的尝试。

红沿河核电站是我国东北地区第一个核电站，一次建设4台百万千瓦级压水堆核电机组。2009年11月，红沿河核电站数字化仪控系统首批设备顺利出厂，是实现核电数字化仪控系统自主化、国产化目标迈出的关键一步。预计到2014年4台机组将全部建成投入运营。

我国秦山一期工程300MW千瓦核电站计算机系统KIT/KPS是从法国塞玛集团引进的，这是一个以法国生产的小型机Solar机为主机的系统，其作用是帮助主控室运行人员和其他人员对核电站的运行工况进行监视，分析和决策。自投运以来，该系统工作稳定，为核电站的安全可靠运行发挥了积极作用；但是，该系统自核电站调试开始已经运行了十多年。为此，秦山核电公司要求对整个Solar计算机系统进行改造，在保留原系统的功能及配置的基础上，采用整体更换的方法，即用分布式计算机网络系统替代原有的Solar计算机系统，并实现原有Solar计算机系统的全部功能。改造后的秦山一期核电站计算机系统除了具备原有的KIT/KPS功能外，还要具备大亚湾KIT上网的功能，也就是说，要建设一个全新的核电站数字监测系统。

2003年6月，秦山核电公司与和利时公司签订《秦山核电公司电站计算机系统更新项目合同》。2005年2月R8停堆大修期间实施改造完成。2005年6月，计算机系统改造项目验收。

2006年6月，红沿河项目1E级DCS产品开发期间，制定了《和利时核安全数字仪控系统发展进度规划》（以下简称《规划》）。这个《规划》的总体目标是争取用若干年时间，完成核安全数字仪控系统的定型与批量生产，正式在核电项目使用。

为落实CPR1000扩建项目国产化的要求，和利时公司推出核电数字化仪控系统：HOLLiAS-N。HOLLiAS-N是HOLLiAS的核电行业版本，是针对百万千瓦级压水堆定制开发的高端DCS产品，是非安全级的DCS产品。

尽管当时的第四代HOLLiAS系统已经具备百万千瓦机组核电站DCS基本的控制和监视功能，但是，第一，HOLLiAS产品的可用性和可靠性不能完全满足核电系统的极高要求；第二，CPR1000采纳了大量的EDF的设计理念，操作界面复杂，功能繁多，HOLLiAS的操作站软件无法满足要求。此外，核电DCS的硬件系统要求在地震期间和地震后能够正常运行，而当时的操作站、服务器和IO站均无法满足要求。因此，HOLLiAS-N系统的研发，不仅符合国家加紧推进核电国产化的战略性要求，也是冲击核电DCS高端市场的必由之路。HOLLiAS-N核电站DCS是在现有的HOLLiAS系统平台上改进而成的。在硬件方面，强化性能和可靠性，提高工作环境适应性，达到抗震1类；在软件方面，增加核电专有的应用功能，并满足核电对软件可靠性的要求。

中国实验快堆（CEFR）从1995年12月立项，2000年5月浇灌第一灌混凝土，2002年8月实现核岛厂房封顶，计划2010年实现并网发电，2015年建成示范快堆并实现商用。中国实验快堆有一个“过程监测系统的数字化安全监测装置”项目，这是核反应堆数字化保护系统的重要组成部分，属于1E级的核电仪控系统。2004年6月，中国实验快堆工程指挥部和和利时公司签署了中国实验快堆（CEFR）过程监测系统的数字化安全监测装置供货合同。这个合同本身从技术上来讲并不是很复杂，但是它在深入到我国核领域的控制检测方面具有里程碑式的意义。

快堆的数字化安全监测装置作为国内首个数字化的核安全级系统，标志着国产化数字系统进入到核安全检测这个领域，是向前跨了一个台阶，具有深远意义。我国不但掌握了核安全级数字化系统的研制技术，而且熟悉了规范化的核安全级数字化系统的设计过程，积累了丰富的组织和管理经验，为研制商用核电站核安全级数字系统打下了扎实的基础，使得在短期内研制出具有我国自主知识产权的商用核安全级数字化仪控系统成为了可能。

## 二、技术与成果

HOLLiAS-N 核电站DCS系统的推出，使核电行业迎来了数字化仪控系统国产化、自主化的新纪元：中国实现了百万千瓦等级核电机组DCS 控制系统设计、制造、工程应用的自主化和国产化。此举打破了国外厂商对该领域的长期垄断，填补了核电数字化仪控领域的空白，为中国核电工业的安全、快速、长远发展做出了贡献（图4-20）。

图4-20　核电站DCS控制系统

按照欧洲模式，核电仪控系统分为安全级（1E）仪控系统、安全相关级（SR）仪控系统和非安全级（NS）仪控系统三个级别。安全级（1E）仪控系统是指反应堆保护系统（RPS），包括：反应堆紧急停堆系统（RTS）和专设安全设施驱动系统（ESFAS）。安全相关级（SR）仪控系统是指反应堆限制系统（RLS）、反应堆自动功率控制系统（APC）、安全功能支持的相关系统（如HVAC和设备冷却水控制）。非安全级（NS）仪控系统是指常规运行控制系统，包括一回路冷却剂系统、二回路给水蒸汽系统和汽轮发电机等控制。

核电站的仪控系统（I&C系统）分为运行仪控系统和安全仪控系统两大部分。核电厂安全级仪控系统在功能上包含了核电站的保护系统和事故后监测系统两个部分，而保护系统又可分为紧急停堆触发系统和专设安全设施触发系统，专设安全设施主要包括安全注入系统、安全壳喷淋系统、辅助给水系统和安全壳隔离系统等。

安全级系统具有许多特殊的要求，主要包括：安全级系统要求采用冗余设计，由多组相同功能的冗余通道组成，相互冗余的通道之间要求实体和电气隔离，必须满足单一故障原则；反应堆保护系统中的安全级测量仪表、数据采集处理单元由四重冗余通道组成，逻辑处理和驱动单元按照完全四取二或有条件四取二方式工作；保护系统内部的联系采用光纤的安全级数据通讯网，满足电气隔离要求；保护系统软件开发必须严格按照V&V过程，并得到国家指定机构的认可；保护系统对于抗震和电磁兼容性上有特殊要求，在硬件设计上必须给予充分考虑，并得到国家指定机构的认可。

安全级系统和非安全级系统之间数据通讯不允许直接采用保护系统内部网络，必须通过独立的设备，对数据报文进行严格的过滤，特别对进入安全系统的数据报文需要严格限制，避免非安全级设备的数据通讯影响安全级设备的工作。

非安全级系统包括除安全级系统外的所有系统，包括各种控制系统、数据采集系统和信息处理系统等等。核岛仪控部分按照功能的不同可以划分为3个部分，核测仪表系统、控制系统和保护系统。常规岛仪控系统采用标准DCS为核心，完成工艺参数采集，模拟控制和逻辑控制等功能，辅助以专用汽机电液控制系统等专用系统，组成一套完整的自动化控制系统，完成汽机、发电机、变压器组和各种辅机系统的控制和监视。

### （一）大亚湾核电站KIT/KPS系统更新

2004年，大亚湾KIT/KPS系统改造项目启动。大亚湾核电站KIT/KPS改造项目是大亚湾核电站投运以来，完全由国内力量自主进行的最大规模的改造项目。该项目的实施对提高核电仪控系统的国产化、数字化水平、探索核电站自主化改造的经验、培养核电站数字化仪控系统的技术人才、保证大亚湾核电站的长期稳定运行都具有重大的意义。

2008年12月完成KIT/KPS项目2号机的改造。改造后的新系统完全遵循了核电站“注重安全性、注重实用性、注重继承性”的设计宗旨，技术先进、稳定可靠、性能良好，有助于核电站安全、稳定运行，提高了核电站全面管理水平。其显著的特点是如下：

第一，舍弃20世纪70年代的老KIT/KPS系统，采用和利时公司核电数字化仪控系统HOLLiAS-N和MACS Ⅵ系统平台。系统的稳定性、易用性和先进性上又迈上了一个新的台阶。

第二，完善并增加了原KIT/KPS系统所缺少的功能（例如数据开放接口、数字化报警卡和逻辑图功能、曲线显示功能、历史数据存储与查询功能、电厂主要设备状态监视、故障或事故诊断和规程选择、协助规程、完善安全注入的监测功能等），为核电站运行、维修、设备管理等部门提供了监督机组的有效手段，安全监督水平得到显著提高。

2009年8月28日，受国家能源局委托，中国机械工业联合会重大办在深圳召开了大亚湾核电站1、2号机组KIT/KPS系统技术鉴定会，鉴定委员会认为：该系统的现场投运成功，是我国百万千瓦级核电机组KIT/KPS系统设计制造技术的重要突破，其主要性能指标达到国外同类产品先进水平，可以替代进口，具有显著的经济效益和社会效益，系统具有自主知识产权，为实现核电厂全厂数字化仪控系统的国产化积累了经验，打下了基础，一致同意该项目通过技术鉴定。

我们10年前的梦想——由中国人来改造法国承建的大亚湾核电站，已经变成现实。

### （二）研发核电站安全级数字化仪控系统

2007年8月，“核电行业重大工程自动化成套控制系统”正式获国家科技部批准,被列入国家“863计划”项目。该项目分四个研究方向共十个子课题。四个研究方向为：核电站工艺技术和大型成套控制系统体系结构的研究；系统安全性、安全验证技术、方法与体系的研究；高可靠性、高安全性成套控制系统的技术研究和产品研制；百万千瓦级核电站依托示范工程实施技术。最终目标是要形成从设计、集成、设备制造、设备鉴定到运行维修全生命周期的具有我国知识产权的核电站数字化仪控系统。

“安全级软件验证与确认（V&V）技术研究”的目标是研究安全级软件验证与确认技术，开发完成一个安全级软件验证与确认平台，整理出一套具体适用的验证与确认的工作方法，建立一个具有可操作性的验证与确认规范和过程。

"核电站安全级数字化仪控系统的研制"的目标是开发完成一个安全级数字化仪控系统样机。这个系统样机适用于核电站保护系统及相关核安全控制系统。该系统样机最终要通过国内外权威测试研究机构的测试，获得国际相关认证机构不低于SIL3的认证。

"核电站数字化仪控系统的集成"的目标是完成百万千瓦核电站数字化仪控系统集成技术规范、项目标准工程设计、管理体系文件，完成百万千瓦核电站数字化仪控系统集成工程设计并成功应用。

该项目的建设，将加快核安全级数字化仪控系统设计和制造技术的研究，大大提高我国对核电站先进仪控技术的研发、制造和应用能力，为发展我国核电自主技术，打破国外公司长期垄断的格局，提供有力的支持。

### （三）CPR1000扩建工程DCS系统

CPR1000是指中国广东核电集团公司在20多年成功建设和运营基础上探索形成的拥有自主品牌的中国百万千瓦级改进型压水堆核电技术方案。CPR1000是目前国内自主化水平、安全可靠性、成熟性、经济性等各方面综合比较最佳的核电技术方案；是我国可以在"十一五"和"十二五"期间实现产业化的百万千瓦级"二代改进型"核电技术方案；是目前我国设计自主化、装备自主化、建设自主化、运营自主化水平最高且以国内运行业绩最佳核电站为参考基础的百万千瓦级核电技术方案。

CPR1000扩建工程是指红沿河核电站、宁德核电站。红沿河核电站是我国东北地区第一个核电站，一次建设4台百万千瓦级压水堆核电机组。预计到2014年4台机组将全部建成投入运营。2007年8月，随着1号机组核岛开始浇注第一罐混凝土，我国东北第一座核电站——红沿河核电站主体工程正式开工。宁德核电站规划建设6台百万千瓦级压水堆核电机组，一次规划，分期建设。一期工程建设4台百万千瓦级压水堆核电机组，主体工程于2008年2月正式开工，首台机组计划于2012年投产。

1. 确定方针：提高红沿河核电DCS系统的国产化、自主化水平

CPR1000扩建工程采用的是"二代改进型"核电技术方案，即它是岭澳二期工程的翻版，但对于工程的DCS系统的国产化、自主化水平，则要求在岭澳二期的基础上有所提高。

2．组建联队：制定DCS系统国产化的“路线图”

DCS系统国产化的“路线图”和时间表。CPR1000扩展项目分为A、B、C三个项目。A项目：红沿河1号、2号机组；B项目：宁德1号、2号机组；C项目：红沿河3号、4号机组。非安全级产品：从A项目开始就采用HOLLiAS-N核电站DCS系统，软件平台为MACS Ⅵ；安全级产品：A、B项目采用三菱产品，广利核参加设计，C项目采用广利核研发的国产化产品。实施A、B项目时，三菱电机为联队负责人，实施C项目时，广利核为联队负责人。按照这个“路线图”，从红沿河1号、2号机组开始，我国将实现“非安全级仪控系统国产化”这一里程碑目标（图4-21）。

图4-21　HOLLiAS-N DCS系统

HOLLiAS-N DCS系统具有完全自主知识产权与核心技术，具有高可靠、高性能、大容量的特点。在系统研制过程中，针对关键核心技术展开的重点攻关，取得了一系列的突破，例如：产品抗地震功能设计、安全工业以太网通讯技术、大容量实时数据库设计技术、高可靠硬件设计与验证技术、高可靠软件设计与验证技术等等。同时遵循核电行业标准和规范，该控制系统设计了系列具有鲜明特色的核电专有功能，包括:操作员工作区OWP管理、数字化操作规程模块、首出故障识别等等。

该系统在研制过程中，经历了大量、长期的严酷测试，并在常规火电项目上通过了试用验证，目前，在红沿河核电站CPR1000 A项目中实现了首台套应用，同时，HOLLiAS-N系统已签约的还包括宁德核电站、阳江核电站、石岛湾核电站等10台核电机组。随着国家核电中长期发展规划的实施，未来数十年内，HOLLiAS-N系统具有广阔的市场前景。

中国拥有自主的核电站 DCS 控制技术和产品，有利于降低核电站建设、运营和维护成本，促进国家核电站批量化、规模化建设，更有利于国家核电技术和核电产业的健康、持续、长远发展。核电站 DCS 系统国产化目标的实现，加快了核电重大装备的自主化进程，对其他关键装备的国产化工作，也将产生积极的影响和促进作用。

## 第八节　流程工业节能降耗技术与应用

### 一、背景与历程

#### （一）背景

我国人口众多，人均资源占有量相对偏低。如：人均拥有石油储量和天然气储量仅为世界平均水平的6.4%、5.8%；45种主要矿产资源的人均占有量低于世界平均量的50%，其中铁矿的人均占有量为世界平均量的42%，铜矿为18%，铝矿为7%； 2008年我国耕地面积为18.257亿亩，约占全世界耕地面积的9%，而人口占20%以上，人均耕地面积1.41亩，不足世界平均值的一半；我国森林覆盖率只有全球平均水平2/3，排世界第139位。人均森林面积0.145公顷，不足世界人均的1/4；人均森林蓄积10.151$m^3$，只有世界人均的1/7；2000—2009年，我国年人均淡水资源为2160$m^3$，扣除不能利用部分，可用的仅为900 $m^3$，已成为世界较严重的缺水国家之一。目前，我国已有16个省（区、市）人均水资源量低于严重缺水线。其中宁夏、河北、山东、河南、山西、江苏6省区人均水资源量低于500$m^3$，为极度缺水地区。

表4-4　我国石油和天然气资源储量及其与世界水平的比较（2008 年）

| 参数 | 石油 | 天然气 |
|---|---|---|
| 我国总量 | 155.0亿桶 | 2.46万亿 $m^3$ |
| 占比世界 | 1.2% | 1.3% |
| 我国储量/开采量比值 | 11.1 | 32.3 |
| 世界储量/开采量比值 | 42.0 | 60.4 |
| 我国人均水平 | 12.02 桶 | 0.19万$m^3$ |
| 为世界人均/% | 6.4% | 5.8% |

我国能源资源对外依存度高。根据国家能源局2010年1月公布的数据，中国2009年生产原油1.89亿t，净进口原油却达到1.99亿t，对外依存度已达51.3%，首次超过舆论认为的50%心理防线。2015年，我国炼油能力发展目标为5.4亿t/年左右，按国内原油产量2亿t计，原油对外依存度为59.3%；2020年，我国发展目标为6.5亿t/年左右，按国内原油产量2亿t计，原油对外依存度为66.0%。总之，供需缺口越来越大，石油安全问题将变得十分突出。

在过去的20多年的时间里，中国创造了国内生产总值年均增长超过8%的世界奇迹，万美元GDP能耗显著高于欧美发达国家（表4-5），但传统产业在GDP中仍占据相当比重，经济增长方式也没有走出高投入、高消耗、低产出的传统模式。其中制造业能源消耗大，资源利用效率较低，污染尤为严重。目前，全国$SO_2$排放量的67.6%是由火电站和工业锅炉产生。制造业产品耗能和产值能耗约占全国一次能耗的63%。2007年，每万元产值能耗0.44t标准煤，单位产品能耗平均高出国际先进水平20%～30%。

表4-5　部分国家万美元GDP能耗（2005年）　吨标准油/万美元

| | 中国 | 印度 | 日本 | 韩国 | 美国 | 巴西 | 法国 | 德国 | 俄罗斯 | 英国 |
|---|---|---|---|---|---|---|---|---|---|---|
| 万美元GDP能耗 | 7.65 | 6.64 | 1.17 | 2.7 | 1.89 | 2.37 | 1.29 | 1.24 | 8.46 | 1.05 |

我国工业综合能耗水平远高于全球的平均水平。据统计我国每万元GDP的综合能耗是全球平均水平的1.8倍。电力、钢铁、有色、石化、建材、化工、轻工、纺织8个行业主要产品单位能耗平均比国际先进水平高

40%，我国的能源利用效率仅为33%，比发达国家低10个百分点左右。

鉴此，《中华人民共和国国民经济和社会发展第十一个五年规划纲要》提出了“十一五”期间单位国内生产总值能耗降低20%，主要污染物排放总量减少10%的约束性指标。

2009年11月25日，国务院总理温家宝主持召开国务院常务会议，确定2020年我国控制温室气体排放的行动目标为：2020年我国单位国内生产总值二氧化碳排放比2005年下降40%～45%。实现该目标并解决我国制造业当前存在的问题，不仅要加强对资源利用方式的有效管理，而且更为重要的是要大力发展先进制造技术，应用更节能、更环保的先进装备，从根本上解决我国制造业节能减排的问题。

为实现上述目标，流程工业的节能减排工作十分值得关注。流程工业既是能源、各种原材料的产生者，也是能源的主要消耗者，节能降耗至关重要。《国务院关于印发节能减排综合性工作方案的通知》中明确提出，要“加快节能减排技术研发”、“加快节能减排技术产业化示范和推广”；要“实施一批节能减排重点行业共性、关键技术及重大技术装备产业化示范项目”；要在“钢铁、有色、煤炭、电力、石化、化工、建材、纺织、造纸、建筑等重点行业，推广一批潜力大、应用面广的重大节能减排技术”。流程工业行业尤其是电力、钢铁、有色、建材、石化、化工等，其能耗占全国工业能耗70%以上，研究开发这些行业重点生产过程节能降耗的优化运行技术，实施节能降耗的技术提升和技术创新，能显著降低流程工业行业的能耗和物耗，对实现国家节能减排总体目标具有重要意义。

### （二）历程

依据《国家中长期科学和技术发展规划纲要（2006—2020年）》和《国家高技术研究发展计划（863计划）“十一五”发展纲要》，面向流程工业节能降耗部署了相关项目：

2006年部署了863计划重点项目“流程工业数字化仪器仪表”，其中一个研究方向“面向节能降耗的先进检测技术与仪表”：研究以节能降耗为目标的检测技术和仪器仪表，面向炼油企业具有重大能耗和资源消耗的公用工程系统（包括蒸汽动力系统、瓦斯管网、氢气管网和换热网络等），开发针对炼油企业能耗物耗的先进检测与优化管理系统。

2007年部署了863计划重点项目“流程工业低成本智能化控制系

统"：低成本先进控制系统产品化开发、面向重大耗能设备的智能控制系统和专用智能化控制系统；充分利用现场总线的技术优势，研究控制系统的低成本实现技术、控制系统的低成本维护技术、嵌入式先进控制软件开发和多种总线控制系统集成技术，开发低成本先进控制系统，为我国广大中小企业提供技术先进、功能齐全的低成本先进控制系统，提高企业基础自动化水平，提高劳动生产率；面向冶金电炉、大型石化裂解炉、工业锅炉、大型回转窑、大型磨机、造纸机等重大耗能设备，研究设备工艺过程，建立能耗模型，充分利用现代软测量、先进控制等控制理论新技术，研究面向节能降耗目标的智能控制算法，开发专用控制软件，实现节能降耗目标。

2008年部署了863计划重点项目"流程工业能效分析与运行优化系统的开发与应用"：针对我国冶金、石化等流程行业能耗和节能技术现状，研究流程工业能源介质和主要能效设备在线监测、能源负荷预测、能源供需平衡分析、能源结构和调度优化等关键技术，开发能源在线监测装置、能效分析平台和企业级能源优化系统软件，在大型联合企业实现示范应用；突破专用先进控制与优化技术、工业过程性能监控与评估技术、全流程运行优化技术等过程优化运行关键技术，开发包括专用先进控制软件、工业过程性能评估软件等具有自主知识产权的流程工业过程优化运行成套软件及系统，在典型流程工业实现示范应用。

## 二、技术与成果

### （一）先进控制与优化

1．取得的技术

大型炼油化工装置内部众多的反应器、精馏塔和加热炉等单元装置之间和大型装置之间有大量的物料和能量循环，不仅增加了过程复杂度，而且使装置优化运行更加困难。同时，装置的运行性能会随着原料变化、环境变化和设备老损而产生波动，只有基于性能评估的多层闭环APC与优化运行系统才能保障生产过程的产品产率、质量、能耗和环保等指标。围绕以上关键问题展开研究，取得了以下核心技术突破：

（1）工业过程多层性能评估技术

首次系统地提出了过程多层次性能监控和评估方法，解决了回路级常规控制层、装置级先进控制层、流程级经济性能优化层的关键性能评估问题，形成了各层次控制与优化性能的闭环反馈机制，为各层次控制与优化高性能长生命周期运行的自调整与维护打下坚实的基础。

在回路级，提出了基于强跟踪滤波理论的变时延与参数联合在线估计方法,弥补了固定时延性能评估算法的缺陷；在装置级，提出了基于广义以及多步预报误差方法的预测控制系统性能评估方法，实现了先进控制器的控制性能评估；在流程级，针对带约束多变量预测控制系统和过程不确定性动态，分别提出了基于LQG性能基准和基于随机优化的经济性能评估方法，为操作人员提供了各种操作工况下的经济性能和最优操作条件，通过在经济性和可靠性之间均衡，从而挖掘装置的潜能。

（2）面向先进控制与优化的机理与软测量建模技术

针对炼油化工过程原料多变、检测仪表不完备、化验分析点少、频率低及分析深度较浅等特点，将原料及产品中成百上千种分子级组分根据化验分析水平及实时控制优化运行的需要，提出特有划分有限数目虚拟组分集（集总）的方法。然后针对集总间复杂反应网络的数百个反应动力学参数，提出分类与归并参数的方法，归结为几十个装置因子参数进行估计，以支撑分钟级的控制与优化。

该成果开发了催化重整17集总、甲苯歧化和烷基转移9集总、碳八芳烃临氢异构化6集总等反应装置机理模型，具有集总数目少、求解速度快、满足工业应用的特点，解决了机理模型对化验条件要求苛刻、反应网络过于复杂、模型求解速度较慢、参数估计步骤繁琐、无法在线应用等问题。

软测量建模方法通过温度、流量等可测过程参数观测不能在线检测的关键过程参数，以实现直接的产率、质量和消耗指标的动态控制。针对炼油化工过程强非线性及原料和加工方案多变等带来的工况点多变问题，提出了带有辅助变量权重的仿射传播聚类算法来动态跟踪工况点的变化；综合机理模型与数据驱动的软测量，建立了结合多个简化机理模型和数据驱动模型的混合建模方法，利用简化机理模型来提高模型的外推能力，数据驱动模型来补偿机理模型的未建模部分，该方法仅需要较少的样本，得到较高的模型精度。针对变工况场景下软测量模型的维护，综合在线滚动模型校正技术和化验室偏差校正技术，提出了在线双重校正技术，提高了软测量模型的趋势跟踪精度。

（3）大闭环经济性能目标优化技术

以多层性能评估方法作为过程控制与优化运行系统的“检测仪表”，

性能评估结果作为回路、装置和流程级控制与优化系统的“检测反馈信号”，与期望的性能比较，然后对过程控制与优化系统作调整，以构成多层级闭环运行的超系统。在流程级经济性能优化层，以经济性能评估方法为检测支撑，基于面向控制的工业机理模型方程求解过程操作条件与经济性能指标之间的函数，提出了一种新的基于邻域和存档操作的多目标遗传算法，降低了优化算法计算的时间和空间复杂度，突破了工业应用瓶颈，实现了在PTA、催化重整等装置上产能、消耗等多目标操作优化上的成功应用。

2．取得的成果

（1）芳烃联合装置的先进控制与优化

芳烃联合装置生产规模大、流程长而复杂，大型工艺设备多、配合紧密，技术和产品质量要求高。芳烃生产加工流程复杂，伴有芳烃间的相互转化过程。芳烃联合装置内部热集成程度较高，增加了系统内部扰动的传播途径和方式。因此，芳烃联合装置的控制与优化面临着很大的挑战。

芳烃联合装置先进控制和优化技术，首先提高了装置运行的平稳性，进而在满足各种工艺和安全约束条件下，通过产品质量“卡边”控制，最大限度地提高装置高价位产品的产率；提高装置的处理能力，降低单位产品能耗，最大程度地回收能量并使加热炉燃料消耗量最小，提高装置自动控制水平，降低劳动强度等。主要成果包括：加热炉系统的专用先进控制与优化技术、歧化与异构化反应过程的专用先进控制与优化技术和芳烃联合装置精馏系统的专用先进控制与优化技术等。

①加热炉系统的专用先进控制与优化技术：芳烃联合装置加热炉系统包括采用“四合一”炉型结构，内部被加热介质情况复杂，所用燃料气的热值和压力波动频繁，具有过程耦合严重，外界干扰影响明显等特性。为了实现加热炉系统工艺指标和能效指标的要求，将各加热炉炉出口温度控制、支路平衡控制和热效率控制等融为一个整体，通过引入燃料气的热值和压力等扰动变量，提高加热炉炉出口温度平稳控制；通过支路平衡控制降低加热炉的热损失；通过多变量控制解决“四合一”加热炉内部的耦合问题；通过加热炉氧含量、炉膛负压和CO等指标的多目标优化实现在保证工艺指标前提下降低燃料消耗，减轻环境污染。

②歧化与异构化反应过程的专用先进控制与优化技术：歧化反应和异构化反应分别决定了甲苯转化为二甲苯的转化率和对二甲苯含量最高的异

构化平衡关系，考虑到这两种反应的反应机理、反应器型式和催化剂特性等因素，在采用多变量预测控制策略实现上述反应器床层温度平稳控制的基础上，进一步采用“集总“技术，建立歧化反应器和异构化反应器的的集总动力学模型，并根据催化剂活性的变化不断修正这些“集总”模型，实现歧化与异构化反应过程的模拟和优化，从而实现甲苯转化率和对二甲苯收率的最大化。

③芳烃联合装置精馏系统的专用先进控制与优化技术：芳烃联合装置精馏系统共包括4个精馏塔系，这些精馏塔系的内部及其相互之间存在许多热集成和热耦合，使精馏系统的先进控制与优化难度增大，本专用技术将采用高级多变量鲁棒预测控制等手段，解决精馏系统因物料循环和能量高度集成度所带来的过程强耦合和扰动复杂化等问题，提高整个过程的抗干扰能力和控制系统鲁棒性；在此基础上，运用全流程模拟技术实现各精馏系统的回流优化，有效提高装置高价值产品收率，并降低了精馏系统的能耗。

芳烃装置全流程先进控制与优化技术通过平稳控制和“卡边”优化，可在保证产品质量的前提下，提高芳烃收率、降低装置能耗，并通过优化反应系统、精馏系统、吸附系统和加热炉等相关生产设备的运行负荷，挖掘装置的生产潜力，提高装置的整体经济效益。根据系统投运前后生产运行数据的对比考核可知：芳烃装置全流程优化运行系统投运后，抽余液中芳烃含量降低了1.27%，低压蒸汽消耗降低了5.9%，同时产品质量也得到明显改善，创造了可观的经济效益和社会效益。

（2）纯碱装置的先进控制与优化

纯碱即碳酸钠是重要的基本工业原料。被称为“化工之母”，其产量和消费量通常被作为衡量一个国家工业发展水平的标志之一。自2003年起，我国纯碱产量一直位居世界第一位。目前，纯碱工艺与装备技术等领域已达到国际先进水平。面对激烈的市场竞争，如何通过“两化融合”来促进企业的节能减排和安全生产已成为国内众多纯碱企业必须面对的新挑战。

纯碱装置具有工艺流程长、生产工序多、生产过程关联性强、干扰因素多、滞后时间长等特点，是化学工业中的典型生产装置。纯碱装置先进控制与优化技术根据纯碱生产过程特点建立碳化塔制碱过程专用先进控制技术、清洗过程专用先进控制技术和塔况智能监控和诊断专家控制技术；综合协调纯碱生产过程的物料流、能量流和信息流，优化纯碱生产过程的生产运行状况，充分发挥装置运行潜能，从而实现节约能源、降低消耗、减少污染物的排放。

①碳化塔制碱过程和清洗过程专用先进控制技术：基于智能方法与机理分析的物质、能量传递的混合建模技术：针对纯碱装置的碳化、清洗等主要单元，建立基于过程物质、能量传递的混合模型，开发面向节能的专用先进控制系统，解决具有生命周期的气液固三相复杂化工反应过程的高品质控制问题

②塔况智能监控和诊断专家控制技术：为防止出现纯碱生产过程“工况”恶化现象技术：利用先进控制平台集成纯碱生产过程实时信息和历史信息，采用多维数据统计分析和智能数据挖掘技术，对装置运行进行综合性能评估，实时监控和诊断，防止纯碱生产过程出现“工况”恶化现象；针对纯碱装置制碱塔内碳酸化反应段容易出现上移或下移以及冒塔问题，建立纯碱制碱塔协调约束智能诊断专家控制技术，有效避免制碱塔出现异常情况。

③纯碱装置多层次、多目标、多约束智能协调预测控制与优化技术：针对纯碱装置内各单元的串并联结构特点和实际生产中多工况和多加工方案等情况，基于过程控制品质、产品质量和装置能效指标，结合过程知识和操作经验，开发装置级的智能协调预测控制与优化技术，解决装置在不同工况和/或不同加工方案下的平稳、可靠运行的问题。

纯碱装置全流程优化运行系统通过平稳控制和“卡边”优化，可在保证产品质量的前提下，提高反应转化率、降低装置能耗和物耗，并通过优化石灰窑、碳化塔、母液蒸馏塔、煅烧炉、压缩机等相关生产设备的运行负荷，挖掘装置的生产潜力，提高装置的整体经济效益。根据系统投运前后各三个月的生产运行数据的对比考核可知：纯碱装置全流程优化运行系统投运后，碳化转化率提高了0.37%，纯碱产量增加了1.1%，纯碱装置综合能耗降低了1.98%，同时产品质量也得到明显改善，创造了可观的经济效益和社会效益。

### （二）瓦斯平衡与优化调度系统

在2006年立项的863重点课题“能耗、物耗在线检测技术、仪表及管理系统”的支持下，开发了炼化企业瓦斯平衡与优化调度系统，并实现了在中石化镇海炼化分公司的示范应用。取得的技术与成果如下：

1．取得的技术

（1）成功研制瓦斯平衡与优化调度系统，打破国外垄断。

针对炼化企业瓦斯系统规模庞杂、管网结构复杂、瓦斯产耗波动较大、瓦斯组分多变、计量和自动化水平较低等现状，突破了瓦斯产耗预测、管网模拟、优化调度等系列关键技术，研制了高性能的瓦斯平衡与优化调度系统，在国内多家大型石化企业进行了示范应用，取得了明显的经济效益和社会效益，打破了国外同类产品的垄断。

（2）首次提出瓦斯产耗预测技术，实现了基于预测模型的“事前调度”。

基于机理建模和数据驱动建模相结合的混合建模方法，综合了软测量和时间序列建模思想，提出了一系列高效的人工智能算法，提出了模型结构和辅助变量自动选择方法，结合双重在线校正技术，克服了瓦斯产耗量相对较小、变化幅度较大、受干扰因素较多等不利影响，独创性地提出了瓦斯产耗预测核心技术，多家大型石化企业的应用表明，瓦斯产耗预测模型精度均达到调度要求，为“事前调度”提供了可靠的预测数据。

（3）首次提出基于预测数据和管网模拟平台的瓦斯系统多周期动态优化调度技术，实现了瓦斯系统的安全、经济和优化调度。

基于瓦斯产耗预测数据，以未来调度周期内瓦斯消耗成本最低和能源放散最少为优化目标，自动建立瓦斯系统多周期动态优化调度模型，自动给出优化调度方案，实现瓦斯系统的安全、经济和优化调度。同时，利用已建立的瓦斯管网模拟平台（即瓦斯管网模拟模型）来代替优化调度模型中的非线性因素，从而避免了对MINLP问题的求解，只需求解混合整数线性规划（MILP）问题即可快速准确得到优化的调度决策。

（4）集成应用涵盖设计、计划、调度、操作等各个层面的瓦斯平衡与节能优化关键技术，实现了瓦斯系统的全方位优化。

应用夹点技术和超结构优化方法，重构瓦斯系统网络结构，实现瓦斯系统的设计和改造优化；应用瓦斯产耗预测、瓦斯管网模拟和瓦斯优化调度技术，实现瓦斯系统的计划和调度优化。

2．取得的成果

瓦斯系统是石化企业能源浪费和环境污染较为严重的环节，是能源系统的重要组成部分。目前，国内大部分石化企业的瓦斯系统普遍存在如下几个问题：

（1）瓦斯产耗检测手段不够完善，也没有统一的公用工程（包括瓦斯系统）实时监控平台，经常通过放火炬处理不平衡的瓦斯，造成环境污染。

（2）调度人员凭经验对瓦斯系统进行调度，无法准确预估瓦斯产耗的变化规律和趋势，阶段性补充重整碳五、液化气等贵重资源的现象时有发生，不可避免地造成了大量资源的浪费。

（3）调度人员凭经验对瓦斯系统进行调度，经常需要生产装置改变操作工况来稳定瓦斯系统，造成操作成本增加和安全隐患。

因此，在863计划的支持下，中国石化镇海炼化分公司、浙江中控软件技术有限公司、浙江大学、上海交通大学等联合研发了瓦斯平衡与优化调度系统，该系统整体架构如图4–22所示。

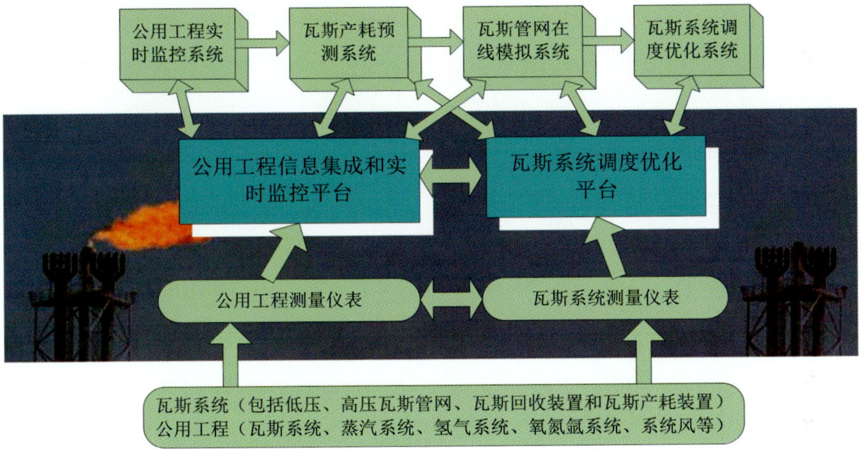


图4–22　瓦斯平衡与优化调度系统

①公用工程实时监控系统

通过开发统一的公用工程信息集成和实时监控平台，实现企业整个公用工程（包括瓦斯、蒸汽、氢气、氮气、水、电、风等子系统）的实时监控、故障诊断和综合管理，并与主装置监控系统无缝集成，有效监控公用工程能源介质的变化情况和异常情况；

该模块成为调度人员的日常必备工具，从源头上有效杜绝了乱排乱放现象的发生，实现了能耗物耗的持续降低，减少了资源的浪费和对大气的污染。

②瓦斯产耗预测系统

通过瓦斯产耗预测，准确预估整个生产流程各主要装置未来24小时内瓦斯产耗的变化量和变化趋势，减少调度的盲目性，为“事前调度”提供数据支撑，结合调度人员的调度经验，减少瓦斯放火炬和补烃量；

该模块40多套瓦斯预测模型的平均预测误差绝大多数在3%～10%，主要装置瓦斯组成（$H_2$和$C_{3+}$）的实时预测误差小于2%，为调度人员实现"事前调度"提供了有力支撑。

③瓦斯管网在线模拟系统

通过瓦斯管网在线计算，准确获得低压和高压瓦斯管网内部每个节点和每个管段的详细信息（包括温度、压力、流量、组成、热值、压降和流向等），提前预判瓦斯产耗变化对瓦斯管网的定量影响规律，减少调度的盲目性，实现对瓦斯管网的精确调度，提高瓦斯系统的安全性和平稳性；

该模块低压和高压瓦斯管网模拟模型的预测精度满足应用要求，新区重整和PX高瓦压力的预测误差小于4%，关键节点瓦斯热值预测误差小于7%。瓦斯管网模拟模块对瓦斯流向的准确预测大大提高了对瓦斯管网调度的准确性。

④瓦斯系统优化调度系统

基于瓦斯产耗预测和瓦斯管网模拟，通过建立优化调度模型和专家系统，以调度周期内燃料消耗成本最低和操作最平稳为目标，提供优化调度建议，辅助调度人员提高调度水平，通过减少瓦斯排放，优化燃料配置，节约碳五、液化气等贵重资源，取得节能减排效果；

该模块验证结果表明，优化调度模型能够准确反映瓦斯管网的实际状况，能够体现调度人员的调度逻辑，成为调度人员的有效辅助工具。

该系统于2008年在国内最大的石化企业中国石化镇海炼化分公司成功应用，取得如下具体效果：

建立了统一的公用工程信息集成和实时监控平台，实现了对企业整个公用工程的实时监控、故障诊断和综合管理，成为调度人员的日常必备工具。

建立了瓦斯系统调度优化平台，实现了基于模型的"定量调度"和"事前调度"，大大提高了瓦斯系统的调度水平，为企业安全、平稳生产提供了有力保障，实现了能耗物耗的持续降低。该平台日益成为调度人员的有效辅助工具。

瓦斯平衡与优化调度系统于2008年3月正式在镇海炼化投运，已经连续稳定运行2年多，对比系统投运前后的统计数据，瓦斯放火炬时间从投运前的207小时/年减少到投运后的15小时/年，同比减少192小时/年（即减少92.8%），基本实现正常工况瓦斯零排放；补烃量从投运前的14045t/年减少到7996t/年，同比减少6049t/年（即减少43.1%），给企业带来每年

1600万元以上的经济效益。系统的投用取得了明显的节能减排效果。

瓦斯平衡与优化调度系统在镇海炼化获得成功应用后，中国政府网、科技部网、新华网、《人民日报》、中国之声《新闻和报纸摘要》等权威媒体进行了报道。

该系统具有在炼化企业广泛的适用性和可移植性，截至2011年底，已经在中国石化下属的洛阳分公司、济南分公司、茂名分公司和广州分公司进行了推广应用，为企业带来显著的节能减排效果。

## 第九节　经验与启示

### （一）面向国家战略需求、面向领域前沿大胆布局，是成功的基本条件

在规划阶段，主要应考虑的还是面向国家战略需求、面向领域前沿的需求。无论是三大控制系统，还是工业无线网络，在技术开发方面，都有很多未知的不确定的因素，实现目标都有一定的风险。但以实现制造强国为目标的中国，抓住了机遇，实现了这一战略目标。

### （二）持续不断的技术积累和创新，是实现战略目标的重要保障

无论是三大控制系统，还是高精度仪器仪表，都是制约我国多年的瓶颈技术。需要在多年甚至是几个五年计划持续的技术积累基础上，才能实现技术突破和打破国外产品垄断的目标。回顾过去，今天的成绩和前期的积累，密不可分。战略目标的完成，坚持不懈和持续发展是关键。

### （三）合理的体制和机制，是项目成功的关键

面向国家战略需求类型的课题，主要由高技术企业承担，实现了国家目标和企业发展目标的统一，使得课题执行效果倍增；面向领域前沿的课题，以研究所和大学为承担主体，不同学科交叉，联合用户形成技术联盟，解决了技术研发方向的正确性问题。

### （四）首台套应用，还是制约技术应用的瓶颈

三大控制系统的成功应用，除了技术取得重要进展外，重要的是用户提供了首台套使用的机会。

应继续研究在市场经济条件下，如何发挥政府的指导作用，制定相关的政策，为研发单位提供首台套应用创造更多的机会。

### （五）在重视技术创新的同时，更关注技术方向和目标的正确把握

在应用技术层面，其创新的原则上应当是有导向性的，而不用是随意的、发散的。以EPA和工业无线网络为例，技术领域都属于信息领域，许多技术的突破需要利用信息技术的创新。但实践表明，工业上对这些技术的需求，是确定研发方向的主要依据。只有以自动化需求为牵引，联合信息领域的科研人员，才是取得成功的正确技术路线。

### （六）成套系统技术研发与单元技术研发的有机集成，急需得到进一步的强化

单元技术的研发，最终能够得到应用和发挥作用同样面临着多种困难，以致成果搁置的现象时有发生。围绕成套系统研发的目标，合理部署单元技术课题，实现短线高效集成，是提高科研资金使用效率的重要环节。这一方面，还有许多的提升空间。

# 第五章
# 微纳制造技术

## 第一节 概述

### 一、需求与意义

微纳制造技术是研究特征尺度在微米、纳米并具有特定功能器件与系统的设计与制造的一门综合交叉技术，涉及微纳器件与系统的设计、加工、测试、封装与装备等。

微纳制造技术已成为当今国际高技术竞争的一个热点，对传统产业升级和产生新的产业具有重要作用和意义。微纳系统及器件因其微型化、成本低、批量化的鲜明特点，成为全世界增长最快的产业之一，其涉及领域广、多学科交叉融合、系统复杂、难度大，是21世纪战略必争的前沿高技术，是对国民经济具有带动作用的重大基础技术，对社会发展与国家安全具有重要的意义。如MEMS将在汽车、石化、电子等行业以及环境与安全、医疗与健康、信息、能源等领域得到广泛应用；柔性电子（如柔性电子显示器、OLED、印刷RFID、薄膜太阳能电池板、电子皮肤等）、光电子产品将在未来20年内形成数千亿美元市场。

## 二、目标与任务

### （一）总体目标

针对国际MEMS发展趋势和未来的产业化前景，结合我国社会经济发展的需要和MEMS技术发展的实际情况以及国家竞争前核心技术的发展战略，自2002年国家科技部开始在863计划先进制造领域重点支持微纳制造技术方向。

“十五”期间，863计划先进制造技术领域设立MEMS重大专项，根据领域对重大专项的要求和国务院8号文件对MEMS重大专项的定位（重点研究：MEMS器件、集成系统、先进制造与测试技术及应用），总体组在先进制造技术领域的领导下，确定了MEMS重大专项的总体目标：以支撑我国MEMS产业化发展的应用基础为切入点，掌握MEMS设计、制造、检测、工艺、装备与系统集成等方面具有自主知识产权的关键技术，建立我国MEMS研发体系和产业化基地，围绕医疗、石化等行业，开发出若干小批量、多品种、高质量MEMS器件及微系统，推动MEMS的可持续发展，为未来产业化的形成打下良好的基础。

“十一五”期间，863计划先进制造技术领域设立“极端制造技术专题”，重点开展微纳制造技术研发，总体目标是：针对国际微纳技术发展趋势和我国未来的产业化前景，围绕医疗与健康、环境监测和汽车、能源等重要行业的需要，重点研究开发具有自主知识产权的微纳系统设计与制造核心技术、系统集成技术和关键微纳器件与系统，初步建成我国微纳制造研发体系，提升我国微纳制造技术的整体水平和核心竞争力，推动微纳制造产业的形成，在国际上占有一席之地。

### （二）主要任务

1．微纳设计与加工技术

开展MEMS机理和设计方法研究，形成具有主知识产权的MEMS设计方法和仿真库，提高我国MEMS设计能力和设计水平；开发纳米材料在MEMS

中的应用；为提升MEMS性能水平及发明新型MEMS器件奠定基础。

开展硅基MEMS加工、非硅微加工等微加工技术研究，提高MEMS加工的重复性、均匀性及MEMS器件的可靠性，提供工艺设计规则、标准工艺及流程、材料参数等，掌握一批有自主知识产权的关键技术，形成分类的MEMS制造能力。开展微复合加工、纳米加工、微纳生物制造等前沿微纳加工技术研究，提升微纳制造创新与持续发展能力。

2. 微纳封装与测试技术

研究气密封装、真空封装等工艺技术，建立封装工艺规范，解决可靠性、成品率及重复性等微纳封装产业化关键技术；研究高密度封装、低温封装、低应力封装、硅与非硅材料混合封装、纳米操纵与互联等前沿微纳封装技术。

研究微纳结构中几何参量、动态特性、力学参数与工艺过程特征参数等测试与表征方法及关键技术，微纳制造过程检测方法与装备，微结构、微型器件和微纳系统的可靠性测量与评价技术。

3. 微纳制造装备技术

微纳制造装备是制造微纳结构与系统的重要手段，实现对微纳结构与器件的加工、操作、封装以及测试等。针对微纳器件与系统研发与产业化的需求，重点研究微纳加工，微纳操作、封装与装配，微纳测试等微纳制造过程的装备技术，实现示范与工程应用。

4. 微纳器件

面向石油、汽车、流程工业以及消费电子和国防等领域，重点研发特种微型压力传感器、微型惯性测量器件、微型麦克风等典型微纳器件，达到实用化和产业化。根据MEMS发展趋势和应用需求，开展集成化、多功能、阵列式等新型传感器的研究。

5. 微纳系统集成技术

针对医疗与健康、环境与安全等领域，研究基于MEMS的人体腔道诊疗系统、微型生化检测与分析仪器、环境检测微系统等。

### （三）重要进展

1. 形成了我国微纳制造技术研发体系，建立了多个具有特色的分类制造平台，掌握了一批具有自主知识产权的微纳系统设计与制造核心技术，大大提升了我国微纳制造技术的研发能力、创新能力、核心竞争力和国际影响力。

2. 围绕汽车与能源、医疗与健康、环境与安全等重要行业的需要，研发出多种典型（关键）微纳器件与系统，实现了工程示范应用与产业化。取得了由“十五”前的“能看不能动、能动不能用、能用不能产”到目前的“能看、能动、能用、能（小）产”的重要突破。

3. 在微纳跨尺度设计、微纳集成化加工、微纳复合加工、微纳跨尺度加工、纳米加工、生物相容加工等前沿微纳制造技术以及微能源、植入式诊疗微系统、高性能纳米器件与系统、原子钟、纳机电器件与系统等前沿微纳器件方面取得重要进展。

4. 培养了一批微纳制造技术领域的高层次领军人才，形成了几十个微纳设计、加工、封装、测试、装备、器件与系统研发创新团队与基地，培育出重庆金山科技集团公司、苏大维格等规模较大和实力较强的产业化基地，孵化出一批产学研结合的创新创业型企业。

5. 取得了一大批具有自主知识产权的创新成果，获得多项授权和受理发明专利，获国家科技进步／技术发明奖励6项。

## 第二节　微纳设计与加工技术

### 一、背景与历程

#### （一）研发背景

随着微纳制造基础科学问题的研究不断深化，涉及的尺度从宏观向介观、微观、纳观扩展，参数由常规向超常或极端发展，以及从宏观和微观两个方向向微米和纳米尺度领域过渡及相互耦合，结构维度由2D向3D发展，制造对象与过程涉及纳/微/宏跨尺度，尺度与界面/表面效应占主导作用。微纳制造涉及光、机、电、磁、生物等多学科交叉，需要对多介质场、多场耦合进行综合研究。由于微纳器件与系统具有原理、功能、性能与材料的多样性以及向批量化、集成化、高性能和更小尺度方向发展，带来微纳设计与加工的复杂性，因此，微纳设计与技工技术是微纳制造技术的基础与核心问题。

根据微纳制造技术的国际发展趋势和我国的实际情况，确定了“十五”、“十一五”863计划在微纳设计与加工方面的总体思路（目标）和主要任务：

① 面向微纳设计与工具技术重点开展MEMS、NEMS设计方法和微/纳尺度中的物理建模、不同尺度模型耦合和高效计算问题以及设计工具集成技术研究，形成具有自主知识产权的微纳设计方法和仿真库和设计工具，提高我国微纳设计能力和设计水平。

② 面向微纳加工技术重点开展硅基MEMS加工、非硅微加工等微加工技术研究，提高MEMS加工的重复性、均匀性及MEMS器件可靠性，提供工艺设计规则、标准工艺及流程、材料参数等，掌握一批有自主知识产权的关键技术，形成分类的MEMS制造能力。开展微复合加工、纳米加工、微纳生物制造等前沿微纳加工技术研究，提升微纳制造创新与持续发展能力。

### （二）研发历程

1．微纳设计与工具技术

2002年，MEMS重大专项总体组设立了覆盖MEMS设计研究的四个方面的A类课题，“ MEMS设计方法”、“MEMS器件建模、模拟与仿真库”、“MEMS加工建模、模拟与仿真库”和“ MEMS封装建模、模拟与仿真库”等。

2003年，设立了“MEMS加工与封装建模、模拟与IP库”B类课题，研究MEMS工艺的仿真，与工艺相联系，并开发出自主知识产权的IP库。项目集中国内10个优势单位，发挥各自特长，联合攻关。

2004年，设立了国际合作项目，为加快我国整体MEMS设计能力和设计水平，高起点开展我国MEMS设计研究，国际合作是一条捷径。根据国内对国际商用MEMS软件调查与使用情况，2004年3月，科技部高技术中心与美国Coventor公司签订了技术合作协议。

2005年，根据前期MEMS设计研究的进展，滚动支持了2项课题，其中一项是将比较成熟的IP库集成到INTELLISENSE软件；另一项是开展软件工具集成及接口技术研究（将商用软件ANSYS、L-EDIT、ANSYS集成到一个系统），同时将比较成熟的IP库集成到整体框架中。提高国内软件的系统集成能力，并为下一步开发设计工具奠定了基础。

“十一五”期间，根据纳米制造技术、微纳生物技术的发展趋势，2006—2007年，863计划先进制造技术领域极端制造技术专题设立了“跨微/纳尺度MEMS设计方法与模型”、“多场耦合与生物兼容性设计技术”等探索导向课题方向。针对MEMS设计工具的研发，2006年设立了“MEMS设计工具的框架与设计流程”探索导向课题，制订设计工具的开发规范，支持自上而下（Top－down）设计和自下而上（Bottom－Up）修正的设计过程，并与IP库集成和MEMS－IC设计综合。2007年设立了目标导向课题“MEMS CAD建模与仿真工具”，以自主知识产权的MEMS设计工具为目标，开发微纳系统级、器件级、工艺级MEMS CAD工具，实现MEMS建模、仿真及可视化。

2．微纳加工技术

根据“十五”863计划MEMS重大专项的总体目标，2002—2005年，重点支持MEMS加工平台（硅加工、气密封装、集成化）和非硅与新型三维加工技术2个研究方向。选择中科院上海微系统与信息技术研究所、北京大学等5个优势单位建立5个MEMS加工平台，支持了聚合物芯片热压键合技术、UV-LIGA技术、微塑性成形技术以及机械微细加工等非硅与三维加工技术，是对主流硅基三维加工的补充。

（1）中科院上海微系统与信息技术研究所完成体硅加工、键合技术、气密封装技术、加速度计研究与开发。

（2）北京大学完成表面加工、加速度计研究与开发。

（3）中电科技集团第十三研究所完成体硅融片工艺、键合技术、封装技术、加速度计研究与开发。

（4）中电科技集团第二十四研究所完成MEMS与电路集成的加工技术、封装技术研究与开发。

（5）中电科技集团第五十五研究所完成低应力多层薄膜加工、封装技术研究与开发。

“十一五”期间，结合典型微纳器件与系统的产业化开发，进一步带动微纳加工技术的发展，根据集成化、批量化、高性能以及纳米制造技术、微纳生物技术的发展趋势，2006—2008年，设立了一批前沿探索导向课题，鼓励原始创新性研究，获得自主知识产权，引领微纳制造技术的发展。包括：

①自上而下（Top－Down）与自下而上（Bottom－Up）及其相结合的纳米加工与MEMS结合的微纳米融合制造技术。

②非硅微纳加工、多种材料兼容性加工技术、复杂三维微纳结构加工

技术。

③微纳器件与IC的单片集成加工技术、多芯片集成加工技术、硅与非硅材料混合集成加工技术、典型硅基MEMS制造技术标准等集成化加工与标准化技术。

④基于聚合物等生物兼容性材料的微纳器件与系统加工技术、微流控芯片系统低成本批量加工技术等生物兼容技术。

⑤利用生命体（如细胞或微生物）的生物过程进行微纳器件加工的生物直接加工技术、面向生命体（假体、组织与器官）制造或生命科学研究的生物材料或生命体（细胞等）微操纵技术等微纳生物制造技术。

2007年，设立了目标导向课题“精密微喷部件制造与应用”，针对纺织、印刷、医疗器械等行业对喷墨、过滤、喷丝、喷油等精密微喷部件的需求，开发出喷孔特征尺寸小于200μm的发动机喷油嘴等典型精密微喷部件的高质量、低成本、批量化的工艺和装备，实现了示范应用。

“十五”、“十一五”期间，通过对微纳加工平台的建设和微纳加工前沿技术的研发，大大提高了我国微纳加工技术的水平，为微纳器件与系统的研发、产业化应用以及持续发展奠定了重要的技术基础。

## 二、技术与成果

### （一）微纳设计与工具技术

针对目前商用MEMS设计软件中制造模块的不足问题，重点开展了工艺模型建模、模拟与验证和工艺与封装材料特性数据库等方面的研究，开发出了MEMS表面加工模型模拟与IP库、ICP加工模型模拟与IP库、热键合技术模型模拟与IP库、静电技术模型模拟与IP库、测试结构设计模型模拟与材料特性数据库、真空封装模型模拟与IP库、封装材料特性测试及数据库、多端口组件库等，并将测试结构IP库、ICP加工IP库集成到了INTELLISUITE软件，ICP加工IP库、硅各向异性腐蚀IP库、表面加工IP库、静电键合IP库集成到自行开发的集成设计平台中。

（1）MEMS器件系统级模型：开展了MEMS器件系统级模型的研究，并建立了相应的仿真库，开展了软件工具集成及接口技术研究（将商用软件ANSYS、L-EDIT、SUBER集成到一个系统），提高了软件集成的能力，同时将比较成熟的IP库集成到整体框架中，对开发MEMS设计工具将奠定重要的基础。

（2）跨微纳尺度MEMS 器件设计：研究了跨微纳尺度MEMS 器件建模相关方法和理论，建立了多尺度、多物理场的模拟仿真平台的总体结构；建立了与 CMOS技术全面兼容的并支持自上而下（Top－down）系统设计和自下而上（Bottom－Up）修正的设计过程的MEMS设计工具框架与设计流程；完成了基于IP库的通用的MEMS器件可视化仿真与验证工具的系统集成。

（3）MEMS设计工具架构和集成：提出了可支持任意流程设计的MEMS设计工具架构和集成设计方法，开发了宏建模、版图到系统级等6个数据自动传递接口用于连接任意两个设计层级，实现了MEMS的任意流程设计，分别基于国外通用仿真支撑平台和国产仿真支撑平台开发了相应的MEMS设计工具和设计工具原型系统，在国内多家MEMS研发单位进行了推广应用。

（4）国际合作：通过与美国COVENTOR公司合作，近50个单位拥有先进的MEMS设计工具，大大提高了我国MEMS的设计能力。将MEMS重大专项建立的加工平台的工艺流程集成到商用软件（美国COVENTOR公司），实现了设计与工艺的结合，明显提高了设计效率。

西北工业大学苑伟政教授主持的“微机电系统的泛结构化设计方法与技术”获2011年国家技术发明二等奖。





### （二）微纳加工技术

1．微加工技术

（1）硅基加工技术

“十五”期间，重点在中科院上海微系统与信息技术研究所、北京大学、中电科集团十三所、中电科集团二十四所等单位建立了5个MEMS加工平台，解决了MEMS表面微机械加工技术、体硅微机械加工技术、键合技术、低应力多层薄膜淀积技术、CMOS MEMS加工的主要技术问题，提高了加工工艺的重复性、一致性，工艺流程及规范在网上发布，初步解决了MEMS集成化的关键技术，基本形成了MEMS分类制造平台。“十一五”期间，通过重点项目的实施和MEMS器件的应用和产业化，进一步提升了5个平台的研发能力和水平，对提高我国MEMS的研究与开发水平，促进产业化进程，发挥了重要的作用。建立了5个主要技术平台：

①技术平台1：体硅微机械加工与封装技术及应用。开发了体硅微机械压阻传感器加工组合、硅/玻璃键合体硅微机械电容传感器和执行器加工

组合、SOI基体硅微机械加工组合、单步圆片级气密封装工艺和圆片级三维气密封装工艺组合等具有自主知识产权的硅基MEMS标准加工和封装工艺，并将这些工艺应用于研究和生产。在标准工艺的基础上，研制出压阻式和电容式加速度计，在高深宽比结构干湿两种腐蚀技术方面取得了突破性进展，得到了很好的腐蚀质量、选择比，消除了侧蚀效应，实现了低应力薄膜的控制，并在成套工艺规范中得到应用。解决了低熔点焊料熔融键合问题，使键合温度降为250℃，应用焊料键合、阳极键合和凸点技术，可实现一种新型的MEMS器件圆片级封装。通过对用户提供加工服务，充分验证了平台的加工能力。提出了4种新结构的加速度传感器，在加速度计产品技术方面形成了一系列专利。达到的技术指标为：DRIE深宽比≥25：1、深刻蚀深度≥500 μm、湿法腐蚀深宽比≥100：1、湿法腐蚀深度≥300 μm，片上薄膜残余应力<400MPa，加工出的器件成品率>60%，贴片精度≤±1 μm；贴片成品率>90%，气密封装成品率>80%，气密封装承受-40℃～125℃、100周热循环后变化<±1%（图5-1）。

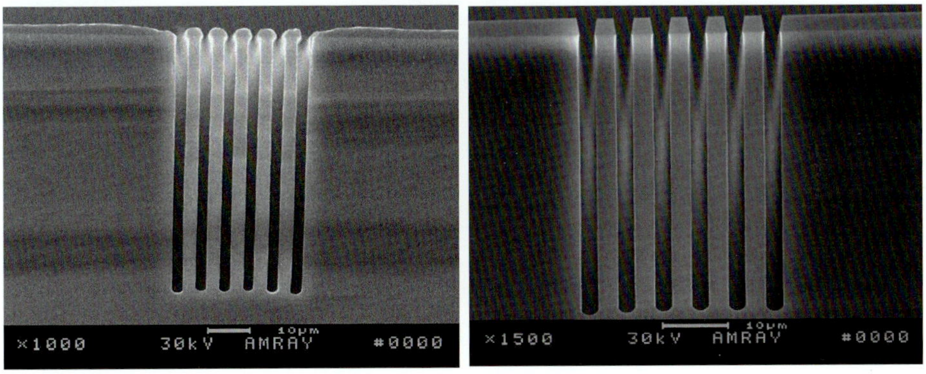


图5-1 ICP-DRIE深刻蚀技术

②技术平台2：硅基 MEMS 标准加工工艺、规范及应用。开发了三层多晶硅表面加工、键合深刻蚀加工、薄膜压阻加工等具有自主知识产权的硅基MEMS标准工艺，并将这些工艺应用于研究和生产；在标准工艺的基础上，研制出谐振式、电容式和压阻式加速度计。完成了压阻式压力传感器标准工艺的工程化技术开发，实现了压力计芯片的批量生产。解决了多晶硅应力控制、牺牲层释放关键技术，在深刻蚀Lag和Footing效应抑制关键工艺技术研究方面取得了突破性的进展。研究开发的标准工艺在MEMS器件研究中的批量应用使实验室具有了MEMS研究Foundry的功能，说明标准

工艺合理、可行、高效。达到的技术指标为：4英寸硅片、3层多晶硅表面加工；提供多晶硅薄膜机械特性（应力、杨氏模量等）参数；薄膜参数误差小于+10%；牺牲层释放成品率大于50%；套准精度小于1μm。加工出的器件成品率>60%（图5-2、图5-3）。

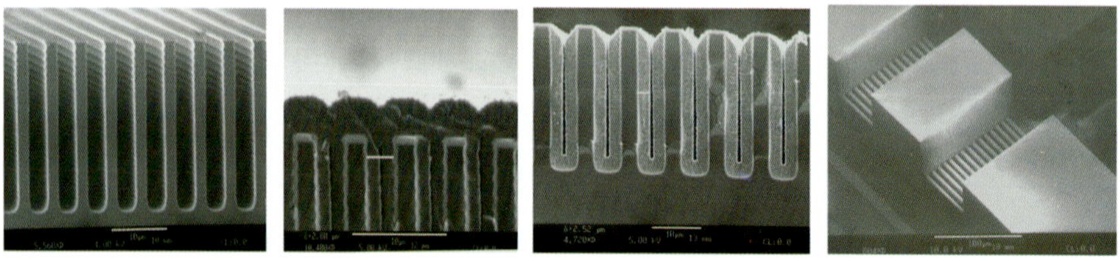

（a）硅深刻蚀　（b）氧化硅/多晶硅填充　（c）填充介质回刻　（d）已完成的绝缘连接结构

图5-2　硅基MEMS标准工艺

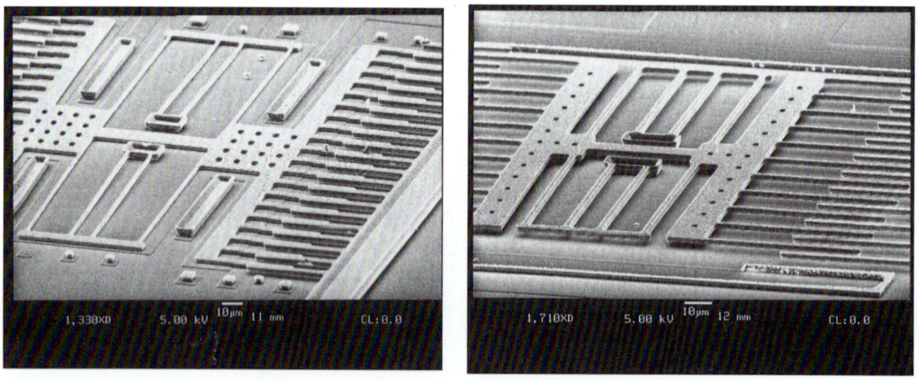


图5-3　衬底黏附的谐振器和升华释放的谐振器

③技术平台3：体硅标准工艺、工艺规范及气密性封装技术及应用。提高了体硅溶片工艺、正面体硅工艺的成品率，缩短了加工周期，并形成了较成熟、稳定的标准化工艺；针对MEMS陶瓷气密性封装，开发了相关的真空封装技术和微波MEMS器件封装技术，并形成了标准工艺；研制出具有自主知识产权的热对流式加速度计和电容式加速度计。解决了浓硼深扩散控制、低应力薄膜淀积、陶瓷真空封装中的镀层结构控制等技术问题；开发出具有自主知识产权的DDSOG全干法工艺，具有工艺误差小，深宽比高、成品率高、应力小等优点。达到的技术指标为：DRIE深宽比≥25：1；湿法腐蚀深宽比≥100：1；深刻蚀深度≥500μm；湿法

腐蚀深度≥300 μm；4英寸硅-硅、硅-玻璃键合规范；片上薄膜残余应力<400MPa，加工出的器件成品率>60%;贴片精度 ≤±1 μm；贴片成品率>90%；气密封装成品率>80%，气密封装承受-40～125℃、100周热循环后变化<±1%。

④技术平台4：低应力多层薄膜加工关键技术。在原金属薄膜制备摸底工艺技术上开展了标准工艺的细化研究。使用双频源PECVD开展了多种介质薄膜制备工艺及应力控制技术的研究。包括$Si_3N_4$、$SiO_2$、SiOxNy、PSG膜的研究。开展了特种介质膜制备工艺的研究。包括$Ta_2O_5$、BST靶材及薄膜制备的研究。开展了薄膜应力成因的理论探索，开展了薄膜应力测试技术的研究，标准工艺及流程的规范化研究。所达到的技术指标：4英寸硅片、多层介质表面加工；提供薄膜机械特性（应力、杨氏模量等）参数；薄膜参数误差小于±10%；牺牲层释放成品率大于50%；套准精度小于1 μm。加工出的器件成品率>60%。

⑤技术平台5：CMOS MEMS加工平台共性技术研究。硅硅键合方面，实现了不带图形的硅-硅键合成品率达到了80%以上；带图形的硅硅键合有效键合面积达到40%以上；减薄抛光技术研究，经过减薄抛光处理获得了一层厚度为15-20 μm（不带图形的硅硅键合后的减薄抛光，可得到（5±0.5 μm），表面达到SEMI（半导体工艺对硅片的位错、层错的要求）标准的硅膜；利用优化的工艺条件，实现了干法刻蚀450 μm的深槽，陡直度达到了85°以上，深宽比达到了25：1；在传感器与IC单片集成化技术研究方面，开展了三维体加工的传感器工艺与平面IC工艺兼容技术研究。获得了先三维体加工后平面IC加工工艺兼容；芯片级表面贴装研究，开展倒扣焊封装实验,利用IC芯片进行芯片级倒扣焊封装，贴片成品率达到90%；针对压力传感器开展了封装实验，封装成品率达到85%。

北京大学的“硅基MEMS技术及应用研究”项目获2006年国家技术发明二等奖。

2. 非硅加工技术

（1）LIGA加工技术。进行了UV-LIGA和DEM技术的标准加工工艺研究，在LIGA、UV-LIGA和DEM技术三个方面对加工工艺参数进行了优化，解决了X-光掩模制备、SU8台阶微结构制备、硅深层刻蚀与电铸工艺相结合等方面的一些关键技术，并开发出多层金属微结构加工工艺。达到的技术指标：UV-LIGA：最小线宽：5 μm，最大厚度：500 μm，深宽比（光刻胶）2∶1，深宽比（金属）15∶1，深宽比（塑料）10∶1；DEM技术：最小线宽：2μm，最大厚度：200μm，深宽比（光刻胶）20∶1，深宽比（金属）15∶1，深宽比（塑料）10∶1。多层复杂三维微结构加工层数达到3层，光刻胶和金属微结构总厚度分别为1.498 mm和1.361 mm。采用准LIGA技术开发出了多层复杂三维微结构加工工艺、可动微结构一体化加工工艺，提高叠层微器件镍或镍合金铸层间结合强度。基础UV-LIGA工艺，开发出MEMS惯性开关、微流体芯片模具、MEMS继电器、MEMS强链多种器件，并得到实际应用。为国内几十家单位提供了大量的加工服务（图5-4）。

图5-4 UV-LIGA加工的SU8光刻胶微结构

（2）机械微加工技术。在基于金刚石切削加工、微塑性成形技术、微冲压成形、微细电解加工、微细电火花/电化学组合加工、基于parylene（聚对二甲苯）加工、激光微熔覆加工、微细电铸何和飞秒激光等机械微纳加工方面取得重要进展，并开展了基于UV -LIGA、微塑性成形、微细电火花、激光微加工及交叉融合的非硅MEMS复合加工技术的研究，提出了交叉融合的非硅MEMS加工技术路线。开发出发动机微喷嘴、微型双齿轮等微纳结构与器件，部分成果实现了示范应用。

①微塑性成形技术。开展了微塑性成形技术研究，设计加工了直槽和V型槽微型模具，直槽和V型槽宽的槽宽分别为20μm到500μm，深为1.5mm，V型角度为70.6°，分别完成了铝合金、锌合金等材料的微塑性成形性能评价实验，建立了材料微塑性成形性能的评价方法和准则。加工出微型齿和轮钟表延时机构等，进行了示范应用（图5-5、图5-6）。

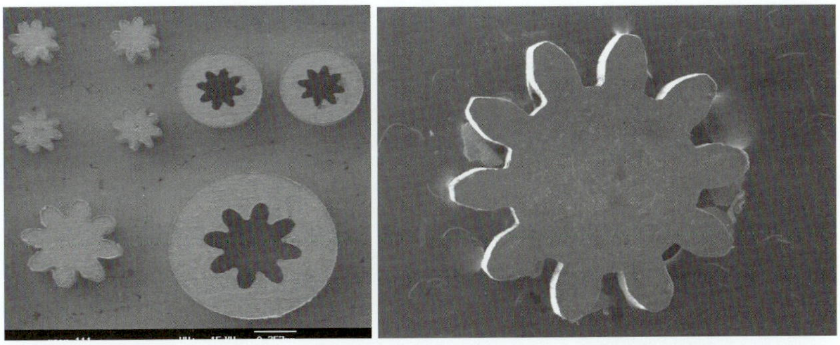

图5-5　微型器件精密微塑性成形：L5纯铝和LF2防锈铝合金

图5-6　微小型引信安保延时机构样机

②微细电火花加工技术。高品质的喷墨、喷丝、喷液和喷雾构件当其喷口尺寸小至数十微米量级且喷口截面为非圆形状时，依靠传统的机械加工方法制作困难。研究开发出的微细冲压加工和微细电火花加工交叉结合的微细阵列型孔复合加工工艺，尺寸较大的过渡型腔采用微细冲压加工，以提高加工效率和加工尺寸的一致性，决定喷射型孔功能的喷口微细尺寸采用微细电火花逐层扫描加工得到，有望成为一种制造微细阵列型孔的有效方法。选择某种喷丝头为试件，设计研制了专用的微小型腔冲压实验装置，从机构设计上支持加工工艺对微小型腔冲压深度的精密要求；改进了微细电火花加工装置，开发出伺服扫描加工方法，以适应阵列微细加工的需求。在此基础上，进行了工艺实验研究，制作出截面形状为三角形、最

小喷口尺寸60 μm量级的喷丝头样件（图5-7）。

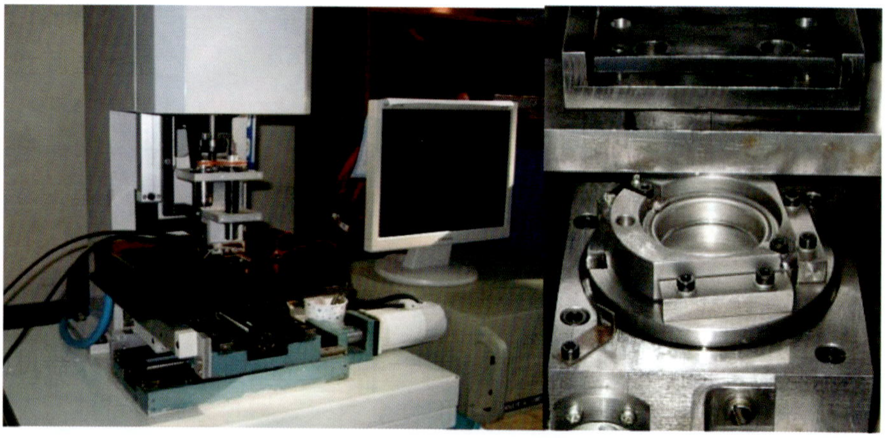

图5-7　用于电火花加工技术的精密冲压装置

③ 超精密切削加工技术。对三维微小结构表面金刚石超精密切削加工的共性技术问题，突破了微小结构加工用金刚石刀具的设计与制造技术、微小结构切削材料去除过程的描述与建模技术、微小结构超精密切削工艺过程优化方法与技术、微小结构表面超精密加工过程质量保证技术及加工工艺优化等多项关键技术，研制出了具有宏微结合双闭环控制系统的微小结构表面切削加工系统，并进行了相关加工工艺实验研究，形成了较为系统的基于金刚石超精密切削的三维微小结构表面加工工艺与装备技术。研究成果已在中国工程物理研究院惯性约束核聚变用微小正弦波表面调制靶模板加工、一汽-大众汽车有限公司新型汽车微结构LED灯具准直光学元件模具的加工中得到应用，为新产品的研发提供了技术支撑。

④基于紫外激光干涉光刻技术。研发出用于金属基亚微米刻蚀的紫外激光干涉光刻技术，直接在金属表面（Ni，Cr等）刻蚀制作了具有亚微米结构的干涉型光变图像精密模具。在国际上首次实现了在Ni表面激光直写刻蚀干涉条纹的工程化结果。发明了多功能干涉光学头，具有100nm结构微纳光斑，光路系统零光程差，超短相干长度紫外光干涉，实现了普通工业环境下，大幅面亚微米结构图形的快速制造。在数字化干涉光刻和激光直写设备与技术取得重要突破，包括平铺频闪曝光技术实现速率达4800mm$^2$/min的快速曝光，基于空间光调制器的激光直写技术实现了复杂微纳结构制造，模版化数据压缩算法和脉冲激光同步技术使得智能化图形的实现成为可能。

### 3. 微纳复合加工

微纳复合加工是实现把不同尺度的结构、器件和系统加工集成于一体的加工技术。随着微加工技术的不断完善和纳米加工技术与纳米材料科学与技术的发展，出现了纳米加工与微加工结合的“自上而下”的微纳复合加工和纳米材料与微加工结合的微纳的复合加工，并成为实现高性能、多功能、高集成度新型微纳器件和系统不可缺少的关键技术。上海微系统所深入开展了自上而下方法批量制造硅纳米线技术,并结合表面生物修饰方法发展了微纳融合的硅纳米线生物传感技术，实现了对DNA、HBsAg等生物分子的高灵敏度检测，在传统半导体加工工艺基础上，发明了一种基于各向异性湿法腐蚀技术的自上而下硅纳米线制造技术，通过利用Si（111）面的自停止腐蚀和硅纳米线的自限制氧化特性，成功实现了硅纳米线宽度纳米级尺寸控制，制造出的硅纳米线宽度均匀，最小宽度可以达到20nm。由于该技术完全采用现有半导体工艺，工艺简单，可控性好，特别适合批量制造的需要。研究了表面硅烷化和单分子膜层自组装技术，通过硅纳米线表面单链DNA探针修饰，实现了对1 fM DNA分子和单碱基错配DNA的响应。相关论文2011年发表在Nano Letters上，为未来高灵敏度阵列、批量检测的集成生物传感器应用迈出了坚实的一步（图5-8、图5-9）。

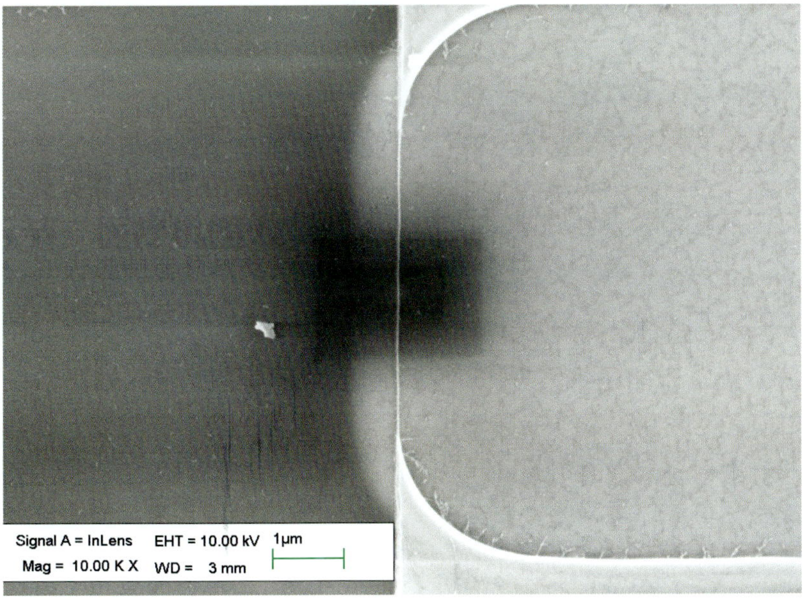


图5-8 基于自上而下工艺制造的宽度小于20nm的硅纳米线

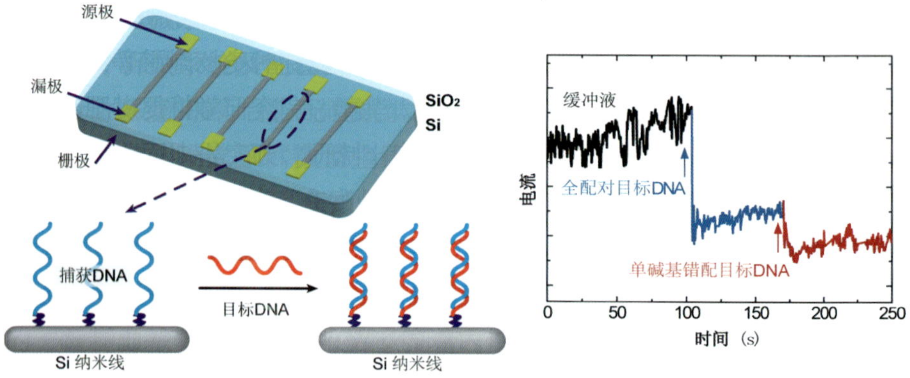


图5-9　采用自上而下的硅纳米线生物传感器可以实现对DNA单碱基错配的检测

4．纳米加工技术

（1）纳米压印技术

研究开发了用于压印工艺的光固化刻蚀胶。固化速度快，与硅片底材附着力好。试验确定了最佳压印参数为压印力30N/cm$^2$时，可以保持较小的留膜厚度，接近或小于100nm。同时可以获得好的压印图形质量以及较小的脱模力。试验获得最佳固化条件，即光源固化照射距压印模板5cm，照射时间为30s时可以获得压印效率与固化程度较好的平衡。加工出硅基、聚合物的微结构与器件（图5-10）。

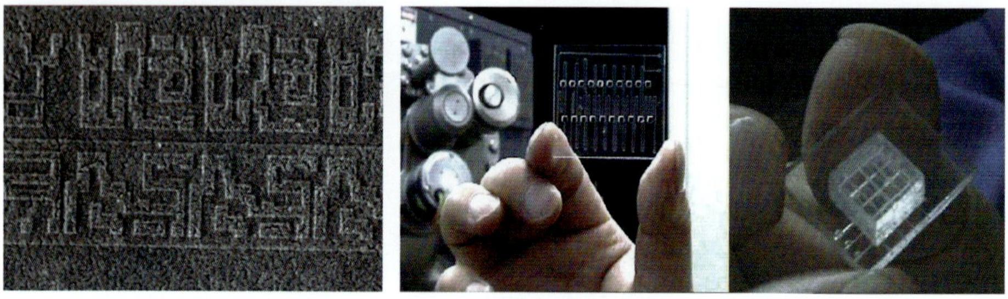

（a）压印制作完成的硅基底板　　（b）PCR多聚酶链反应芯片及三维流体网络芯片

图5-10　纳米压印加工出的微结构与器件

（2）纳米操作与互联技术

研究了CNT在微电极上的可靠装配、基于AFM的纳米焊接、CNT- FET的电特性测试系统与测试方法、基于PMMA的CNT FET封装等关键技术，取得了良好的实验结果；研究了碳纳米管稳定单分散技术和选择性排布技术，发展了CD-DPN（动态纳米蘸笔印刷）技术，实现了焊接位置的准确定位和对焊点尺寸的精确控制。

5．微纳生物兼容与生物制造技术

（1）微纳生物兼容加工技术

大连理工大学、中科院上海微系统与信息研究所等单位重点研究基于聚合物等生物兼容性材料的微纳器件与系统加工技术、微流控芯片系统低成本批量加工技术等，研究开发了氧化还原引发表面原位聚合法加工有机玻璃微流控芯片技术、有机玻璃微流控芯片的高效键合技术和多种模具，研制出纤维有机玻璃微流控芯片。

（2）微纳生物制造技术

重点研究利用生命体（如细胞或微生物）的生物过程进行微纳器件加工的生物直接加工技术、面向生命科学研究的生物材料或生命体（细胞等）微操纵技术和基于微纳喷印的生物组织器官制造技术。开发出通量化生物试剂分配系统样机；研究了聚合物N-异丙基丙烯酰胺（PNI）表面可控制修饰技术，使得细胞能够在修饰后的PNI上正常生长；完成了对硅藻的培养、提取和灭活，测试了硅藻的缓湿性能。利用单、双喷头细胞直接受控组装技术，对细胞组装用的基质材料进行了大规模的筛选，对细胞组装后的三维结构的稳定性进行了相应的研究，对肝细胞、心肌细胞、软骨细胞、脂肪干细胞等多种细胞的受控组装进行了有益的探索。

## 第三节　微纳封装与测试技术

### 一、背景与历程

#### （一）研发背景

微纳封装与测试技术是微纳制造技术的重要组成部分。微纳系统的封装就是将微型器件或系统放入并固定在壳体或盒体内，且与壳体或盒体进行引线连接，壳体或盒体对微纳系统起到保护作用，形成与外部具有输入/输出接口的功能单元或模块。微纳系统的封装继承了微电子封装的一些特性，但微纳系统封装带来了更多新的封装特点，微纳系统除了具有微电子产品的电性能指标外还具有可动微结构的机械性能指标，因此对于微纳系统，封装技术显得尤为重要，一方面封装可使微纳系统避免受到灰尘、潮气等对可动结构的影响，另外通过真空（或气密）封装还可改变微纳系统内部阻尼情况提高产品的性能。微纳测试技术是微纳设计、仿真、制造及产品质量控制和性能评价的关键环节之一，它不但为加工过程提供了定性或定量评判，是提高加工质量、重复性和加工水平的基础保证，也为封装过程提供了有效的监测手段，是发现封装问题、保障产品质量和提高封装水平的基础，也是微纳结构、器件和系统性能评判的基础。

利用微纳技术制造的基于新原理、新功能的微型化器件和系统已经成为21世纪崭新的技术领域，并逐步向大批量产业化方向发展。大多数微纳器件或系统具有可动结构，并且需要与外界物质相互作用并使之产生运动，因此，相对于微电子器件来说，微纳器件对封装和测试的要求更高。当今微电子器件采用的低成本封装不能满足大多数微纳器件的需求。种类繁多、需求各异的微纳器件为现有封装技术提出了极大的挑战，使封装难度和封装成本大大增加。目前电子器件的封装成本仅占总成本的4%～5%，而微纳封装的成本比内部器件本身要高出许多。封装成本占总成本的50%～80%。圆片级封装、真空封装、集成封装、高密度与三维等封装技术和纳结构测试、微纳器件在线测试是国外在微纳系统封装与测试领域研究热点。我国微纳系统的封装与测试相对滞后，成为制约微纳器件实用化的瓶颈。

针对微纳封装与测试技术的国际发展趋势和我国的实际需求，开展微纳封装与测试技术研发，对提高微纳器件与系统的性能、降低成本，加快我国微纳器件与系统的研发与产业化具有非常重要的意义。重点开展：

①微纳封装技术研究气密封装、真空封装等工艺技术，建立封装工艺规范，解决可靠性、成品率及重复性等微纳封装产业化关键技术；研究微纳操作与装配技术；研究高密度封装、低温封装、低应力封装、硅与非硅材料混合封装、纳米操纵与互联等前沿微纳封装技术。

②微纳测试技术研究微纳结构中几何参量、动态特性、力学参数与工艺过程特征参数等测试与表征方法及关键技术，微纳制造过程检测技术，微结构、微型器件和微纳系统的可靠性测量与评价技术。

### （二）研发历程

1．微纳封装技术

“十五”期间，针对MEMS重大专项的总体目标，围绕MEMS的产业化，结合MEMS加工平台的建设和典型MEMS器件的研发，2002年立项的“气密MEMS封装工艺及规范”、“体硅微机械加工与封装技术及应用”、“体硅标准工艺及气密性封装技术及应用”等3个B类课题，重点研发气密封装技术，开展了阳极键合、共晶键合等MEMS圆片级气密封装工艺研究，掌握了基于局部加热键合的气密封装技术，制订了3套气密封装工艺规范，并在网站上发布，为国内用户提供了封装服务。针对聚合物封装（微流控芯片）、三维封装和真空封装的发展趋势，设立了“塑料生物芯片的激光焊接和封装技术”、“倒装芯片技术在微机电系统封装中的应用”和“低成本、高性能真空熔焊封装关键技术与装备的研究”等3个A类课题，开展了真空封装、园片级封装、倒装, 塑料芯片激光局部加热等新型MEMS封装关键技术的研究，取得重要进展。

“十一五”期间，设立了“微纳封装与组装技术”探索导向课题，重点开展圆片级封装、真空封装、三维封装、高密度集成封装等先进封装技术和微纳米尺度操作与装配技术等微纳封装前沿技术研究。针对医疗、能源、消费等领域对高性能低成本MEMS器件的需求，2008年设立了多项“MEMS器件高性能低成本封装技术及应用”目标导向课题，重点研究MEMS器件的低应力贴片或圆片级键合、高可靠性的引线互联、高精度对准、可动结构保护、工艺在线监控等高性能低成本封装关键技术及关键专用设备，形成了MEMS器件高性能低成本封装工艺流程，并在MEMS器件的批量生产中得到实际应用。在“十五”“研究的基础上，通过设立典型微纳器件产业化开发重点项目进一步推动了封装技术，提高了封装的成品率、一致性、稳定性和可靠性。为微纳器件的研发和产业化提供了重要的技术支撑。

2. 微纳测试技术

“十五期间，为提高MEMS加工的质量，重点研究MEMS制造过程监控与器件性能的测试问题，2002年设立了“基于计算机视觉和显微干涉技术的MEMS动态测试”、“MEMS动态测试技术及设备”、“MEMS动态特性频闪干涉视觉三维测量技术及系统”和“纳米精度激光激振测振仪”等4个A类课题，重点研究了MEMS结构与器件动态特性测试技术。针对MEMS加工平台制造能力的评价问题，2004年设立了“MEMS加工平台和器件的评价与测试系统研究”B类课题，针对国内几个重要的MEMS加工平台研发的关键加工技术和若干典型MEMS器件，提出了评价与测试方法，开发出5

种关键测试设备，并进行了示范应用。

“十一五”期间，通过“面向安全监测与跟踪的网络化微系统”等重点项目的研发进一步带动了测试技术，其中“危化品监测MEMS传感器测试平台及可靠性评估技术”重点课题，分类提出了危化品监测用MEMS化学和物理传感器的测试方法和评价标准，建立了盐雾、湿热、高低温、振动、冲击、跌落、翻转、危险品气体成分和浓度等环境试验条件及相应的测试方法与系统，提出了危化品监测MEMS传感器的可靠性增长措施、寿命评估方法、故障诊断及维修性方法，为突破传感器产业化关键技术提供技术支撑。通过设立“微纳器件测试与可靠性技术”专题探索导向课题方向，重点开展了微纳结构与器件的几何量、物理量、性能以及制造过程中的测试方法与技术和基于失效机理分析、环境试验、寿命模型及实验验证的微纳器件可靠性评估方法与技术等研究，取得重要进展，并得到示范应用。

## 二、技术与成果

### （一）MEMS封装与组装技术

1. 技术平台：气密MEMS封装工艺及规范

“十五”期间，重点开展了阳极键合、共晶键合等MEMS圆片级气密封装工艺研究，对典型的MEMS芯片进行了外壳设计、工艺设计及封装，对封装工艺的可靠性、成品率及重复性进行了测试和分析，并研究了老化、热循环及振动/冲击对MEMS气密封装的影响，开发出元件级MEMS气密封装工艺，提高了气密封装的可靠性和成品率。快速可靠性评估及加速试验；材料热粘弹性粘塑性与封装性能（零点温度漂移，滞回等）。制订了3套气密封装工艺规范，并在网站上发布，为国内用户提供了重要的封装服务。

研究了MEMS封装工艺力学分析方法和有限元优化设计方法，应用该方法模拟分析了惯性器件中的温漂、时漂、滞回等问题；对封装材料的力学、热学和热机性能进行初步研究的基础上，研制了冲击试验机、六轴疲劳测试仪、3D Morie、纳米翘曲测试仪等测试分析仪器；研制了一台多功能真空封装机（真空度达到$4 \times 10^{-4}$ Pa）。达到的技术指标：贴片精度为$\pm 1\mu m$，贴片成品率> 97.6%，气密封装成品率：大金属外壳为81.8%；TO－CAN金属外壳为100%，陶瓷外壳为：气密性成品率为83%，气密封装承受-40～125℃，100周热循环后变化< ±1%。

2. 微纳真空封装技术

在气密封装的基础上，采用在硅盖板上生长真空保持薄膜等创新技术，在真空状态下，实现了真空封装，真空保持薄膜使硅墙体内长期保持真空状态，目前用于MEMS陀螺仪圆片级真空封装，上层是带通孔的硅盖板，中间层是MEMS器件结构层，下层是硅支撑层，生产的陀螺仪的Q值（品质因数）达到了5万以上。开发了集封装盖帽、压力膜和谐振器于同一硅片的谐振式压力传感器的圆片级真空整体封装技术，解决了均匀一致的低应力SiN厚膜制备工艺、含SiN膜的硅-玻璃真空键合工艺、传感器引线互联工艺等关键技术，键合真空度小于10Pa，剪切强度大于10MPa。

3. 圆片键合技术

圆片—圆片键合技术是将多层圆片粘接在一起，是圆片级封装的基础，重点开发了硅硅键合技术、硅玻璃键合技术、金硅键合技术、金金热压键合技术、CuSn共晶键合技术。目前圆片的直径已经从4英寸扩展到6英寸，漏率指标达到了国军标要求。

4. 微纳前沿封装技术

“十一五”期间，重点开展低温、三维、非硅等先进封装技术研发。设计了圆片级低温气密封装结构，提出了一种基于通孔垂直互连技术的新颖的圆片级芯片尺寸封装结构，采用干法与湿法腐蚀组合技术完成了高密度TSV制作。开发出基于感应局部加热的封装技术，已成功应用于大功率LED封装。开发出激光凸点重熔工艺和重熔互连键合技术，采用激光做热源实现了高速微钎料凸点制作，解决了导电颗粒植焊工艺、导电颗粒转印等MEMS器件倒装互连的弹性凸点关键技术，开发出MEMS芯片弹性凸点热压系统。制作出LTCC（低温共烧陶瓷）基板内嵌微管道的单层基板，并掌握了其相关工艺技术。

### （二）微纳测试技术

重点研究了MEMS加工平台能力评价标准与评估方法、典型微结构加工过程不同阶段结构形貌与基本性能的测试及工艺监测方法、典型MEMS器件的性能测试与评价方法，在中北大学、中电集团49所、大工理工大学等单位建立了典型物理量MEMS传感器与气体MEMS传感器性能测试与环境测试平台，开展了纳米结构性能测试和高宽深度比微纳结构测量等前沿研究，取得重要进展。

初步建立了MEMS测试研究体系，为提高典型MEMS器件批生产成品率提供了重要保障，为我国MEMS研究水平的提高和的产业化的发展奠定了重要基础。

1．微纳结构表面形貌和离面运动测试

（1）微纳结构的多尺度光学测试技术。针对微纳结构多尺度的特点，研究了微结构的多尺度（长工作距离、大测量范围、高空间测量分辨力等）的光学测试技术，方面的主要技术突破：①提出了一种干涉光程分布的补偿方法，突破了传统Linnik干涉要求在测量和参考光路使用完全相同物镜的苛刻限制条件，发展了一种透过透明介质的显微干涉表面形貌测量技术，在获得数十毫米长工作距离的同时，透明封装介质的厚度最大可达到5mm，为MEMS在线测试的实现提供了一个很好的技术手段；②提出了一种基于小波变换的白光扫描干涉包络峰位置提取方法，大大减少扫描的点数，显著提高了测量速度；③提出了一种白光相移干涉测量方法，使得白光扫描干涉的测量的精度提高到亚纳米量级；④提出了一种基于傅立叶变换的显微干涉图像位相提取技术，实现了从单幅干涉图像中获取MEMS表面形貌信息，并将该方法用于MEMS离面运动测量，显著地提高了测量效率；⑤提出了一种干涉位相图序列的时间轴和空间轴双向相位展开的方法，解决了微结构离面运动测试中运动测量参考坐标系因为测量视场内无静止参考点而无法建立的难题，离面运动测量的重复性达到0.3nm；⑥提出了一种基于显微干涉图像解析的微结构三维运动测试方法，有效地解决了平面运动与离面运动耦合的测试难题，真正实现了MEMS器件三维运动特性（平面和离面）的同时测量；⑦提出一种白光倾斜扫描测量方法和一种微结构表面形貌的三维拼接方法，实现了大范围（数十毫米）的MEMS表面形貌的高效率和高精度的测量。

（2）高深宽比微纳结构内部形貌测量技术。提出将红外白光干涉测试原理用于高深宽比半导体微纳结构内部形貌的透射测量方法，实现了微纳器件高深宽比结构侧壁和内部形貌的无损测试，将白光干涉测量技术由可见光范围扩展到红外光范围，拓宽了白光干涉测试技术的应用领域。突破了基于红外光干涉条纹的微纳结构三维形貌重构、图像解算与补偿、基于硬件光路补偿的微结构几何量测量精度优化等关键技术，实现了更高精度（内部结构测量达到百纳米量级）的测量。

2．微纳动态测试技术

基于计算机视觉和显微干涉技术的MEMS动态测试技术。在微视觉测量技术、显微相移干涉测量技术、频闪成像技术等方面开展了测试方法的研究工作，研制出具有自主知识产权的基于计算机视觉和显微干涉技术的MEMS动态测试系统样机，实现MEMS微结构三维静态几何量参数、周期运动特性和瞬时运动特性的综合测量；在微结构平面运动测试方面的主要技术突破：①提出了一种基于模糊图像的MEMS平面运动快速测量方法，综合了模糊集图像增强技术、分形插值和小波变换的图像边缘检测方法，实现了在连续光下MEMS微结构平面运动幅值的快速测量；②提出了一种相位相关拟合误差补偿方法，将在频闪成像条件下MEMS微结构平面运动位移的测量精度提高到5nm；③提出了一种基于数字图像相关技术的微结构平面全场刚性位移和区域变形同时测量的实现方法，为微结构力学特性的测试奠定了很好的基础；④提出了一种基于图像去噪处理与高斯掩膜质心定位相结合的MEMS平面旋转角度测量方法，旋转角度测量分辨力达到0.01°，并消除了不同光轴方向衍射效应不同的影响。

3．微纳米结构性能测试技术

（1）微纳器件键合强度测试技术。针对微纳器件键合强度的测试问题，研究了基于裂纹传播扩散法的微纳器件键合强度测试方法，建立了基于裂纹传播扩散法的键合强度模型、标定与测试系统等关键技术。

（2）基于拉曼光谱的园片级微结构残余应力测试技术。针对加工平台工艺稳定性不高、器件成品率及可靠性偏低等制约产业化的瓶颈问题，提出基于拉曼光谱的园片级微结构残余应力测试方法，突破了微结构在线动静态应力测试技术，实现了微结构的残余应力测试。

（3）研制出微结构试样制备工艺和微拉伸测试设备，利用UV-LIGA工艺制备出硅/金属结构和金属结构两种微拉伸试样，可以测量大塑性变形的非硅材料，已实现了对Ni和Ni-W等金属薄膜的拉伸测试试验。

4．典型微纳传感器性能测试与环境测试平台

针对典型危化品监测用MEMS化学和物理传感器的产业化开发，研制出相应的评价测试系统，建立了盐雾、湿热、高低温、振动、冲击、跌落、翻转、危险品气体成分和浓度等环境试验平台，分析了危化品监测MEMS传感器失效模式及其危害度，提出了危化品监测MEMS传感器的可靠

性增长措施、寿命评估方法、故障诊断及维修性方法等。测试方法和评价标准。

## 第四节　微纳制造装备

### 一、背景与历程

#### （一）研发背景

微纳制造装备是实现微纳器件与系统制造的重要保证，由于微纳器件的多样性，加工、测试、封装与装配方法各异，目前国际上也缺少相应的标准设备。因此，加强微纳制造设备研发，开展微纳加工、测试、装备与封装等关键设备的研发，为我国微纳技术研发与产业化提供装备技术支撑。

微纳制造技术的一大特点是多尺度集成，包括纳米、微米尺度下的材料、结构和器件的集成。因此，对于微纳制造设备而言，面临的挑战包括：①如何控制三维范围内不同系统的装配，满足各项标准要求的不同功能器件间的信息互联和共享。②如何在保证微纳尺度性能和特征的前提下实现微纳器件的高速大批量生产。③如何保证产品的一致性和可靠性，并且有效检测、修复以及预防材料缺陷和污染。具体而言，微纳制造装备包括微纳加工、操作、封装、测试等过程装备。

（1）微纳加工装备：主要针对微机械加工工艺技术，研发基于金刚石切削加工、微塑性成形、微冲压成形、微细电解、微细电火花/电化学组合加工、激光微熔覆加工、微细电铸何和飞秒激光等机械微纳加工技术的微纳加工设备。

（2）微纳操作装备：主要研究如何对微纳器件和结构进行拉、压、提取、搬运、放置、组装等自动化操作，获得微纳制造所需的功能结构。微纳操作系统主要由微纳操作器、工作台、观测器以及控制器等组成，要求具有高分辨率的观测能力，高精度的定位对准能力，以及沟通微观与宏观的联络能力。根据实际操作对象的性质及特点，可采用机械、电子和光学等操作方式。

（3）微纳封装与装配装备：微纳器件由于其应用的广泛性、特殊性和复杂性,使得它的封装形式与IC封装有着很大的区别，基于不同加工工艺、具有复杂的几何尺寸和不同材料的微纳构件，很难集成在一体，要完成微纳系统的最终制作，尤其是三维微系统制作过程，需要专门的封装与组装设备。涉及的设备包括：零级封装设备、引线键合设备、3D堆叠封装设备、真空封装设备、微组装设备等。目前研究热点包括常温及低温多层键合方法及设备；基于新原理的低温键合设备；集成打孔、填孔、研磨、减薄、抛光等功能的TSV工艺设备；大尺寸超薄圆片夹持与键合设备；微纳器件圆片级封装设备等。

（4）微纳测试新型装备：主要研究在线或离线测量方法，研究大尺寸全场/局部纳米级/亚纳米几何尺寸、翘曲/不平度等量的测量方法和设备，研究简化的测试结构，充分结合机械、电学、光学等多领域测量方式，解决微纳器件制造中和制造后所面临的性能测试的关键技术问题，用于材料选择、工艺评判与优化，可靠性快速评估等。

### （二）研发历程

（1）“十五”期间，针对MEMS重大专项的总体目标，围绕MEMS的产业化，结合MEMS加工平台的建设和典型MEMS器件的研发，重点开展机械（非硅）微加工设备，组装、装配与封装设备，测试装备等MEMS制造装备研发。

①非硅微加工设备。针对MEMS材料与加工方法多样性的特点，非硅加工成为MEMS加工技术的重要方面，结合设立的非硅加工技术课题的研究，研发出电化学三维加工设备、精密微塑性成形设备、基于微探针的MEMS三维加工设备和微细电火花加工设备等非硅加工设备。

②MEMS组装、装配与封装设备。针对特种压力传感器、微小型器件、微流控芯片等典型MEMS器件组装、装配与封装的需求，2002年立项的“MEMS装配关键技术与设备”、“微流控芯片通道成形与自动对准装配系统”和“激光陀螺自动调腔纳米操作机器人研究”等3个B类课题，2003年立项“面向MEMS加工的精密定位技术的研究”、“利用纳米夹具实现微纳米器件的机器人化装配” 等2个A类前沿课题，根据MEMS批量化制造的需要，2005年设立滚动课题“MEMS批量组装关键技术及实用化设备研究”。

③MEMS测试设备。结合2002年、2003年立项的“基于计算机视觉和显微干涉技术的MEMS动态测试技术”、“MEMS动态特性频闪干涉视觉三维测量技术及系统”、“MEMS动态测试技术及设备”、“纳米精度激光激振测振仪”等A类课题，研发出多种MEMS器件测试设备，2005年设立了“MEMS加工与器件的评价与测试技术研究”B类课题，研发出5种MEMS

测试设备，并进行了示范应用。

（2）“十一五”期间，针对典型微纳器件的研发与产业化，在微纳器件与系统重点项目中设立有关加工、封装、测试设备的课题，进一步带动微纳装备技术，解决微纳制造装备的设计、制造、控制、系统集成、可靠性及应用等关键技术，为微纳器件与系统的研发与产业化提供装备支撑。

①微纳加工设备。针对汽车、纺织、印刷等行业对喷墨、过滤、喷丝、喷油等精密微喷部件的需求，2007年极端（微纳）制造技术专题设立了“精密微喷部件制造与应用”目标导向课题方向，开发出了面向汽车发动机喷油嘴、工业级印刷喷头的精密微喷部件的电火花微细加工装备，实现了工程应用。针对具有微纳结构的平面显示器、光电池等产品批量化、高质量、低成本的制造需求，2008年设立“大幅面微纳米压印关键设备与工艺技术”目标导向课题，开发出基于紫外激光干涉直写等技术的大幅面微纳米结构模板制备设备、具有批量制造能力的卷对卷纳米压印设备结合相关微纳加工技术课题。结合微纳加工技术的课题研究，开发了微切削设备、微磨削设备、电化学微加工设备、激光微加工等一批关键与前沿微纳加工设备。

②微纳组装与封装设备。针对微纳器件与系统的品种多和特异性大的特点及批量化、高质量、低成本制造的要求，2006年、2007年极端（微纳）制造技术专题设立“微纳制造关键设备”探索导向课题和目标导向课题方向，开发出了面向压力传感器、微麦克风、光波导等典型微纳传感器与系统的批量组装、表面键合、引线键合等加工过程的具有一定通用性的关键自动化单元设备或成套设备，实现了示范应用，并开展了高效率、高密度和高质量的先进封装与组装设备、典型微纳尺度器件与构件的微纳操作设备、批量化微小构件的微型制造系统等前沿装备研究。

③微纳测试设备。针对微纳结构与器件的几何量、物理量、性能以及制造过程中测试的需要，2006年、2007年设立的“微纳测试技术”探索导向课题方向，研发出了非硅微结构微拉伸测量设备、多尺度微结构测试设备、高深宽比微纳深沟槽结构测试设备等。

## 二、技术与成果

### （一）微纳加工装备

1．微细孔电火花通用加工机床

喷油嘴是发动机重要的部件，喷油嘴微喷孔的加工决定其流量系数，影响燃油的雾化质量、贯穿度与空间分布，直接影响发动机燃油和排放性能。高性能喷油嘴微细喷孔的先进制造技术与装备的开发，对于国产高端柴油发动机的发展至关重要。清华大学突破了精密机构设计、机电系统控制、高一致性微细尺寸和形状加工、高效率加工工艺等技术关键，研发出国3标准喷油嘴微喷孔的电火花加工专用装备和国4（欧Ⅳ）标准以上的喷油嘴微倒锥喷孔电火花加工装备。适用孔径范围φ0.1～0.2mm，精度±2μm。通过与精密机床制造企业合作，已向油泵油嘴生产骨干企业提供国3标准微细直喷孔电火花加工专用机床7台，又在国内率先推出国4标准以上的微细倒锥喷孔的电火花加工机床并投入生产应用6台。达到生产能力接近100万件/年，实现了示范应用，提升高端喷油嘴产品的国产化水平和提高国内企业的国际竞争力，喷油器产品已用于玉柴等主机配套，并且部分应用于城市公交汽车发动机。微细倒锥喷孔电火花加工机床陆续投入批量应用（图5-11至图5-13）。

图5-11　加工的喷油嘴

图5-12　微细倒锥喷孔电火花加工机床

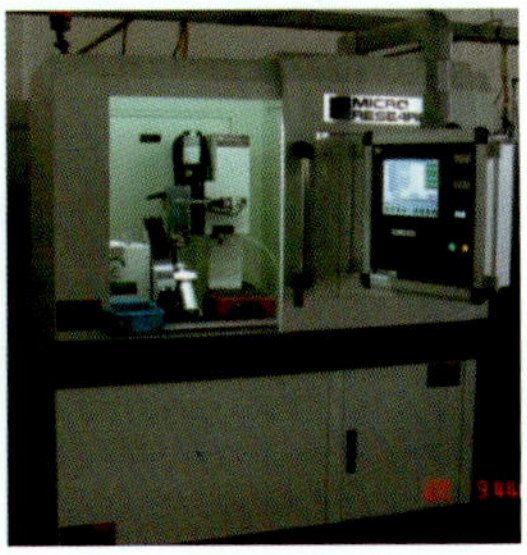

图5-13　微细直喷孔电火花加工装备

2．微流控加工设备

针对聚合物微流控芯片的制造，大连理工大学研制出塑料微流控芯片通道成形与自动对准装配系统（图5-14、图5-15）。研究了芯片成形温度循环控制、基片与盖片的自动对准以及芯片的预联接等关键技术，在改进了UV-LIGA微电铸技术基础上，通过大量的热压键合工艺研究，研制出能够对塑料板材进行可靠热压成形的金属模具，可快速、准确地确定芯片热压成形工艺参数，使制作出的芯片具有较高的重复精度。针对芯片的热压金属模具，开发了“无背板生长法”工艺。可广泛应用于聚合物的热压、注塑等加工。研制的塑料微流控芯片通道成形与自动对准装配系统微热压设备指标：温度控制范围室温～300°C；温度控制精度优于±1℃；压力控制范围0～50 000 N；压力控制精度优于±40N。自动对准系统对准精度优于±2μm；单个标记点的匹配时间小于10s；驱动精密运动台完成对准时间小于15s。塑料微流控芯片沟道之间不一致性< 5%，片与片之间的不一致性< 8%； 微流控芯片技术指标塑料微流控芯片片内不一致性< 5%（深度、宽度差异）；塑料微流控芯片片与片之间不一致性<8%（深度、宽度差异）；用于微通道网络联通的过孔加工精度优于±0.2μm（孔径范围：φ100μm ～3mm）；成品率> 80 %；加工能力2000片/月。基于该方法的热压模具具有侧壁垂直度好，表面光洁度高，使用寿命长等优点，可以小批量生产微流控芯片。

图5-14　塑料微流控芯片自动化生产设备

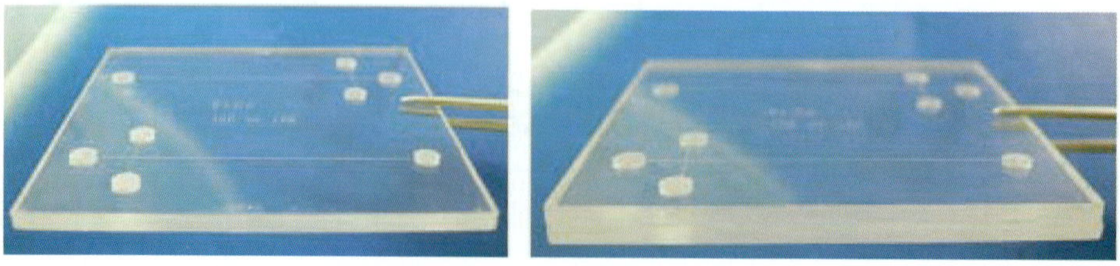

图5-15　加工出的微流控芯片

3. 大幅面光刻与纳米压印设备

苏大维格公司研制出基于基于紫外激光干涉光刻技术的大幅面光刻设备和卷对卷纳米压印设备，实现了压印辊的快速加热与冷却、薄膜张力与变形量伺服控制、检测等技术；发明了双辊补偿压印模式，攻克了卷对卷压印中存在的模具拼缝的问题，实现无接缝压印；研究纳米结构和微米结构同时热熔冷压的新技术，实现了薄膜型菲涅耳镜等微光学器件工业化制造。在国内首次建成规模化“微纳柔性制造生产线”，包括从微纳结构设计、材料特性、重大装备到成果产业化的完整产业链，促进了纳米技术进入低成本工业化应用阶段。在纳米光刻与压印领域，实现了柔性化金属-介质纳米结构的制造机理与流程，建立支持纳米结构制造的紫外激光干涉直写和工艺链（纳米压印等）装置，形成有特色的纳米制造模式。目前，已经在新型视觉安全元件、LED照明与显示、柔性绿色印刷等领域取得产业化成果，将在柔性光电子、3D显示、有机太阳能与发光器件等新兴产业中形成重大价值与可持续的支撑。苏大维格公司“大幅面微纳图形制造技术与产业化应用”获2011年国家科技进步二等奖（图5-16至图5-18）。

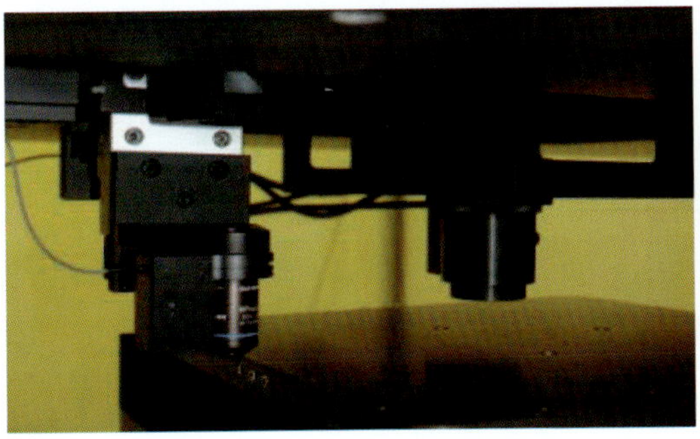

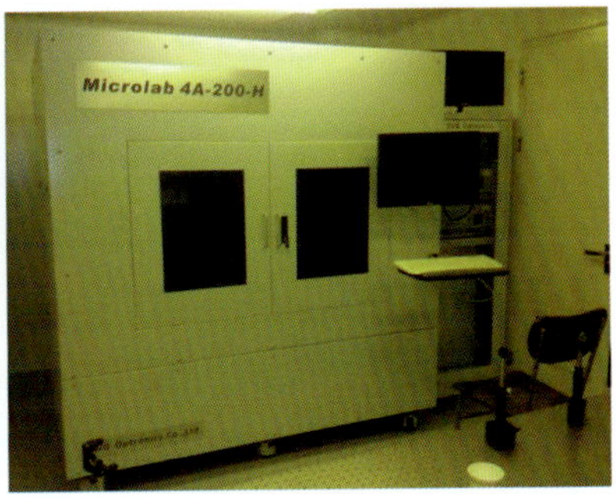


图5-16　大幅面纳米光刻设备

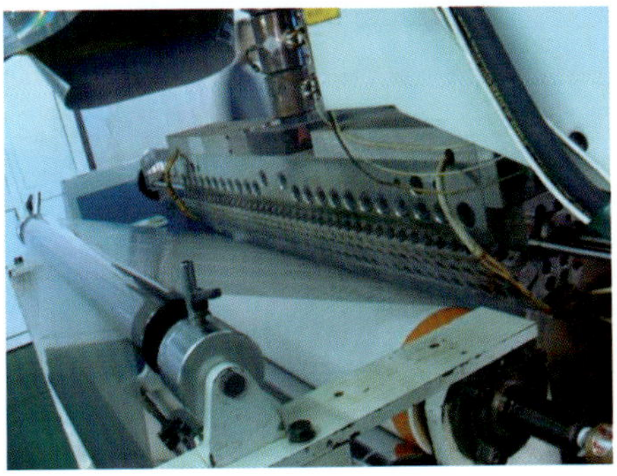

图5-17　大幅面卷对卷纳米压印设备

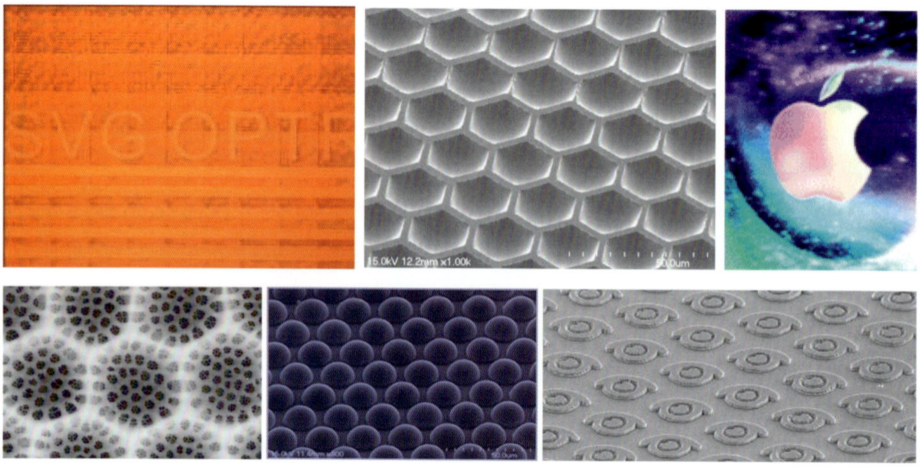

图5-18　典型纳米压印产品

## （二）微纳装配、操作与封装设备

### 1. 微纳装配与操作设备

重点开展了微作业工具、微夹持器、模块化宏微精密定位系统、显微视觉自标定与自聚焦、快速显微图像处理、3-D视觉跟踪、多目标自动识别与高精度视觉伺服控制、微力传感器、双手协调、物流系统、MEMS微装配设备设计与系统集成等MEMS微装配关键技术的研究。建立了基于宏微结合方式的微纳米操作系统体系结构，发明了基于惯性—摩擦原理的三自由度球基微操作器、基于MEMS技术的具有力感知功能的微夹持器和纳米定位平台、基于PVDF材料的3维微力传感器；提出了基于小波变换的显微视觉自动调焦、多尺度显微图像分割方法，实现了对操作对象和操作工具的三维位置信息测量、特定目标自动识别和显微视觉引导控制；建立了微观环境下的粘着作用模型和主动控制方法，实现了微纳米尺度器件的操作。

研制出面向MEMS装配与封装、光纤作业、显微细胞切割与注射、纳米构互连等多种微纳米操作装备，实现了高温压力传感器、微光谱分析仪、微流控芯片、气体传感器和微小行星齿轮的自动化和批量化装配作业，提高了MEMS器件与系统的后端生产效率和质量，并在激光陀螺制造、国家重大工程神光Ⅲ等航天、国防、军工等项目中得到成功的应用，填补了国内空白，为国家重大工程和军工型号研制做出了贡献。哈尔滨工业大学的“纳米级定位与微纳操作技术”2007年获国家技术发明二等奖（图5-19至图5-22）。

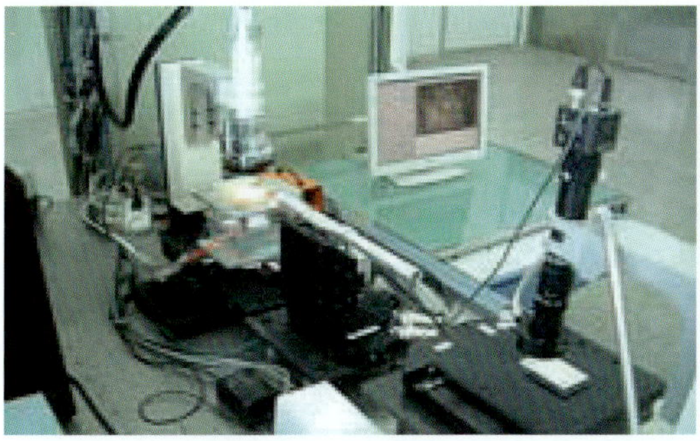

图5-19　微装配系统图

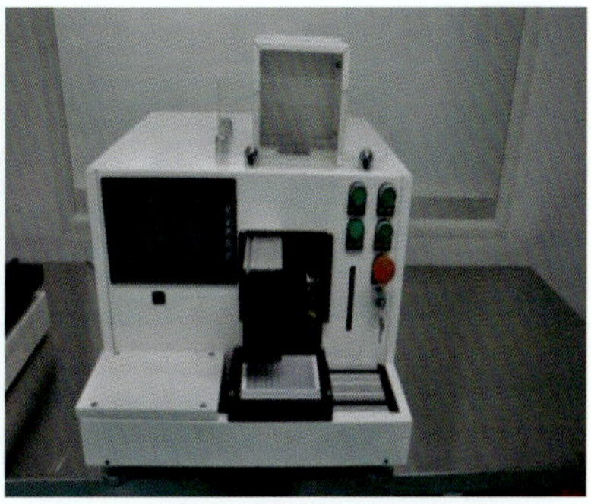

图5-20　生物试剂微操作设备图

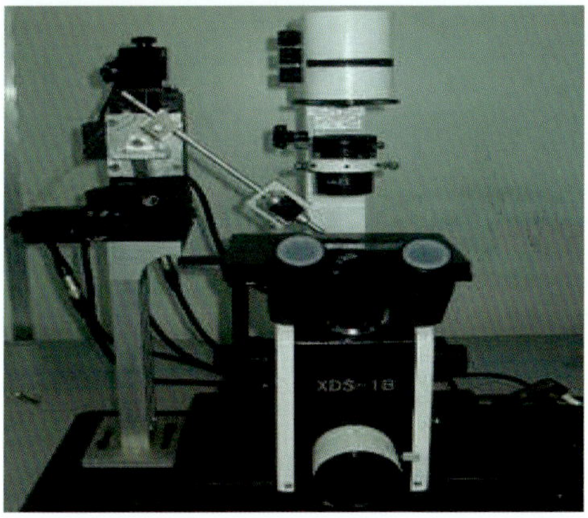


图5-21　细胞注射微操作设备

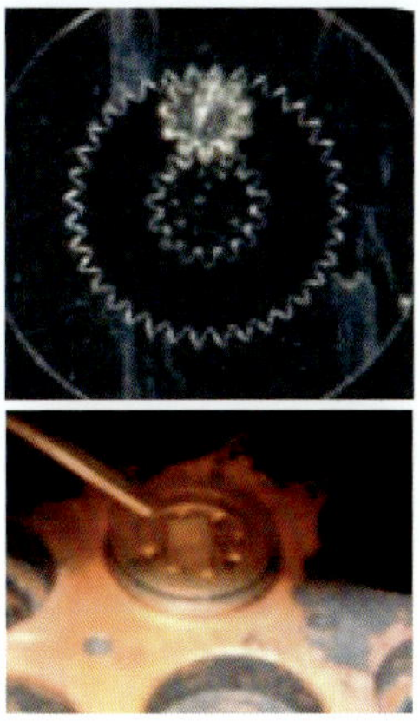

图5-22　压力传感器与微型齿轮装配

2．微纳封装设备

针对微纳器件与系统的品种多和特异性大的特点及批量化、高质量、低成本制造的要求，哈尔滨工业大学、苏州博实机器人公司等单位研发出MEMS柔性点胶设备、自动贴片设备、MEMS阳极键合设备、柔性引线键合设备、立体封装和组装的锡球凸点键合设备等封装设备。在特种压力传感器、微麦克风等研发和生产中得到实际应用。

## （三）微纳测试装备

研制出具有自主知识产权的基于计算机视觉和显微干涉与频闪成像技术的微结构动态特性测试设备、频闪干涉视觉三维测量设备、硅片键合强度测试设备、基于原子力显微镜的微纳力学测试设备和基于拉曼光谱的圆片级微结构应力测试系统等MEMS关键测试设备，并在北京大学、中科院上海微系统所、电子部十三所、东南大学等研究和生产单位得到示范应用。

（1）基于计算机视觉和显微干涉技术的微结构测试设备

针对MEMS微结构三维静态几何量参数、周期运动特性和瞬时运动特性的综合测量问题，基于微视觉测量、显微相移干涉测量、频闪成像等技术，研制出基于计算机视觉和显微干涉技术的MEMS动态测试系统样机。主要技术指标：最高运动测量频率达到1 MHz，平面位移测量分辨力优于5nm，离面位移测量分辨力优于1nm。该设备被推荐在“2005年上海国际工业博览会”和“国家科技创新成就展”（2006年1月，中国科技大会期间）展出。为北京大学、中国电子科技集团公司第十三研究所、中科院上海微系统与信息技术研究所、中科院半导体所等10余家单位提供了相应的测试服务，并在北京大学微电子学研究院和天津大学的MEMS工艺线得到了实际的应用。

（2）具有加载功能的MEMS频闪动态测试设备

针对微纳器件动力学特性测试问题，基于频闪干涉三维测量、器件加载等技术，研制出具有加载功能的频闪干涉视觉三维测量设备，实现了MEMS静态测量、周期性激励测量以及在不同环境条件下MEMS离面运动和面内运动的全三维可视化测量。技术指标：最高测量频率200kHz，离面运动测量精度20～30nm，面内运动测量精度50nm，离面运动最大位移10 μm，面内运动最大位移100 μm，离面运动速度范围0～3m/s，平面内运动速度范围0～10m/s；加载温度大于120℃；最高激振频率大于10kHz。

（3）微纳结构表面形貌测量设备

①微纳器件高深宽比表面测试设备。基于模型的红外反射谱测量原理、红外白光干涉透射测量原理和基于双光纤耦合原理，分别研制出高宽深度比微纳结构测量设备，主要技术指标：被测表面的粗糙度Ra≤0.05 μ m，瓶状深沟槽线宽120nm，沟槽深宽比54：1，相对测量误差于1%，动态测量可重复误差0.5%，对微阵列沟槽等典型微结构的尺寸及轮廓进行了实验验证。

②微结构的多尺度光学测试设备。提出透过透明介质的显微干涉表面形貌测量方法，研制出微结构的多尺度（长工作距离、大测量范围、高空间测量分辨力等）的光学测试设备，实现了大范围（数十毫米）的MEMS表面形貌的高效率和高精度的测量。主要技术指标：工作距离50mm，透明封装介质的厚度5mm，离面运动测量的重复精度0.3nm。

（4）微纳结构应力与力学特性测试设备

①基于拉曼光谱的圆片级微结构应力测试设备。研制出基于拉曼光谱的圆片级微结构应力测试设备，主要技术指标：显微测量中焦点直径为0.5 μm，精确扫描面积75mm × 50mm，连续扫描步长达到0.1 μm，应力分辨率优于20MPa，光谱响应动态范围大于20kHz。

②硅片键合强度测试设备。基于裂纹传播扩散法键合强度测试原理，研制出由微米级定位机构、显微视觉系统、红外测量系统、微作业工具及辅助设备等组成的键合强度测试设备，并在工艺平台上实际应用。

③基于SPM微探针的MEMS微结构测试方法与设备。研制出基于原子力显微镜的用于微机电系统的微纳力学测试设备，研究了微区力学特性和参数提取的算法，实现微力和微位移下的微区力学性能精确分析。主要技术指标：标准测试探针弹性系数0.02N/m–20N/m，微力载荷最小分辨5nN，微位移和挠曲测试分析精度10～20nm，微区面积分辨优于1 $\mu m^2$，探针装配精度小于100 μm。

## 第五节　微纳器件

### 一、背景与历程

#### （一）研发背景

微纳器件在微纳制造技术领域中占有重要的地位，国际上最先产业化的MEMS器件是压力传感器，而且目前已有较大市场的MEMS还是以器件为主，除了最早出现的压力传感器外，又先后有加速度传感器、喷墨头和DMD等器件实现了产业化，微陀螺和RF-MEMS等有可能在近几年实现大规模生产。除了产业化的MEMS器件外，近年来，随着社会需求的增加，出现了各种新的MEMS器件，如国际上在微能源、信息器件、微流体器件和生化传感器等。

从国际微纳制造技术发展历史来看，在应用上最先取得突破的还是器件，创新成果最多的也是器件，而且创新的器件可以产生新的应用和新的系统，比如DMD的出现产生了全新的投影仪，喷墨头的出现产生了全新的打印机。因此，器件研究的突破，有时是从源头上解决问题，并带有全局性和原创性，可能影响一个领域，产生新的应用。另一方面，器件的研究涉及到许多设计和制造等基础问题，因此通过器件的研究，可以牵引设计和制造等基础技术的发展。总体上看，国际上对器件的研究十分重视。

从系统层面来看，系统是由器件构成的，器件是系统的基本细胞，因此，只要器件一断档或器件价格上涨，都会给系统带来重大影响，而且这种影响往往是致命的。特别是目前国际上许多器件对我国禁运加剧，因此，对于我国来说，器件是一种基础性战略物资，有些核心器件必须掌握在自己手里，只有这样才能不受制于人。因此，MEMS器件的研究工作做得好，不仅可以为国民经济建设服务，促进经济发展，而且还可以解决国家的战略需求，产生显著的经济社会效益。

我国MEMS的研究历史较长，经过“八五”启动，“九五”布局，MEMS的水平在逐年提高，至“十五”启动前期有较好的基础，但在应用上还没有取得突破，制约了MEMS向纵深发展。究其原因，一方面是因为投入不足，使得MEMS的研究很难向应用发展，形成体系。另一方面由于没有足够的经费进行应用研究工作，使得研究人员应用问题考虑的较少，应用目标不明确，因此研究针对性不强，成果难以应用。此外，MEMS的关键基础技术，特别是制造基础较差，客观上也给MEMS的研究带来困难，许多好的设想实现起来难度较大。

总体来看，“十五”启动前期，我国MEMS制造能力较薄弱，能应用的MEMS器件也很少，处于“能看不能动，能动不能用，能用不能产”的状态。

针对上述情况，“十五”863计划MEMS重大专项和“十一五”863计划极端制造专题设立了微纳器件专题，通过微纳器件的研发，不仅能够在应用上取得突破，而且还能带动设计和制造技术的发展，使我国微纳技术在应用方面上一个台阶，为国民经济建设和国防建设服务。

### （二）研发历程

（1）“十五”期间，根据MEMS重大专项的总体目标，针对石化、汽车、消费电子等行业的需求，重点开发MEMS压力传感器、加速度传感器、陀螺和微麦克风等小批量、多品种、高品质MEMS器件，实现工程与示范应用，并开展多功能、阵列及集成化传感器、微执行器、微能源装置和微致冷器等前沿MEMS器件。

①典型MEMS传感器实用化开发。2002年设立了“高温微型压力传感

器实用化开发”和“基于MEMS的微麦克风实用化研究”等2个B类课题方向，开发出面向石油化工行业的高温微型压力传感器和面向手机、电脑的微麦克风，2004年进行了滚动支持，并设立了“石油勘探MEMS加速度传感器制造技术实用化研究”和“基于MEMS技术的天然气流量计实用化研究”，实现了在石油化工行业的小批量应用；2003年设立了“面向典型行业的MEMS传感器应用研究”和“面向重要工程的MEMS传感器应用研究”，开发出面向军工行业的MEMS加速度传感器，实现了示范应用；2005年设立了“MEMS陀螺实用化研究”和“面向服务机器人MEMS传感器集成化应用研究”。

②MEMS执行器。针对微流控芯片、生物操作、信息安全方面的需求，2002年、2003年设立了“微泵、微混合器及其典型应用系统的研究”、“微量取样双向电磁驱动微执行器的研究”、“基于MEMS的细胞夹持操作执行器”、“电磁微机械继电器研究与应用”、“微执行器（微阀）”、“薄片式多腔体微型压电泵开发研究”和“一种新的用于信息安全的MEMS强链”等MEMS执行器方面的A类课题，2005年对用于信息安全的MEMS强链实用化课题进行了滚动支持。

③前沿MEMS器件研发。针对MEMS器件的发展趋势，设立了一批具有应用前景的创新MEMS器件课题，研发出自检测压力-温度多功能传感器、MEMS多传感器及阵列传感器、基于薄膜技术的全平面微型传感器等多功能、阵列及集成化传感器，微型质子交换膜燃料电池、振动式MEMS微型发电机等微能源装置以及铁电微型MEMS致冷器、超晶格微型MEMS致冷器等微制冷器，实现了示范应用。推动MEMS器件的可持续发展，为未来产业化的形成打下良好的基础。

（2）在“十五”期间取得的成果基础上，“十一五”期间，重点围绕石油化工、汽车、环境与安全等领域，通过设立目标导向课题和重点项目，进一步研发MEMS产业化关键技术，实现典型MEMS传感器的批量化应用。同时根据微纳制造技术的国际发展趋势，通过设立探索导向课题开展集成化、高性能微纳器件以及微型能源装置、微型原子钟等前沿微纳器件研究。

①MEMS传感器产业化开发。2006年设立了“汽车车载微传感器”目标导向课题和“面向安全监测与跟踪的网络化微系统”重点项目，2008年设立“典型行业高性能传感器”重点项目、2010年设立“典型MEMS传感

器与系统设计制造及应用”重点项目，面向汽车、石化、流程等行业以及危化品运输监测，开发出压力、加速度、流量等典型物理量MEMS传感器与LNG、LPG等典型化学量MEMS传感器，实现批量化应用。

②集成化与高性能微纳器件研发。针对微纳器件集成化、高性能的发展趋势，2007年设立“集成化微纳传感器与系统” 探索导向课题方向，研究“基于微纳制造技术的人体植入式传感器集成系统、网络化微传感器集成系统、传感器与电路集成系统、多传感器集成系统等集成化微纳器件、高性能微纳传感器等集成化与高性能微纳器件，已研发出多种实验样机，进行了示范应用。

③新型微纳器件研发。针对微纳制造技术与生物、纳米、光学等技术的密切交叉的趋势，2006年设立了“新型微纳器件与系统 ”探索导向课题方向，研究于新原理、新结构与新材料的新型微纳器件与系统，2007年设立“微纳执行器件与系统”探索导向课题方向，研究基于新原理、新结构与新材料的新型微纳执行器件与系统。已研发出MEMS水声传感器、原子钟、微能源装置、地磁微传感器和基于智能材料驱动的微泵、微阀等一批创新微纳器件，实现了示范应用。



## 二、技术与成果



1. 石油开采与探测MEMS器件

（1）油田测井用特种MEMS压力传感器

为了提高油井的产油率，需要对井下压力进行监测，但井下不仅温度高，而且还要工作在油水环境中。由于高温油水恶劣环境对于传感器的要求非常高，市场上的这类压力传感器不仅价格高，而且产品也短缺，国家对这类压力传感器有迫切需求。

“十五”期间，西安交通大学维纳仪器有限责任公司研发出2种量程从100kPa～60MPa的基于SOI材料的和新型传感器封装结构的系列化高温压力传感器产品，有效地隔离了高温油水环境对传感器性能的影响，开发了相应的批量化生产与测试工艺；建立了较为完善的生产测试平台。研制的耐瞬时高温冲击高温压力传感器具有耐高温长期工作和较大过温容限的特性,可用于≥200℃环境中，解决了瞬时高温（≥1000℃）冲击问题。另一种硅杯结构耐高温压力传感器，可用于≥200℃环境下的压力测量，体积小、量程低和精度高等特点，解决了井下压力的测量问题，实现了在测井方面的应用。"耐高温压力传感器设计、制造关键技术及系列产品开发"获2006年国家技术发明二等奖（图5-23）。

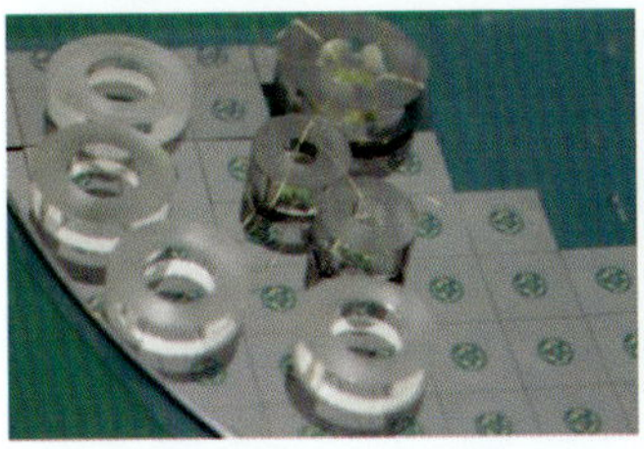
（a）键合后的压力传感器管芯

（b）梁膜结构高温高压传感头

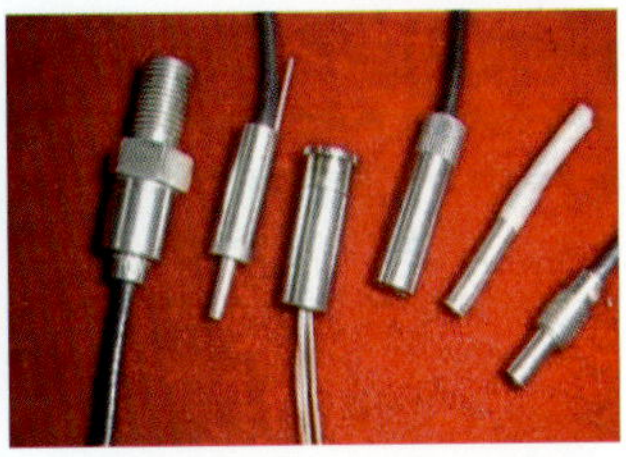
（c）耐瞬时高温冲击压力传感器

图5-23 系列化高温压力传感器

在此研究成果的基础上，"十一五"期间，西安交通大学、中石油长庆油田等单位联合研制出耐高温高压的油气井监测压力传感器及其无线网络系统。突破了基于SOI技术的压阻式MEMS传感器结构设计、工艺制造和封装技术，解决了石化行业MEMS传感器在高温（+200℃）、低温（-50℃）、耐高压、高过载、高频振动等恶劣环境下的应用及高灵敏度、高稳定性等关键技术问题，实现石化行业MEMS传感器及微系统测量的小型化、国产化。研制的油气田MEMS压力传感器，量程达到150MPa，工作温度：-50～200℃，精度：优于0.2%FS。同时，项目研究以油气田建设数字化油气田及无线传感器网络的需要为依托，开发了适合于油气田MEMS传感器监测网络系统。

研制的系列MEMS传感器及系统实现了对1万余口油气井的实时监测和管理，为石化行业油气田的开发提供大量详细、可靠的安全生产信息，大大提高了油气田的生产效率，实现了油气田生产管理的科学化、自动化、数字化（图5-24、图5-25）。

图5-24 油田气井及集输管道使用MEMS传感器

图5-25　油田油井及使用MEMS压力传感器

（2）MEMS检波器

我国的石油资源开采比中东等富产油国要困难得多，往往打10口井只有2口井出油，而打一口要耗资数百万至千万元。为了提高开采率，现在主要通过人工地震由地震检波器测出地震波来分析岩层结构，从而确定合适的开采点。

地震勘探传感器是石油、天然气、煤田地震勘探必不可缺的一种消耗性装备。传统地震勘探传感器是动圈式机电感应传感器，其固有缺点，如对检测10Hz以下的深层低频地震信号无能为力；动态范围小；在三分量地震勘探中存在各轴向之间信号串扰大、灵敏度误差大等致命缺点，致使地震勘探得不到原始信号，直接影响地震勘探数据采集的质量，限制了地球物理方法解决复杂地质目标的能力，成为制约石油勘探技术继续发展的主要瓶颈。

随着地震勘探高分辨率、高保真、高精度等要求的提出，多年来国内外的许多公司和研究机构一直在探索和寻找新的检测地震信号的传感器技术，近两年来美国Input/Output公司与法国的SERCEL公司（专门生产石油物探仪器装备的公司）已成功开发出以MEMS器件为基础的新型数字地震检波器。这种检波器采用了MEMS加速度传感器，显著改善了传统地震勘探传感器的固有缺点，使地震检波器的性能指标有了大幅度的提高，并已在中国试验销售，但价格昂贵，单轴425美元，三轴1625美元。而目前我国地震勘探队伍传统检波器的年使用量约500万只，年更换率高于15%，如果采用国外的传感器显然价格上难以承受。

“十五”期间，上海微系统研究所、威海双丰电子集团有限公司和南京石油勘探研究所联合开发出基于MEMS加速度传感器的实用化地震勘探检波器，在MEMS加速度传感器的设计和参数优化、加工、可靠性测试方法和测试规范、传感器与数字地震仪的接口技术、传感器检测和数据采集分析与应用等关键技术方面取得重要突破，研制出4000多只传感器，与石油勘探部门一起进行了多次野外试验，单炮记录可探测到深层（4.5s）结构，且接收记录的同相轴分辨率较高，叠加剖面目的层以上有效波组清晰、易分辨，深层波组也能分辨，基本能反映地下构造，显示出MEMS传感器具有更好的动态范围与频响特性，以及在精细勘探方面良好的应用前景。

在此研究成果的基础上，为进一步提高传感器的性能，实现MEMS数字检波器在新一代地震勘探数据采集系统中的产业化应用。“十一五”期间，重点开展高性能MEMS传感器芯片的结构设计和工艺制造、闭环控制的石油勘探ASIC电路、石油勘探检波器的批量生产与应用等研发，目前取得重要进展开发出高性能MEMS传感器、ASIC电路与模块，完成了现场试验，进入产业化开发阶段（图5-26）。

图5-26　高性能MEMS传感器、ASIC电路与模块

2．汽车MEMS传感器

汽车MEMS传感器及其系统产品由于其可靠性要求苛刻，主要依赖于进口。为了解决汽车用MEMS传感器的实用化及国产化问题，“十五”末期，上海飞恩微电子有限公司、奇瑞汽车有限公司、中国电子科技集团公司第十三研究所和中国电子科技集团公司第四十九研究所共同承担了汽车用MEMS传感器方面的课题。针对汽车传感器使用环境恶劣、稳定性和可靠性要求高，且低成本的特点，通过采用新的硅传感器芯片、特殊的封装设计、独特的温度补偿技术、批生产工艺技术和批测试技术等，研制出MEMS机油压力传感器、汽车轮胎压力监测系统（TPMS）、汽车发动机用岐管绝对压力传感器、汽车智能防追尾系统和汽车发动机微型空气质量流量计等五种MEMS汽车传感器或系统，通过了权威机构的可靠性测试、台架测试以及车载路测，实现示范应用。在此基础上，“十一五”期间，对汽车轮胎压力监测系统（TPMS）、汽车发动机用岐管绝对压力传感器和汽

车ESP（电子稳定系统）用系列微传感器进行了重点支持。上海飞恩公司研制的MEMS机油压力传感器、汽车轮胎压力监测系统（TPMS通过了权威机构的可靠性测试、台架测试以及车载路测，目前已为东风Nissan商用车发动机批量配套供货。

（1）汽车安全气囊用MEMS加速度传感器

中电科十三所、河北美泰电子科技有限公司研制出汽车安全气囊用MEMS加速度传感器，应用于汽车正面和侧面的碰撞检测，量程覆盖±40～±200g，突破了低成本高可靠性结构设计和MEMS工艺加工技术、圆片级封装技术、ASIC检测电路、集成塑封和批量标定测试等关键技术，建立了制造平台，并实现了批量制造能力，已形成每年50万只的生产能力；产品经过了严格的试验验证，包括各种环境可靠性试验、与Freescale公司产品对比的汽车碰撞试验、路面干扰试验、耐久试验等，试验验证结果表明：产品可直接替代美国AD公司ADXL系列、德国BOSCH公司SMB系列和美国Freescale公司MMA系列的加速度传感器；产品已为国内汽车安全气囊企业实现配套，目前已签订20万只合同，销售6万只，公司已与多家销售公司签订代理协议进行产品的国内外市场推广。

（2）汽车级压力传感器

上海飞恩公司、清华大学等单位开展了汽车轮胎压力监测系统（TPMS）的研发工作，解决了压力温度传感器结构设计、加工、封装等关键技术研究，研制出汽车胎压压力温度集成传感器，完成了灵敏度、非线性、零点输出、谐振频率、发射强度等方面的性能测试，已定型投入小批量生产，为奇瑞公司出口新车型配套，并为东风襄樊仪表有限公司签订了合作协议。

研制出大气压力、制动主缸压力、机油压力、变速器油压力、发动机进气歧管压力监测MEMS传感器，解决了压力传感器批量生产中的一致性、可靠性、温度漂移等关键问题。其中，中电科集团十三所研制的汽车发动机用岐管绝对压力传感器已通过奇瑞汽车公司发动机台架测试，目前已和哈飞东安及曲阜天博等大型汽车零配件厂签订了汽车压力传感器联合开发协议和合作框架协议，实现了5万多只的销售。

（3）汽车发动机用MEMS空气流量传感器

中电科十三所、河北美泰电子科技有限公司研制出汽车发动机用MEMS空气流量计，用于检测进入发动机的空气量，实现最佳“空燃比”

的控制，满足汽车动力性、尾气排放的标准要求。突破了低应力复合薄膜生长技术、高精度薄膜铂电阻制备技术、耐腐蚀钝化保护膜生长技术、曲线拟合技术、自动标定测试等关键技术，具备了年产100万只芯片和20万只流量计的生产能力，已研制出100多种型号的空气流量计，产品已与国内整车厂奇瑞公司、长城汽车签署整车配套协议，完成了台架、路试和排放试验，性能指标达到了国外同类水平，可替代BOSCH公司产品，在国内外的售后服务市场已签订20万套的订单，产值2000多万元。

3．流程工业压力MEMS传感器

压力传感器是石化等流程工业的重要传感器，广泛地应用于压力测量。长期以来我国一直在使用国外的传感器，价格昂贵，付出了大量的外汇。针对这种情况，“十五”期间，沈阳仪表科学研究院研制出电容式差压传感器。指标已能满足用户的要求，并在吉林石化、浙大中控集团、北京瑞普、兰炼仪表厂、西安仪表厂等单位得到示范应用。

针对我国流程工业变送器“无芯”的状况，“十一五”期间，重庆川仪总厂有限公司与北京大学联合开发0.075级高精度、高可靠性、高稳定性、大量程比、干扰能力强的硅压力传感器及传感器系统系列产品，实现批量化生产的成套工艺设备和技术能力，达到年产50 000台的生产能力，其技术水平与国外先进产品水平相当。

4．医疗与消费类MEMS器件

（1）血压计用MEMS压力传感器

血压计用MEMS压力传感器是典型的消费类MEMS传感器，具有大批量、低成本的特点。中科院上海微系统所与上海芯敏微系统技术有限公司开发出三种封装形式的血压计用压力传感器（DIP6封装形式两种，SOP6封装形式一种，见图5-27），解决了批量封装制造中导气管堵塞、芯片粘贴漏气、引线框架打线盘污染等一系列问题，性能指标达到了市场上同类产品的指标，建立了封装工艺产线和产品测试线，实现了低成本批量化制造，价格比市场同类国外产品低30%以上，已累计实现销售200多万只，实现替代进口，打破了境外产品垄断的局面。

图5-27　DIP6、SOP6封装血压计用MEMS压力传感器

（2）微麦克风

微麦克风作为新一代MEMS器件在计算机、手机、人体康复和音响等方面有非常好的应用前景，市场容量很大。随着微麦克风技术水平的提高，将逐渐可以满足实际应用的要求，一旦在应用上取得突破，其应用市场最终将会超过压力传感器，成为量大面广的MEMS器件。“十五”期间，清华大学用铁电材料作为换能器，研究了铁电微麦克的设计、铁电材料的制备与刻蚀工艺、复合模工艺优化和器件的封装等关键问题，研制出铁电微麦克风，并应用于计算机手写输入系统等应用系统（图5-28、图5-29）。

图5-28　微麦克风

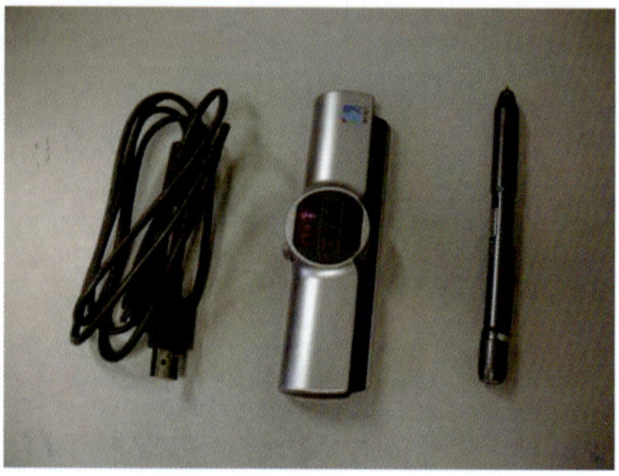

图5-29　基于微麦克风的手写输入系统

“十一五”期间，歌尔声学股份有限公司、苏州敏芯科技有限公司联合开发CMOS-MEMS 集成麦克风，重点研究CMOS-MEMS集成麦克风芯片设计、CMOS-MEMS集成电路设计、MEMS与IC兼容工艺、CMOS-MEMS集

成麦克风封装等关键技术，研发出尺寸小于1.5mm × 1.5mm CMOS-MEMS集成麦克风芯片，实现其封装，实现产业化，并在市场推广。将实现销售MEMS麦克风1亿只，其中CMOS-MEMS集成麦克风新产品200万只（图5-30）。

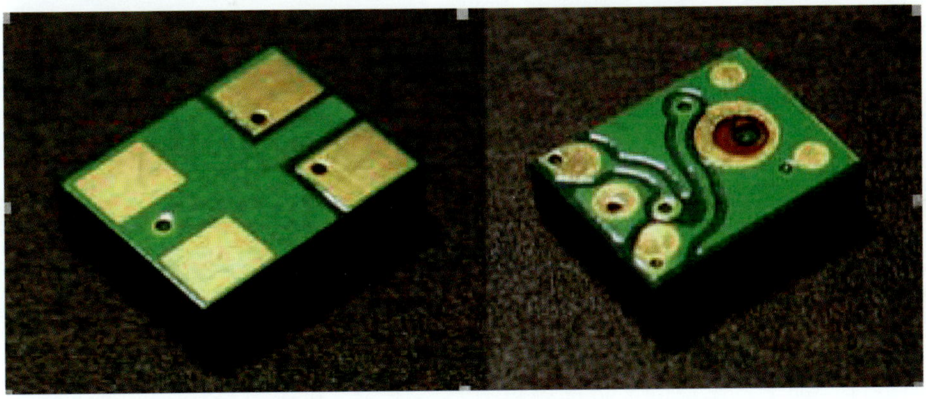

图5-30　可同时兼容零高度贴装和表面贴装两种使用贴片方式

5．微纳创新器件

根据微纳制造技术领域的发展趋势，重点研究基于新原理、新结构与新材料的微纳器件研究，取得了一批创新成，为提升我国微纳制造技术领域的创新能力和可持续发展奠定了重要的基础。

（1）MEMS水声传感器。针对雾霾等恶劣天气下，水上交通中碰撞事故屡发和现有避碰系统不能满足经济型要求的难题，提出仿鱼侧线水声矢量探测敏感结构，中北大学研制出MEMS矢量水听器（图5-31），突破了批量化、高成品率加工，传感器芯片与纤毛的集成，水密、声学封装，噪声抑制及环境适应性等关键技术，已实现近百只销售，开辟了MEMS器件在水声学换能器领域的应用方向。获2010年国家技术发明二等奖。

（2）MEMS密码锁。针对信息安全的需求，上海交通大学采用非硅加工技术，研制出一种新型的MEMS密码锁，其主要技术指标为，正常解锁累计次数：>1000，驱动电压：<12V，正常解码时间：<5s。已在国家相关重大工程中得到示范应用（图5-32）。

图5-31　MEMS矢量水听器

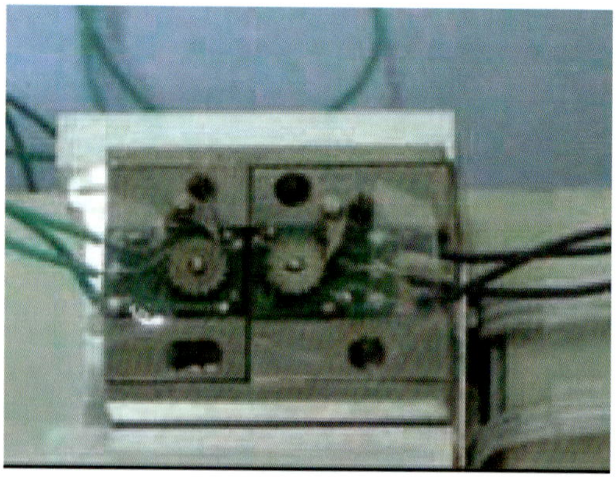

图5-32　MEMS密码锁

（3）高效微能源装置。针对便携式电子产品、无线传感器网络以及微系统对微型能源装置的需求，中科院上海微系统研究所、哈尔滨工业大学、清华大学等单位研制出微型直接甲醇燃料电池，解决了高效微能源装置设计，加工，微尺度下流场燃料混合、输运、排水，封装等关键技术。电池最大功率密度为20.29mW/cm$^2$，电池组功率为86.92mW，性能指标达到国际主流水平，针对手机、PDA等的实际应用，开展了示范应用研究。针对无线传感器节点供电，研制出了完全被动式μDMFC电池组系统，包括电压转换电路），整个电池系统可以稳定输出1～6V可调节的电压，稳定输出功率约12mW。显示出研究工作的产业化潜力。重庆大学研制出利用振动能发电的微型振动发电机，西北工业大学研制出MIN复合结电池，中科院电工所研制基于光伏的混合微能源装置，取得了重要进展（图5-33、图5-34）。

（4）MEMS微执行器。研制出微阀、微泵、微喷、微夹持器等微执行器。中科院沈阳自动化所、大连理工大学、哈尔滨工业大学等研制出面向细胞、微尺度结构夹持操作的基于静电和电致热驱动的MEMS微夹持器，具有抓紧功能和微力感知功能，实现了对细胞、微尺度结构的操作和控制（图5-35）。

（5）MEMS致冷器。针对高密度集成电路、固体照明器件的散热问题，东南大学利用超晶格材料电子迁移率大和热导小的特点，研制超晶格微型MEMS致冷器，其主要技术指标为，最大制冷温差8K，制冷功率密度达到450W/cm$^2$。中科院电工所则利用铁电材料研制出铁电微型MEMS致冷器，四片组合后的最大致冷温差达到12K，具有很好的应用前景（图5-36）。

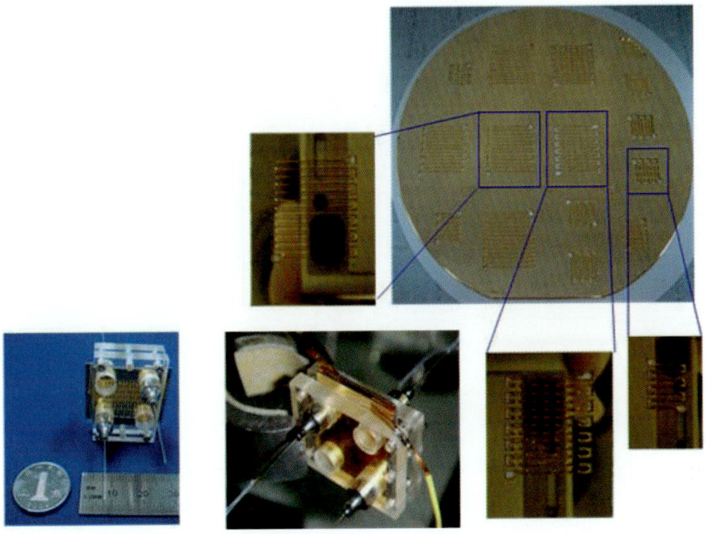

图5-33　加工芯片及封装的电池与电池组

图5-34　完全被动式μDMFC电池组系统

图5-35　微夹持器

图5-36　超晶格微型MEMS致冷器

（6）集成化微纳传感器。针对微纳器件集成化化的发展趋势，西安交通大学、微纳集成化三维微力传感器、微加速度与微角速率单片集成传感器原理样机。

（7）新型微纳器件。研制出地磁微传感器、MEMS柔性传感器阵列等一批创新微纳器件等前沿研究方面，取得重要进展。

# 第六节　微纳系统集成技术

## 一、背景与历程

### （一）研发背景

与生物、纳米、信息技术的相互交叉融合是微纳制造技术的重要发展趋势，并推动了制造技术由机电一体化向着机、电、光、生集成的方向发展，与人类健康与环境安全的相关产品及其制造技术尤其受到广泛的关注，面向医疗健康、环境与安全的微纳系统已成为全球微纳制造技术领域的研究热点和重要发展方向，具有广阔的应用和产业化前景。

高性能、低成本、微小型医疗仪器已向传统医疗仪器发起挑战，传统大型医疗仪器的不足和人们对健康医疗迫切需求，成为国际上微纳技术的应用主流之一。面向社区、农村与家庭的心糖尿病、血管疾病、恶性肿瘤、糖尿病、肝炎和艾滋病等重大疾病检测与早期预警的微系统成为重要的研发方向，具有广阔的市场。由于微纳制造技术具有微型化的特点，为能够进入人体内部诊疗的微纳系统的研发提供了技术手段，人体消化道与血管诊疗微系统、人工视觉假体、人工耳蜗、植入式神经电极等微纳系统成为重要的前沿方向。

随着全球经济一体化进程的加快和我国经济建设的飞速发展，环境保护以及公共安全问题面临严峻挑战，由于微纳系统具有微型化、低成本、高精度等优点，面向大气、水等污染监测和生产安全、食品安全、生物安全及社会安全等公共安全的微纳系统成为重要的研发方向，对保护环境和提升我国对突发公共事件快速反应及应急处置能力具有重要的作用。

近年来，人类健康医疗检测微系统已成为美国、德国、意大利、以色列、日本和韩国等发达国家将微纳技术领域的研究重心移向人类健康医疗检测微系统，研制微小型检测分析仪、微流控芯片系统、血糖仪和血压计等医用微系统进入市场，正在成为高技术附加值的新兴产业。

因此，面向医疗健康、环境安全的微纳系统技术被列为国家“十五”、“十一五”863计划先进制造技术领域MEMS重大专项和极端（微纳）制造技术专题的重点研发方向。

### （二）研发历程

“十五”期间，根据MEMS重大专项的总体目标，针对医疗健康、环境安全等领域的需求，重点开发人体消化道诊疗微系统、生化检测与疾病监测微系统、环境与安全微系统，实现工程与示范应用，并开展集成化、多功能、高精度微系统等前沿研究。

1．医疗健康微系统

（1）人体消化道诊疗微系统。2002年设立了“医用无线电内窥镜系统研究”、“基于MEMS的人体消化道诊疗系统研究”、“人体全消化道微型智能介入工诊查系统研究”等三个A类课题，2004年滚动支持，设立“人体腔道诊疗微系统实用化研究”B类课题，研制出智能胶囊消化道内窥镜系统、人体消化道施药微系统和人体腔道生理参数检测微系统，进行了示范应用，其中，智能胶囊消化道内窥镜系统成功实现了产化。

（2）生化检测与疾病监测微系统

①2002年设立了“便携式多功能全血生化检测微系统开发”、“糖尿病一体化检测微系统开发”、“全血多参数生化检测微系统开发”等三个B类课题，重点开发面向糖尿病血糖检测微系统，2004滚动支持，设立“微

型血液检测微系统实用化研究”B类课题，其中，面向糖尿病检测的便携式全血分析微系统及配套试条实现了系列化与产业化，近5年累积生产全血分析微系统200万台，配套试纸3亿条，实现产值近5亿元。

②2002年设立了“微型生化光谱分析仪”、“用于酒精检测的微型气敏传感器阵列研究”、“集成化微流控芯片氨基酸分析仪的研究”、“新型微型生化检测与分析仪研究”、“同工酶生化分析仪的研制”等生化检测方面的A类课题，研发出基于MEMS技术的微型光谱分析仪，2004年在设立的“微型血液检测微系统实用化研究”B类课题中滚动支持，获得了产品注册证、产品生产许可证，实现了小批量应用。

③2002年设立了“微结构蛋白质阵列芯片及光寻址检测仪”、“微流体和桥式PCR技术的高集成化诊断芯片”、“肿瘤细胞凋亡参数检测微系统实用化研究”等疾病监测方面的A类课题。

④2004年设立“典型疾病快速诊断微系统研究”B类课题，研发出肾病检测微系统和尿蛋白检测微系统，实现了临床示范应用。

（3）重大疾病检测微纳系统。针对社区、农村与家庭对疾病检测与早期预警微系统的需求，围绕糖尿病、心血管疾病、恶性肿瘤、肝炎和艾滋病等传染病的检测与早期预，2006年设“微流体囊式陈列多光谱连续探测微小型生化分析系统”和“糖化血红蛋白微传感集成芯片系统”等2个目标导向课题，研制出实用化样机，完成了示范应用。2008年设立了“重大疾病检测与早期预警微系统”重点项目，2010年设立“典型MEMS传感器与系统设计制造及应用”重点项目，开发出高性能低成本生化分析微系统、面向急救的快速血气/电解质分析微系统、心血管疾病预防人体健康多参数监测微系统、便携式分子诊断生化检测微系统、冠心病与糖尿病快速检测微系统等，实现了小批量生产和示范应用。

（4）人体植入与介入医用微系统。人体消化道疾病检测和神经性疾病的诊疗，2006年设立了“基于无线供能的微型胶囊内窥镜系统”、“胶囊内窥镜姿态控制和采样系统”和“面向帕金森病治疗的MEMS脑电极”等3个目标导向课题，开发出基于无线供能和姿态可控制的微型胶囊内窥镜系统、MEMS脑电极，进行了临床试验研究；针对盲人复明的需求，2007年设立了“基于MEMS的视皮层外微创芯片关键技术及应用研究”探索导向课题，2008年设立了“基于MEMS的人工视觉假体微系统”目标导向课题，研发出人工视觉假体等微系统实验样机，进行了临床试验研究。

2．环境与安全微系统

“十一五”期间，在“十五”期间取得的成果基础上，重点围绕重大疾病监测与预警，环境与安全，通过设立“面向安全监测与跟踪的网络化微系统”、“ 面向重大疾病检测与预警的微纳系统”、和“典型MEMS传感器与系统设计制造及应用”等重点项目，对安全监测与医疗健康微系统一步研发，实现示范与产业化应用应用。同时根据微纳制造技术的国际发展趋势，开展集成化、高性能微纳系统等前沿微纳系统研究。

（1）环境监测微系统。针对工业污染监测，2008年设立“基于MEMS技术的高灵敏、快速工业废气监测红外传感器与系统和“基于直接紫外光谱检测技术的工业水污染监测微系统”，研制出工业污染监测微系统实用化样机，实现了示范应用。针对道路交通、火箭航天器发射等环境检测，2010年设立“水陆交通安全传感器及系统”和“雷电预警传感器及系统“重点课题，研制出道路交通气象检测传感器及系统、水声传感器及水路避障系统和雷电预警传感器及系统，实现了示范应用。

（2）安全监测微系统。针对危化品的生产、运输、仓储和使用等环节的安全监测，2006年设立了“危化品安全监测与网络化微系统”重点项目，开发出危化品智能储运装备和危化品运输远程监测系统数据平台，实现了产业化推广应用；针对矿井安全和预警系统的实际需求，2008年设立了“矿井安全预警微纳传感器与系统”探索导向课题，研制出煤矿瓦斯等危险气体检测微纳传感器及安全预警微系统，实现了示范应用；针对沙林、TNT等痕量剧毒物和爆炸物的监测，2006年设立了“痕量爆炸物现场快速检测微纳机电系统”目标导向课题和“基于卟啉分子阵列微纳传感器及系统”探索导向课题，研制出沙林、TNT等痕量剧毒物和爆炸物的监测微系统实用化样机，实现了示范应用。

3．新型微纳系统

针对医疗、环境和安全监测、通信等领域的需求，设立了原子钟、微型高场不对称波形离子迁移管与测控系统、大规模集成微流控芯片等基于新原理、新结构与新材料的新型微纳系统课题，开发出原子钟、高场不对称波形离子迁移谱（FAIMS）、集成化微流控系统等实验样机，进行了示范应用。

2008年设立了“光MEMS器件与系统”和“新型微流控器件与系统”探索导向课题方向，针对环境和安全监测、医疗等领域的需求，研发微纳生物光学传感器与系统、基于红外与紫外检测的光MEMS器件与系统和其他新型光MEMS器件与系统等光MEMS器件与系统，研发基于MEMS技术的微流控芯片样品富集及系统、大规模集成微流控芯片和其他新型高性能微流控器件及系统。

## 二、技术与成果

### （一）医疗健康微系统

1．人体消化道诊疗微系统

人体消化道诊疗微系统（简称：智能胶囊、智能药丸）是MEMS技术、微小型技术和生物医学技术的结合，是典型的微机电系统之一。通过吞咽进入胃肠道，可以检查食道、胃、小肠和大肠等特定或非特定位置，进行图像拍摄、测量诊断、施药、采样分析、甚至进行手术操作，其结果可通过微型无线通讯系统传出体外，能够克服传统的推进式内窥镜容易造成创伤的缺点。在人体消化道溃疡、出血、肿瘤、便秘、轻瘫等疾病的检查与治疗和药物分析等方面具有重要的应用前景。世界许多发达国家都投入了大量的人力、物力和财力进行研究。

“十五”期间，国家863计划MEMS重大专项对人体消化道内窥镜微系统、生理参数检测微系统和药物释放微系统等3个方向进行了重点支持，研制出具有自主知识产权的实用化智能胶囊消化道内窥镜系统、人体消化道施药微系统和人体腔道生理参数检测微系统，解决了微传感器（图像、温度、压力、pH值）、微执行器（微型电磁泵、无源微型阀）、信号传输、定位跟踪与系统集成与临床应用等多项关键技术。使我国在人体消化道诊疗微系统方面的研究与开发总体水平达到国际前列，并形成了自己的研究特色。“十一五”期间，研制出基于无线供能和姿态可控的新一代内窥镜系统样机，取得重要进展。

（1）人体消化道内窥镜微系统

重庆金山科技集团有限公司研究开发出人体消化道内窥镜微系统（OMOM胶囊内镜，图5-37），又称“医用无线内窥镜”。其工作原理是：受检者通过口服内置摄像与信号传输装置的智能胶囊，借助消化道蠕动使之在其消化道内运动，自动拍摄图像传出体外，医生利用体外的图像记录仪和影像工作站，了解受检者的整个消化道的情况，从而做出诊断。胶囊内镜具有检查方便、无创伤、无导线、无痛苦、无交叉感染、不影响患者的正常工作等优点，扩展了消化道检查的范围，克服了传统的推进式内窥镜所具有的耐受性差，不适用于老年、纤弱和危险病人等缺陷，可作为消化道疾病尤其是小肠疾病诊断的首选方法。解决了智能胶囊消化道内窥镜定位、降低功耗和提高图像清晰度、封装与测试、医疗临床试验等关键技术，建立了相关的生产工艺规范，获得了《医疗器械生产企业许可证》和《医疗器械注册证》，2006年成功实现了产业化，经过多年的推广应用，胶囊内镜已得到了市场的认可，国内市场占有率高达95%，另外还远销英国、意大利、德国、俄罗斯、加拿大、澳大利亚、非洲、南美等全球62个国家/地区的2000多家医院，取得了良好的经济效益和社会效益。成为科技部首批"国家自主创新产品"，也是唯一列入联合国采购目录的胶囊内镜产品。王金山携胶囊内镜多次随国家领导人先后访问西班牙、俄罗斯和欧洲，得到党和国家领导人的高度赞扬。

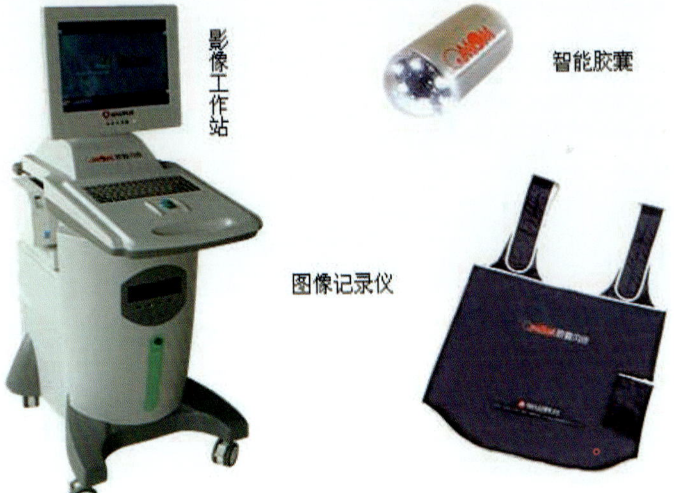


图5-37　人体消化道内窥镜微系统（OMOM胶囊内镜）

（2）人体消化道生理参数检测微系统

消化道pH值、压力、温度、溶氧浓度等参数的实时监测，在临床诊断及病理研究方面具有重要价值。上海交通大学研制出人体消化道生理参数检测微系统，"胶囊"外形尺寸为ϕ10mm×26mm，由微型压力传感器模块、微型温度传感器模块、pH值检测模块、微处理模块、信号发射模块、电源管理模块等组成，配有有限点超声定位装置，实现对消化道电子胶囊在人体全消化道定位，可在人体正常活动状态下，对消化道的温度、压强、pH值进行无创检测、存储和相关数据处理。具有对人体无毒、无损伤，不影响人体正常生理过程和肠道的运输功能等特点。解决了微小压力和温度传感模块及集成封装、数据处理、微型低功耗射频发射及遥测双向射频等关键技术问题；在人体胃肠道正常生理状态下，实现了对人体全消化道压力、温度参数的无创检测、存贮和相关数据处理，并对人体全消化道压力、温度生理信息及其变化规律的获取、数据库的建立等问题进行了研究；在多家医院完成了400多例临床试验，获得微型智能消化道诊查系统《医疗器械生产企业许可证》，通过了国家食品药品监督管理局的产品论证。人体消化道生理参数检测微系统为消化道疾病的辅助诊断提供了全新方法和手段，可用于胃肠道的疾病诊断、动力功能研究、动力性药物疗效测定和效果评定等方面（图5–38）。

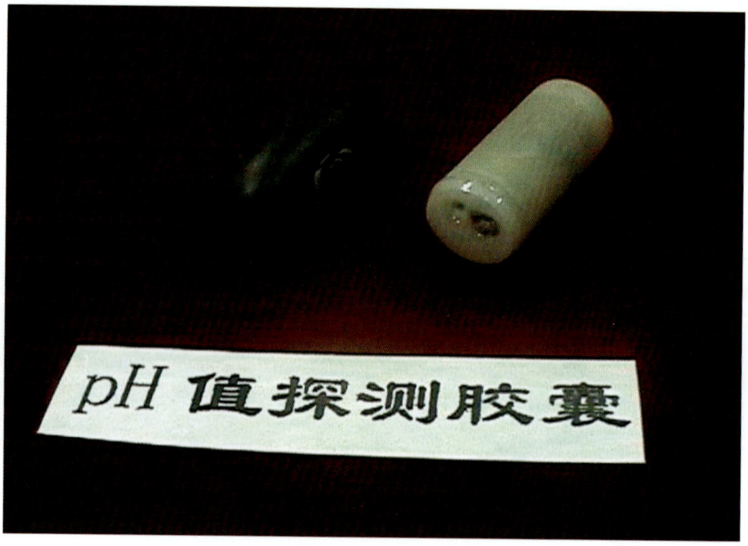


图5–38　人体消化道生理参数检测微系统

（3）人体消化道施药诊疗微系统

人体消化道药物释放系统（定点施药胶囊）（图5–39）是人体消化道治疗和人体药物吸收研究（Human Drug Absorption, HDA）的重要工具，可以无创地在人体消化道不同部位释放药物。用于人体药物吸收研究比体外模型试验、动物试验获得更加丰富的生物药剂学临床特性，为新药开发决策的制定提供可靠的临床依据，大大降低新药开发风险。已经成为国际新药开发的热点，在激烈竞争的制药领域，具有高达数十亿美元的市场前景。重庆大学研制出人体消化道微型定点药物释放微系统，药丸式药物遥控释放微系统能在体外装置的监测与控制下，可以实现消化道特定部位药物遥控释放，解决了微型电磁泵、无源微型阀、无线能量传输和系统集成等关键技术，2005年10月获得了《医疗器械生产企业许可证》。完成了近百例临床试验，进行了氨茶碱、卡马西平、苦参碱等药物的人体消化道吸收研究示范应用，平均有效率达到94%，获得了药物消化道局部吸收特性数据，为我国的新药研究提供了新手段。

（a）工程药丸　（b）体外射频遥控装置定点药物释放微系统　（c）体外遥控装置

图5-39　人体消化道微型定点药物释放微系统

2. 重大疾病检测与早期预警微系统

针对社区、农村与家庭对疾病检测与早期预警微系统的需求，围绕心血管疾病、恶性肿瘤、糖尿病、肝炎和艾滋病等传染病的检测与早期预警，基于微纳制造技术，开发出高性能低成本生化分析微系统、面向急救的快速血气/电解质分析微系统、心血管疾病预防人体健康多参数监测微系统、便携式分子诊断生化检测微系统、冠心病与糖尿病快速检测微系统等，实现小批量生产和示范应用，解决了生物兼容性加工与封装、系统集成与信息处理、临床应用、批量化与低成本制造等微系统关键技术。

（1）便携式血糖检测与胰岛素释药微系统

针对糖尿病患者的无创（微创）血糖检测和胰岛素科学注射的需求，研发出电化学的血糖、胆固醇、酮体和乳酸检测微系统、基于代谢热整合法的无创血糖检测微系统、动态血糖监测微电极及其微系统和具有人体血糖在体检测功能的闭环胰岛素泵。在电化学传感器试条的生物分子识别膜批量化制备、热光学整合血糖测量、血红蛋白浓度测量，微针表面电化学电极界面动力学和制备活化评测、葡萄糖氧化酶导电高分子原位聚合固定，人体血糖持续在体检测、胰腺分泌模型及血糖水平的仿胰腺闭环控制等关键技术方面取得重要进展。

①便携式微创血糖测试微系统。“十五”期间，中国科学院电子学研究所与北京怡成生物电子技术有限公司合作，攻克了MEMS技术大规模制备血糖、胆固醇、酮体和乳酸电化学传感器试条的生物分子识别膜批量化制备、封装工艺等关键技术，开发出一种新颖的虹吸进样通道，研制出便携式全血血糖测试系统、乳酸测试系统、全血酮体测试系统和全血胆固醇测试系统，针对糖尿病检测的便携式全血分析微系统及配套试条实现了系列化与产业化，近5年累积生产全血分析微系统200万台，配套试纸3亿条，实现产值近5亿元，获北京市科学技术奖等。糖化血红蛋白与血红蛋白的比例检测可以稳定可靠地反映出检测前60天内的平均血糖水平，是糖尿病病情监控的“金标准”。在此研究成果的基础上，“十一五”期间，研制出单芯片集成（SOC）的糖化血红蛋白微传感集成芯片，突破了糖化血红蛋白和血红蛋白抗体制备、免疫传感器芯片及敏感膜的设计与加工、免疫大分子（抗体）固定化方法等关键技术，并已开始用于糖化血红蛋白、血红蛋白试剂及血样的检测（图5-40）。

图5-40　系列化便携式全血分析微系统

②基于代谢热整合法的无创血糖检测微系统。基于人体代谢产生的热量是血糖浓度、供氧量的函数的原理，清华大学、桂林电子科技大学对人体局部代谢率的算法、基于温度场的血流量测量算法进行了深入研究，建立了代谢能量守恒法无创血糖检测的数学模型，在此基础上开发了无创血糖检测探头和基于代谢热整合法的无创血糖检测微系统，相关系数达到0.87，突破了基于能量守恒法的无创血糖检测技术和基于MEMS技术的多参数集成传感器的设计、加工和仿真等关键技术，进入产业化开发阶段（图5-41）。

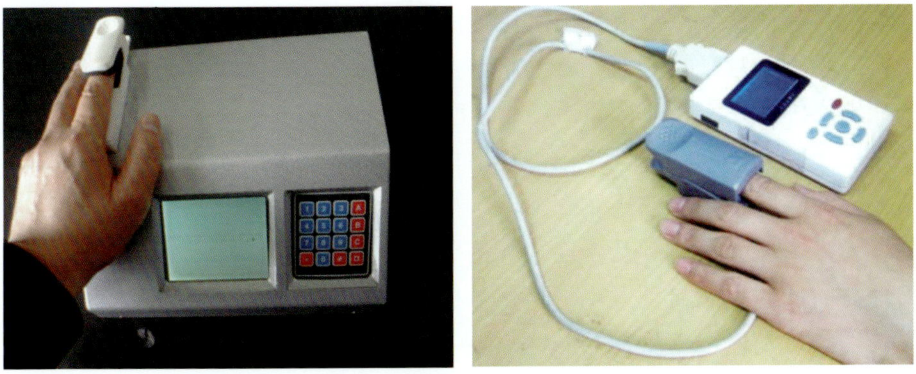

图5-41　基于代谢热整合法的无创血糖检测微系统

③基于组织液超滤提取的血糖检测闭环胰岛素泵。由于开环胰岛素泵存在不能在线获取人体血糖浓度，胰岛素给药量靠患者经验选择，很难实现最佳给药。哈尔滨工业大学（威海）开展了基于血糖实时监测与高精度给药装置一体化的闭环胰岛素泵前沿研究。提出了基于组织液超滤提取的血糖持续检测技术，测试结果表明该传感器响应速度小于5s，测量范围可达到0.2～20mmol/L，灵敏度9.76nA/（mmol.L$^{-1}$），相关系数0.9954。多次测量5mmol/L样本，差异系数3.48%，具有较好的相关性及稳定性。与山东威高集团、吉林大学合作开发出压电式胰岛素泵和柱塞式胰岛素泵，将与基于组织液超滤提取的血糖持续检测技术结合构成闭环胰岛素泵，目前正在进行产业化开发（图5–42、图5–43）。

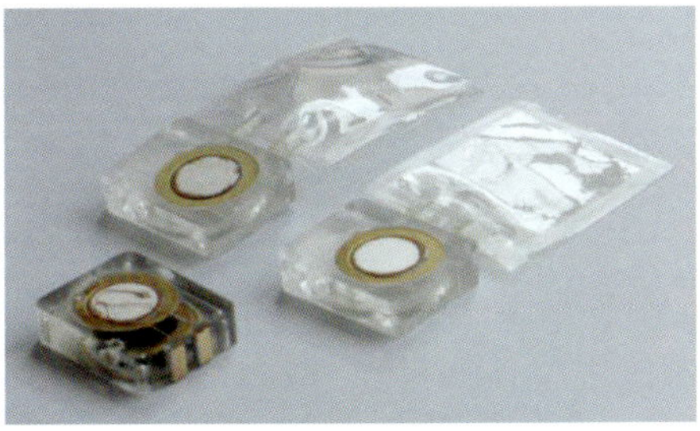

图5-42　压电式胰岛素泵

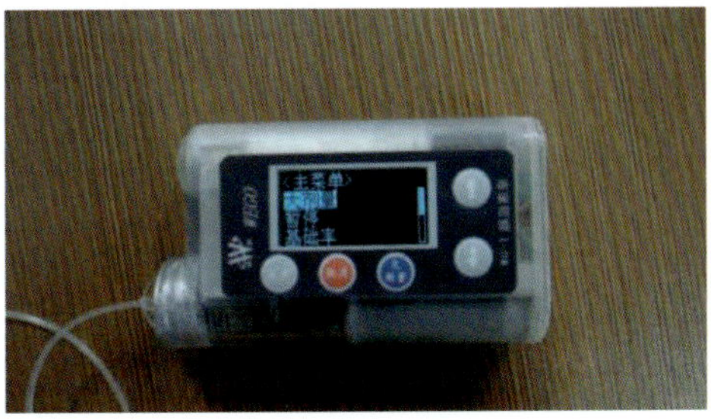

图5-43　柱塞式胰岛素泵

（2）微型生化分析微系统

针对社区和农村医院对肝病、肾病、心血管等疾病检测的需求，“十五”期间，重庆大学、中科院长春精密光学与物理研究所研制出体积小、检测速度快、操作简单直观、携带方便等优点的微型光谱仪、模块化微型生化分析仪和微型半自动生化分析仪，光谱范围达到340～770nm，能进行肝功能、肾功能、血脂等几十种主要检测项目，获得了产品注册证、产品生产许可证，目前在苏州等地实现了成果转化。

“十一五”期间，基于微型光谱仪、自动化与生化分析技术，开发出微流体囊式陈列多光谱连续探测微小型生化分析系统、试剂预封装式自动化微光谱生化分析仪和基于连续光谱分析的自动化微光谱分析仪等多参数高性能、低成本全自动微小型生化分析仪，解决了微型光谱仪稳定性、样品处理与自动进样、生物兼容性封装、系统温度控制、信号获取与处理、批量化与低成本制造和系统集成等关键技术，制定并获批医药行业标准《全自动生化分析仪》（YY/T 0654—2008），获得SFDA医疗器械注册证书。实现了小批量推广应用。

（3）便携式分子诊断仪

针对社区医疗及农村基层医疗单位对各型肝炎、艾滋病、禽流感和各类病原体的快速现场检测的需求，结合核酸扩增定量检测的分子学诊断方法，开发出疾病病原体核酸检测和定量分子诊断和食品安全致病性微生物检测，突破了传感检测、荧光采集、加热制冷及控制等关键技术，已实现上千台批量销售。

在2009年全球肆虐甲型H1N1流感病毒期间，国家公布了《人猪流感（H1N1）病例标本采集和实验室检测指南（暂行）》，认定其中唯一推荐的检测方法是Real-time RT-PCR。西安天隆科技有限公司在最短的时间研制成功能快速诊断出甲型流感H1N1型病毒的TL988型PCR检测仪，价格比国外同类产品便宜2/3，交货期（2天）比国外企业（1～3个月）快90%以上，检测速度比国外产品快10～15min，迅速提供给有关部门使用，装备了数十家国家流感监测网络实验室，检出了陕西省首例和全国数千例甲型H1N1流感确诊病例，得到了科技部领导等批示和肯定。2009年5月21 日国家科技部网站发布了“国产PCR检测投入仪甲型H1N1流感检测”的新闻，对西安天隆科技有限公司研制的PCR仪进行了报道，为预防控制甲型流感增强国家应急反应能力提供了重要的技术和设备保障。

3．穿戴式健康监护及网络化微系统

针对高血压、血糖代谢紊乱、心肌缺血、心律不齐等心血管疾病危险因素的综合预防和海上作业人员的一线救治。中科院电子学研究所、哈尔滨工业大学等单位联合开发出基于MEMS技术的无创血糖、血压、脉率、心电、血氧、体温监测等单元模块和面向心血管疾病和海上作业人员生命体征多参数监测微系统。突破了体外无创取样、低浓度生化参数监测、微弱生理信号提取识别、系统集成、医学监护应用与环境适应性等关键技术。

无创血糖测量模块在中国人民解放军总医院、中国人民解放军海军总医院等三甲医院，进行了临床应用，获得了临床评估报告，检测结果与拜尔（Bayer）手持式血糖仪检测结果对比，有94.03%数据位于临床准确或相对准确区。研制的基于示波法和柯氏音法的血压计通过示波法获得血压值置信区间后由柯氏音法求算准确血压值，提高了血压测量的稳定性和准确性。针对心电、血压信号特征，利用振动理论建立了神经元滤波与特征识别归一化方法，实现了信号的实时采集、实时虑波、实时识别，单点处理速度达到200ns，信号失真小，达到89.1%～98.3%。研制出的系列可穿戴式健康监护络化微系统在海军医用船上实现了长达四个月示范应用，相关媒体做了大量报道，已完成了相关临床比测试验，正开展可穿戴式微系统产业化开发与应用工作。

4．面向急救的血气/电解质快速分析微系统

针对急诊室、手术室、灾难现场、战场等紧急救护场合对危重病人抢救的需求，浙江大学与上海新立医疗器械有限公司合作，基于MEMS和生化传感检测技术，研究开发出钾、钠、钙、氯、pH值和葡萄糖单参数检测微系统，新型全固态离子敏传感器、葡萄糖传感器和血氧传感器及其便携式测量仪器原理和批量生产制造的关键技术,手持式血液电解质快速分析试条及仪器系统（图5-44）实现了产业化生产，已申报了SFDA医疗器械注册证书。

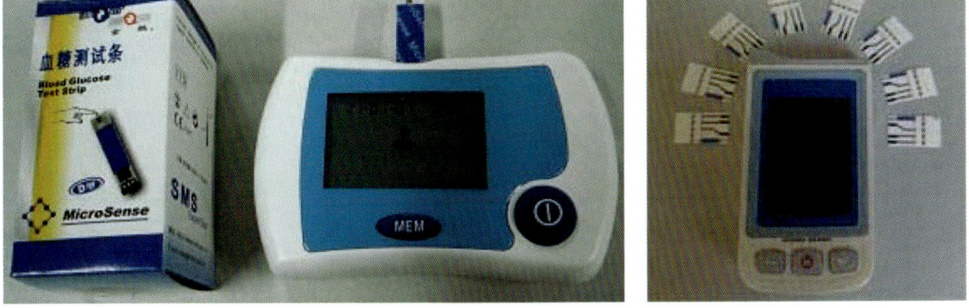

图5-44 快速血液K/Na/Ca离子检测系统

5. 基于微流控技术的尿蛋白、冠心病快速检测微系统

针对冠心病、高脂蛋白血症、动脉粥样硬化等疾病的早期和快速诊断的需求，中科学院上海微系统研究所基于微流控分析技术研制出快速、低成本的尿蛋白和血清脂蛋白检测微系统，用于尿蛋白、冠心病的快速检测，突破了微流控芯片的工程化设计和制造、尿蛋白分析试剂盒优化及仪器中高低压共存和隔离、血清脂蛋白分型的稳定性和重复性、集成LED激发荧光检测、批量化与低成本制造和系统集成等关键技术。研制出10台实用化尿蛋白检测分析微系统，测量蛋白浓度范围为0.1g/L～10g/L，灵敏度0.1g/L，室内测定变异系数小于6%，室间测定的变异系数小于10%，所研制的尿蛋白检测仪已在多家医院完成了500多例临床示范应用，获得浙江省医疗器产品注册证。研制出台冠心病快速检测微系统，完成了500多例临床标本的检测，具有很好的一致性，制定了产品标准、获得了产品注册证、产品生产许可证。

6. 人体植入医用微系统前沿研究

①面向帕金森病治疗的植入式微系统。面向帕金森病等神经疾病的治疗，西安交通大学、西安恒拓微电子装备有限公司、第四军医大学唐都医院联合研发出基于MEMS技术的脑起搏记录/刺激电极及与之配套的智能化针对帕金森病治疗的植入式微系统刺激触点最小尺度为300～500 μm，能耗低，记录电极触点直径小于15 μm，大大提高了对脑神经元放电信息采集的分辨率。突破了Si基微型脑电极的结构设计、加工工艺及其制备方法、键合微导线和薄膜的工艺等关键技术和配套植入脑起搏器进行较大数据量双向传输问题。进行了动物电刺激效果试验，得到刺激后肌张力减弱的实验效果，取得阶段性成果。

②基于MEMS技术的视觉假体关键技术。人类获取的外界信息75%以上来自视觉，因老年黄斑变性、视网膜色素变性和视神经萎缩等因素导致的神经性盲人群在我国已经超过700万人，目前尚无有效临床治疗手段。基于MEMS、光电信息技术、神经刺激技术的视觉假体微系统是修复视觉功能的重要神经工程技术手段。上海交通大学、第三军医大学、重庆大学在国内外提出了经视网膜神经和经硬脑膜神经电刺激的视皮层神经假体技术。研制了柔性薄膜神经微电极阵列（图5-45），基于CMOS 技术研发出可植入式多通道、低功耗微电流刺激器芯片，实现了高效率的无线能量和数据传输，并可与图像采集和处理装置通讯，能够依据编码需求完成特定

的刺激方案，基于微型图像传感器与数字信号处理器构建了视觉信息采集处理与编码系统（0），并优化了图像处理算法，实现了实时图像信息处理与编码，开展了视网膜柔性电极离体与在体生物相容性和安全性评估研究，研制出视网膜上假体的原理样机，取得阶段性研究成果，形成了自主知识产权专利保护体系，为未来视觉假体的临床应用奠定了坚实基础。

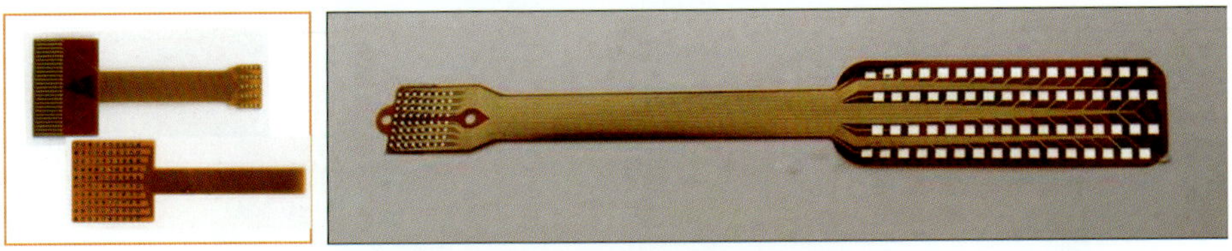

图5-45　刺激位点柔性薄膜微电极阵列

## （二）环境与安全检测微系统

### 1. 危化品安全监测与网络化微系统

我国危化品运输占年货运总量的30%以上，危化品储运安全是政府、企业和社会都十分关注的重大问题。根据国家中长期发展纲要和“科技兴安”的指导方针，围绕危险品安全监测的重大需求，在已取得的MEMS技术研究成果的基础上，开发出危化品的生产、运输、仓储和使用等环节的面向安全监测与跟踪的网络化微系统，提出一套危化品储运环节的实时跟踪、实时监测、实时报警的技术解决方案，“十一五”期间，开发出MEMS压力传感器、液位传感器、LNG与LPG气体泄露浓度检测传感器、加速度传感器、倾角传感器12类MEMS传感器及探测单元，已经实现上万只批量应用，在中集集团的全力推动下，开发出危化品智能储运装备（智能罐式集装箱、智能储罐和智能槽车）。结合测试与控制技术、无线传感技术、通讯网络技术、信息与数据处理技术，开发出危化品运输远程监测系统数据平台，实现了对危化品介质状态（包括危化品泄露、介质压力、介质液位高度、介质温度等）、储运设备状态（真空度、位置、速度、碰撞、倾覆、燃油消耗，运行工况等）的全方位监控和对危化品货物运输车辆及储运设备的数字化和智能化管理，促进了中集集团集装箱产品的技术升级（图5-46、图5-47）。

中集集团生产的LNG槽车从2008年开始实现了80%以上的新车批量装车，新生产的大部分LNG槽车均前装了“基于MEMS传感器的危化品运输远程监测系统”，实现了中集智能槽罐车的产业化，并将“基于MEMS传感器的危化品运输远程监测系统”推向市场，在包括中海油珠海公司、上海浦运、四川侨源等在内的10多家危化品运输企业实现商用，取得了上亿元的直接经济效益和良好的社会效益。

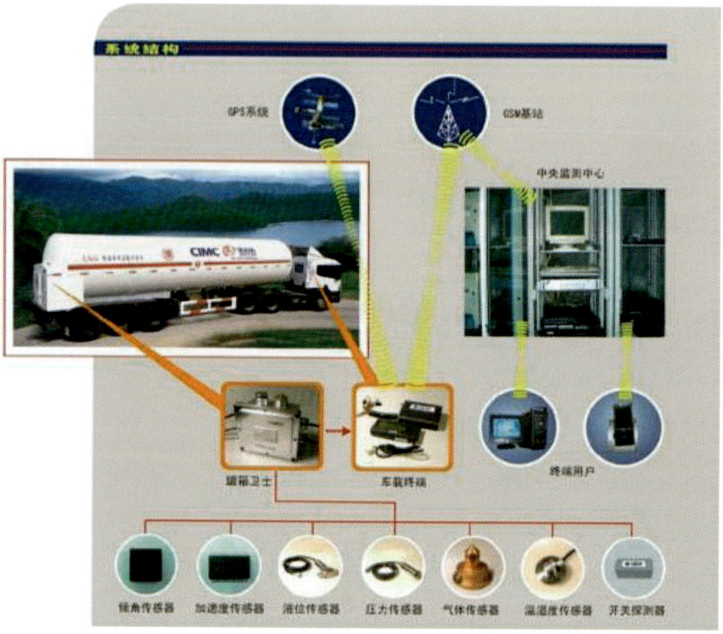


图5-46　基于MEMS传感器的危化品运输远程监测系统

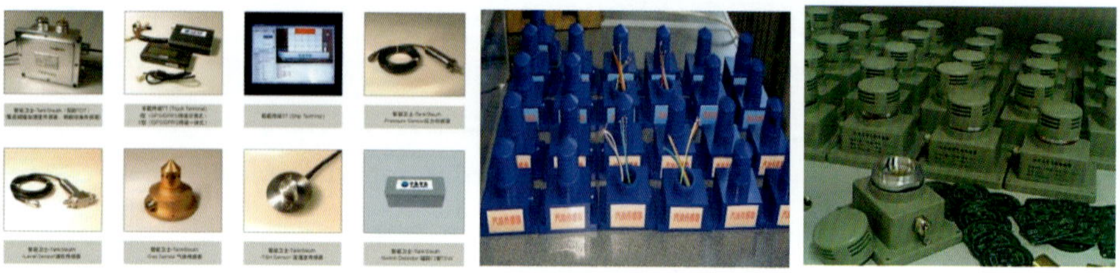

图5-47　批量化MEMS传感器及探测单元

2．气象检测微系统

针对野外作业、道路交通、火箭航天器发射，以及单兵作战等对便携、微型化气象检测传感器及系统的需求，开展了携式地面气象站系统、道路交通气象检测传感器及系统和电场传感器及系统。“十五”期间，东南大学采用CMOS工艺和MEMS后处理技术研制出便携式地面气象站系统，包括风速、温度、湿度和气压微传感器等芯片，通过了计量部门检测，突破了传感器设计、制造、封装、测试及传感器与电路的单片集成化技术和系统集成中的温度漂移补偿、自调零、标定等关键技术的研究，已经进入产业化开发阶段。在此基础上，针对道路安全与智能交通产业的需求，“十一五”期间，东南大学研制出道路交通气象检测传感器及系统，解决了路面温度传感器、水膜厚度传感器、盐度传感器设计、制造、封装和测试以及水、冰、雪的识别和厚度测量关键技术，技术指标满足国家标准，制订国家行业标准1项。已在连（江苏连云港）霍（新疆霍尔木斯）等高速公路应用（图5-48、图5-49）。

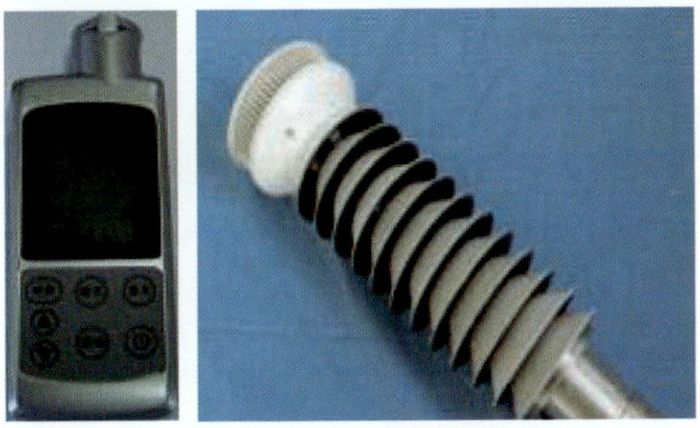

图5-48　便携式地面气象站系统

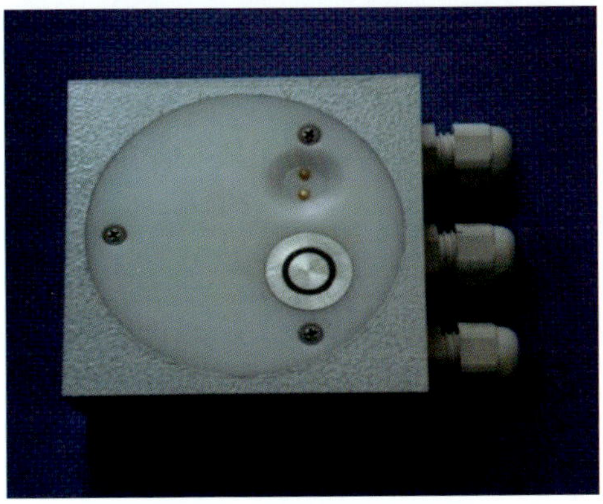

图5-49　路面状况检测系统

针对针对火箭、航天器发射条件气象预报、雷电预警以及智能电网、工业静电测试与安全监控、地震预测的需求，中国科学院电子学研究所基于MEMS技术和垂直振动、交错振动电场检测原理，采用压电振动结构、热驱动结构、静电驱动差分检测等创新结构，研制出三种新型MEMS电场传感器，解决了传感器结构优化设计、大位移振动结构设计与加工、屏蔽电极和感应电极制备、微弱信号检测等一系列技术难点，所研制的电场传感器芯片体积小（2.5mm × 2.5mm ×0.4mm）、重量轻（<10g），性能优

于国外同类研究报道的水平，证实了采用MEMS技术实现高性能电场探测的可行性，在北京南苑气象探测基地、香河气象探测基地分别采用探空气球、汽艇进行了探空试验，为微型电场传感器的进一步发展奠定了基础。电场传感器在导弹和卫星等发射条件保障、气象探测与预报、地震预测等领域具有广泛的应用前景（图5-50）。

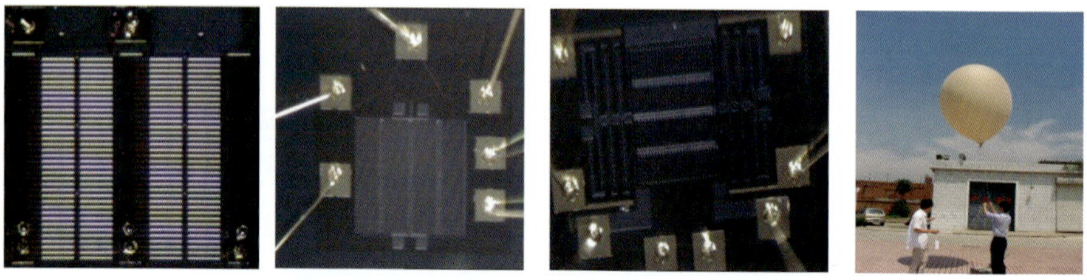

图5-50　三种新型MEMS电场传感器与探空仪

3．痕量剧毒物与爆炸物检测微系统

（1）痕量剧毒物检测微系统。基于以传感器阵列与毒物相互作用的特异光谱响应作用机制，将新型“化学传感器”与MEMS技术结合，重庆大学研制出基于卟啉分子阵列微纳传感器及系统，实现对微痕量毒物分子的选择性分子识别，在传感检测技术与检测系统上有突破。2008年12月在防化指挥工程学院毒剂研究室进行了沙林检测现场实验，沙林检测浓度分别为10 ppb，50 ppb，200 ppb，300 ppb，800 ppb，最低检测限达到了10 ppb，最快响应时间30s，对沙林检测结果属于世界先进水平。该传感器及系统具有检测限低、快速响应、高敏感及便携式特点。可实现对毒物检测“微痕量化、快速化、高效化”，可应用于社会公共安全的生化恐怖突发事件、高致病传感病毒、食品安全、药残残留、环境检测等方面，在军事毒剂检测方面具有很好的应用价值（图5-51、图5-52）。

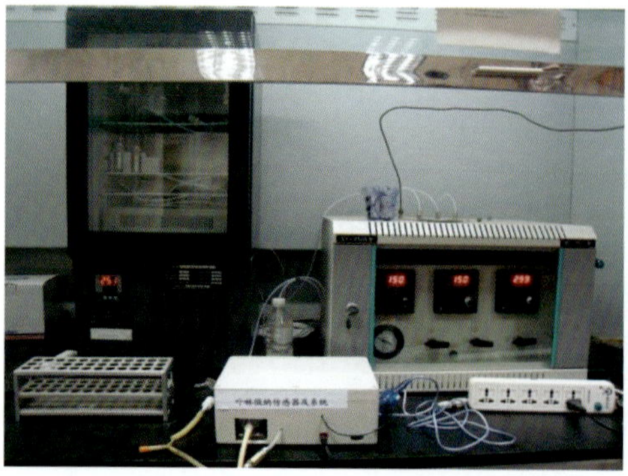

图5-51　基于卟啉分子阵列微纳系统

图5-52　检测现场实验

（2）痕量爆炸物现场快速检测微纳系统。针对国际上针对爆炸物的痕量探测普遍存在检测设备体积较大、检测费用昂贵、操作复杂耗时、灵敏度不高等难题。中科院上海微系统研究所基于对微纳机电系统和生化检测技术开发微悬臂梁传感器、符合敏感特性的智能嵌入式信号处理电路和系统，研制出可实现快速、连续、高灵敏度检测的便携式TNT检测微系统，对TNT的检测下限达到ppt量级，响应时间小于30s，使用寿命超过1年。在集成有薄膜单晶硅压阻敏感元件的二氧化硅微悬臂梁传感器微结构设计、纳米金薄膜表面质量表征、改善敏感膜固化基底表面、加工工艺等关键取得突破。已经在天津滨海国际机场、上海地铁系统、上海世博会中国国家馆等重要安全监测地点进行了试用，得到了试用方的一致认可（图5-53）。

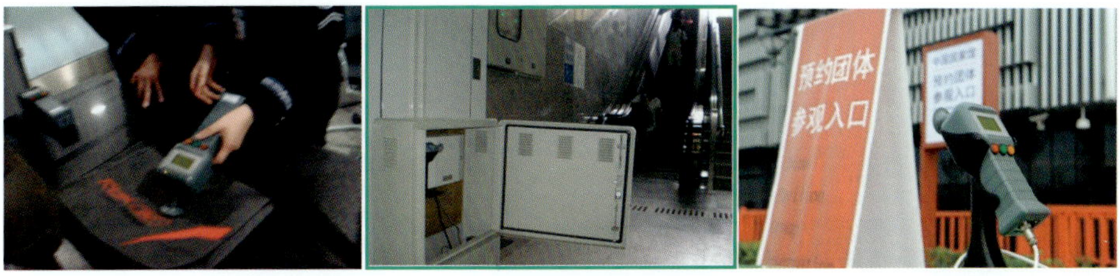


图5-53　TNT传感器在天津滨海国际机场、上海地铁系统与上海世博会中国国家馆进行试用

## （三）前沿微纳系统

### 1. 微型原子钟

基于相干布局数囚禁（Coherent Population Trapping, CPT）原理的集成化微型原子钟，是一种精度高、功耗小、体积小的时间与频率基准。在航空、航天、定位、导航、制导、通信同步、精密计时等方面具有广阔的应用市场。“十一五”期间，北京大学研制出可以用电池驱动的集成化微型原子钟样机，突破了全宽调制、缓冲气体优化与温度稳定性、系统设计等关键技术。主要指标：物理部分总体积小于$1cm^3$、短期稳定度达到$1\times10^{-10}$千秒稳定度优于$1\times10^{-11}$、微型原子钟样机（不包括电池）总体积小于$30cm^3$、总功耗小于300mW，已通过相关导航和定位应用测试，与国际最高水平相当。

### 2. 高场不对称波形离子迁移谱（FAIMS）

是在传统的飞行时间离子迁移谱（IMS）技术的基础上发展而来，具有两维分辨能力，其核心部件FAIMS迁移管芯片可采用MEMS技术制作，被称为是新一代的离子迁移谱，可用于公共安全、环境卫生、食品安全、医疗健康等领域对多种痕量化学物质的现场快速检测。“十一五”期间，中科院合肥物质科学研究院、清华大学在核心部件FAIMS迁移管芯片和整机系统的研发方面取得突破，研制出多种基于不同材质和结构设计的FAIMS芯片和多套FAIMS整机系统，在实验中检测出爆炸物、毒品、农残、挥发性有机物、二甲苯和甲苯胺的同分异构体等几十种痕量化学物质。

3．基于无线供能胃肠道疾病诊查微系统

研制出基于无线供能的微型胶囊内镜系统，由体外无线能量传输装置对其供应工作所需的能量，并以30f/s的帧率向体外发送图像。该系统完成了动物试验，目前处于人体试验阶段。研制出基于蚯蚓的行进原理的主动式胃肠道疾病诊查机器人原理样机，可使机器人在胃肠道内实现前进、后退和改变行进速度（图5–54）。

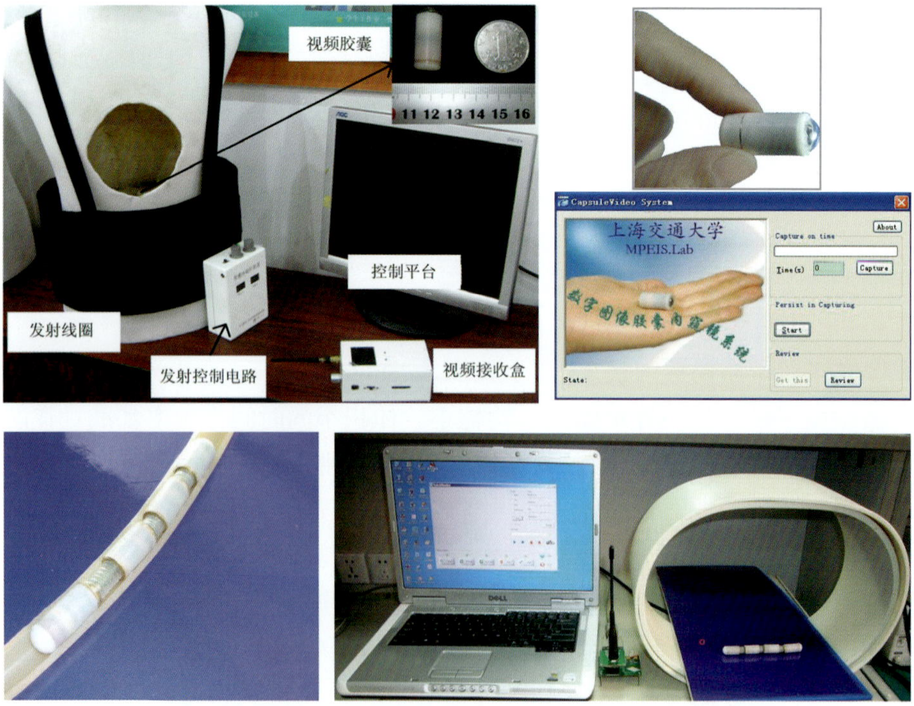


图5–54　基于无线供能胃肠道疾病诊查微型机器人系统样机

4．集成化磁隧道效应生物传感器系统

基于CMOS技术、磁传感器技术和纳米生物技术，研制出微型阵列磁隧道效应生物传感器系统样机，实现了胃癌标记物——CEA，CA19–9和

CA72-4为靶标分子评价实验。

## 第七节 经验与启示

1. 注重战略研究，制定合理路线图，实现本技术领域的可持续发展

针对微纳制造技术的国际发展趋势，结合我国的经济社会发展的实际情况，定期开展战略研究，确定了“十五”、“十一五”微纳制造技术的总体目标：围绕汽车、能源、医疗与健康、环境监测和等重要行业的需要，重点研究开发微纳系统设计、制造、系统集成等核心技术和关键微纳器件与系统，初步建成我国微纳制造研发体系，提升我国微纳制造技术的整体水平和核心竞争力，促进微纳制造产业的形成。根据总体目标，制定了微纳设计与加工、封装与测试、装备、器件与系统等技术方向的路线图，“十五”期间重点建立若干微纳加工平台，研发若干典型微纳器件与系统，“十一五”实现批量推广，并开展微纳制造前沿技术研究，实现了本技术领域的可持续发展。

2. 注重集成创新，促进技术升级，培育新兴产业

针对医疗与健康、环境与安全领域的需求，基于微纳制造技术，研发出多种（智能胶囊、危化品智能储运装备、无油墨印刷装备）集成创新产品，已形成了多个新兴产业。（1）针对人体消化道疾病检测，基于MEMS技术、微小型技术和生物医学技术，研发出人体消化道诊疗微系统（简称：智能胶囊）创新产品，实现了产业化，已在60多个国家销售。（2）基于MEMS传感器技术，网络技术，开发出危化品智能储运装备和危化品运输远程监测系统数据平台，实现了对危化品介质状态、储运设备状态的全方位监控和对危化品货物运输车辆及储运设备的数字化和智能化管理，促进了中集集团集装箱产品的技术升级。（3）苏大维格公司基于纳米光刻与压印技术，开发出无油墨印刷工艺与装备，实现绿色印刷，形成新兴的印刷产业。

3. 加强产学研合作，注重企业为主体的创新体制

为促进微纳制造技术的产业化进程，在立项过程中，鼓励企业承担项目，通过产学研合作，促进企业成为技术创新主体。重庆金山科技公司、苏大维格公司等已成为微纳技术领域具有很强实力的创新型企业。

第六章
# 智能机器人技术

## 第一节　概述

智能机器人是集材料、机械、控制、信息、生物、医学等多学科交叉为一体的智能机器。根据国际机器人联合会（International Federation of Robotics，IFR）定义，机器人按用途可分为工业机器人和服务机器人。工业机器人应用在工业生产过程中，如焊接、喷漆、装配、搬运、加工、检验等作业。服务机器人是一种半自主或全自主工作的机器人，完成有益于人类的服务工作，服务机器人具体又可分为专业服务机器人和家用服务机器人两类，其中专业服务机器人包括水下作业机器人、空间探测机器人、抢险救援机器人、反恐防爆机器人/用机器人、农业用途机器人、医疗机器人以及其他特殊用途机器人；家用/个人服务机器人包括家政服务机器人、助老助残机器人、教育娱乐机器人等。

智能机器人技术是国家战略性高技术，不但自身技术附加值高，产品应用范围广，而且已经成为重要的技术辐射平台，它不仅是国家未来空间、水下与地下资源勘探、武器装备制高点的技术较量，而且将成为国家之间高技术激烈竞争的战略性新兴产业，包括助老助残、危险作业、教育娱乐等，它是未来先进制造业与现代服务业的重要组成部分，也是世界高科技产业发展的一次重大机遇。

世界各国纷纷将突破机器人技术、发展机器人产业摆在本国科技发展的重要战略地位。美、日、韩、欧等国家和地区都非常重视机器人技术与产业的发展，将机器人产业作为战略产业，纷纷制定各自的机器人国家发展战略规划。

《国家中长期科学和技术发展规划纲要（2006—2020年）》明确将服务机器人作为未来优先发展的战略高技术，并指出“以服务机器人应用需求为重点，研究设计方法、制造工艺、智能控制和应用系统集成等共性基础技术”为研究重点。

智能机器人关键技术可从前沿技术、产业技术及系统产品考虑。其中前沿技术包含仿生材料与结构一体化设计，精密微/纳操作，多自由度灵巧操作，执行机构与驱动器一体化设计，非结构环境下的动力学与智能控制，生机电激励与控制，非结构环境认知与导航规划，故障自诊断与自修复，人类情感与运动感知理解，人类语义识别与提取，记忆和智能推理，多模式人机交互，多机器人协同作业等方面；产业技术包含产品创意与性能优化设计，模块化/标准化体系结构设计，标准化、模块化、高性能、低成本的执行机构，传感器、驱动器、控制器等核心零部件制造，高功率密度能源动力，信息识别与宜人化人机交互，人机共存安全，系统集成与应用，性能测试规范与维护技术等方面。产品与系统发展主要趋势由简单机电一体化装备，向以生机电一体化和多传感器智能化等方面发展；由单一作业，向服务机器人与信息网络相结合的虚拟交互、远程操作和网络服务等方面发展；由研制单一复杂系统，向将其核心技术、核心模块嵌入于高端制造等相关装备方面发展。

我国机器人的研发始于20世纪70年代中后期，从引进工业机器人与教学机器人开始，国家“七五”科技攻关计划开始加强工业机器人应用开发。与此同时，1986年底确立了国家高技术发展863计划自动化领域智能机器人主题，重点围绕水下探测、核作业、精密装配、核化侦察车、壁面清洁等5类型号机器人研制，随后进一步发展了自主工业机器人与特种机器人的研发与应用示范，取得了开创性的标志性成果。最近这十年发展历程主要面向国家战略发展需求，以智能机器人前沿技术发展为牵引，重点发展了工业机器人与服务机器人产品及其应用工程，并从机器人化的机器的角度拓展了智能技术向相关的装备与领域应用，包括支持了微纳操作机器人形成了微纳制造技术主题，支持了基础制造装备与数控机床、IC制造工艺与装备形成了国家02和04重大专项，支持了深海载人潜水器并发展了海洋重大装备等。这十年主要实现了由工业机器人应用向工业机器人核心部件攻关及工业自动化生产线应用工程方面发展的跨越，实现了从水下6000m自主机器人向水下7000m载人潜水器发展的跨越，实现了仿人机器人行走向仿人机器人作业方向发展的跨越，实现了从一般服务机器人技术发展向国家重大安全所需反恐防爆与抢险救援机器人以及培育未来战略新兴产业开发助老助残机器人的跨越，实现了从机器人智能技术向重大工程装备渗透发展的跨越。

本章围绕工业机器人与服务机器人两个方面，重点介绍了这十年取得的主要成果，包括高性能焊接工业机器人产品、搬运码垛机器人、工业机器人汽车生产线应用示范、深海载人潜水器、6000m水下机器人、南地科考机器人、反恐防爆机器人、医疗外科机器人、仿人机器人、助老助残机器人以及烹饪机器人等，为进一步发展智能机器人战略高技术与重大产品提供主要基础依据与支撑。

## 第二节　工业机器人

### 一、背景与发展历程

1．背景

自从20世纪60年代初人类制造了第一台工业机器人以后，机器人就显示出了极强的生命力。经过40年的迅速发展，随着产品加工精度要求的提高，焊接、切割等生产环节逐步由机器人代替手工操作，再加上人们对工作环境要求的提高，高危、有毒等恶劣条件的工作需要由机器人逐步替代，增加了对机器人产品的市场需求。在工业发达国家中，工业机器人自动化生产线成套装备已成为自动化装备的主流及未来的发展方向，工业机器人已经广泛应用于汽车及汽车零部件制造业、机械加工行业、电子电气行业、橡胶及塑料工业、食品工业、物流、制造业等诸多领域中。

长期以来，由于我国劳动力价格低廉、生产技术水平又相对落后，工业机器人的应用受到了很大限制。但是，随着工业机器人价格的不断降低和性能的不断提高，人工成本的上涨、工作环境的改变和多元化的市场竞争，各企业面临着重重压力。金融危机以来，依靠传统劳动密集型来维系的“中国制造”已难以为继；而工业机器人产业是一个快速成长中的新兴产业，将对未来生产和社会发展起到越来越重要的作用。据统计，“十一五”期间，我国工业机器人的需求量快速增长。截止2010 年，我国工业机器人拥有量达到 4 万台以上，主要包括点焊、弧焊、喷漆、注塑、装配、搬运、冲压等各类机器人。

从制造业的发展历程看，我国正处于工业化过程中，生产手段必然要经历机械化、自动化、智能化、信息化的变革，工业制成品也将经历数量、质量、柔性低成本的发展阶段，目前制造业普遍需要技术和设备升级改造，以增强竞争力，提高经济效益，因此，我国机器人产业的发展空间很大。

工业机器人是先进制造业中不可替代的重要装备和手段，是衡量一个国家制造业水平和科技水平的重要标志。我国已经是世界公认的制造业大国，但随着劳动力成本的不断提高，经济发展模式必须进行调整，生产自动化、发展高科技产业已经成为必由之路。根据2011年3月发布的《国民经济和社会发展第十二个五年规划纲要》，中国在“十二五”时期将加快发展战略性新型产业。国务院在相关决定中指出：“发展战略性新型产业已成为世界主要国家抢占新一轮经济和科技发展制高点的重大战略”，包括“高端装备制造产业”、“新材料产业”等。工业机器人行业作为高端装备制造产业的重要组成部分，必将在此期间得到更多的政策扶持，实现进一步增长。

2．发展历程

我国的工业机器人研究开始于20世纪70年代。由于当时经济体制等因素的制约，发展比较缓慢，研究和应用水平也比较低。1985年，随着工业发达国家已开始大量应用和工业机器人，我国在“七五”科技攻关计划中将工业机器人列入了发展计划，由当时的机械工业部牵头组织了点焊、弧焊、喷漆、搬运等型号的机器人的攻关，其他各部门也积极立项支持，形成了中国工业机器人第一次高潮。1986年，我国再次将智能机器人列入了高技术研究发展计划，并成立了专家组，规划和领导机器人先进技术研究与应用工作。

近几十年来，国外著名的工业机器人制造厂商纷纷加大了在我国的投资和应用技术的投入，对我国的国产工业机器人产业的发展带来了严峻的挑战。我国政府非常重视机器人技术的发展，从“七五”科技攻关及实施863计划开始，就有计划地组织和发展工业机器人事业。经过“七五”、“八五”、“九五”攻关和国家863计划支持的应用工程开发，我国第一代工业机器人设计、制造和应用技术已趋于成熟，目前在工业机器人的一些机种方面，如喷漆机器人、焊接机器人、搬运机器人、装配机器人和特种机器人都有了长足的进步，基本掌握了工业机器人的设计制造技术和机器人应用中单元和生产线的设计、制造技术，拥有了一支具有一定水平的技术队伍，奠定了我国独立自主发展机器人产业的基础。但是，我国工业机器人在总体技术方面与国外先进水平相比还有很大差距。目前工业机器人的生产规模仍然不大，多数是单件小批生产，关键配套的单元部件和器件始终处于进口状态，工业机器人的性价比较低。我国整体装备制造水平不高，制约了我国工业机器人产业的形成和实现规模化的发展。尽管中国工业机器人的需求在逐年增加，但要能为用户提供高质价廉的工业机器人产品，尚有较长的路程。首先，为了促进中国工业机器人产业的发展，必须在以市场需求为主的前提下，国家在政策上鼓励企业在技术投入和技术改造方面应用国产工业机器人；同时转变现有机制，建立以适应市场经济所需的工业机器人产业基地；其次，在国家的科技发展规划中，继续对工业机器人的研究开发和关键、基础部件的研究和产品化给予支持，形成产品和自动化制造装备同步协调发展的新局面；最后，结合我国的国情，加强我国工业机器人应用工程的开发，使之与国民经济的发展密切相结合。

进入20世纪90年代后，为了实现高技术发展与国民经济主战场的密切衔接，863计划确定了特种机器人与工业机器人及其应用工程并重，以应用带动关键技术和基础研究的发展方针。经过广大科技工作者的辛勤努力，在2001年举办的863计划15周年成果展上，863计划机器人主题有58项关键技术和应用基础技术研究成果达到国际先进水平，先后获得国家科技进步奖21项，省部级科技进步奖116项，发明专利38项，实用新型专利125

项，发表学术论文5725篇。开发了7种工业机器人系列产品，102种特种机器人，实施了100余项机器人应用工程。同时为了促进国产机器人的产业化，在20世纪90年代末期，我国还建立了9个机器人产业化基地和7个科研基地，包括沈阳自动化研究所的新松机器人公司、哈尔滨博实自动化设备有限责任公司、北京机械工业自动化研究所机器人开发中心等。产业化基地的建设带来了产业化的希望，为发展我国机器人产业奠定了基础，经过广大科技人员的不懈努力，我国目前已经能够生产具有国际先进水平的平面关节型装配机器人、直角坐标机器人、弧焊机器人、点焊机器人及自动引导车等一系列产品，不少品种实现了小批量生产。值得自豪的是，国产自动引导车已经占领了国内大部分市场。进入21世纪，随着国内机器人需求的迅猛增长及产业结构调整，先后涌现出安徽埃夫特、南京埃斯顿、广州数控、沃迪、青岛软控等数十家从事工业机器人生产的企业，形成了我国工业机器人发展的新局面。

理论研究是工业机器人研制和应用的基础，关键元器件则是事关产业化成败与否的首要因素。在机器人技术基础方面，我国开展了工业机器人运动学、动力学与构型综合、机器人运动控制算法及机器人编程语言、机器人传感器、多传感器控制系统、离线编程技术、自诊断、安全保护技术等方面的研究与开发，基本掌握了工业机器人的关键技术。在机器人单元技术和基础元器件研究开发方面，我国研制出了交、直流伺服系统电机及其驱动系统、测速发电机、观点编码器、液压元部件、滚珠丝杠、直线滚动导轨、谐波减速器、RV减速器、十字交叉滚子轴承、薄壁轴承等，并涌现了一批具有较强实力的专业厂家，例如：广州数控已经形成年产8万台伺服电机能力，其工业机器人专用伺服电机和驱动装置也进入小批量试制阶段；南京工艺装备制造有限公司作为国家级滚动功能构建产业化基地，已经能够提供高性能精密滚珠丝杠副等；北京谐波传动技术研究所研制出的R系列谐波减速器速比范围为40～300，输出扭矩各达2～4000N。在机器人控制装置方面，我国已经开发出了双CPU、多CPU和分级分层控制装置，不少装置已经投入实际应用，主控计算机的档次也逐渐升级。

总之，经过20多年的发展，我国在工业机器人基础研究、关键元器件开发、机器人整机设计、周边设备开发以及工业机器人应用等方面取得了不少令人鼓舞的成绩，形成了一支相当有战斗力的队伍；但是与国外著名机器人厂家相比，国内企业在整体实力、品牌知名度、产品结构、产品性能、售后服务等方面尚存在不小差距。此外，我国拥有的机器人专利数目不多，不少关键元器件至今尚不能自主生产或者性能偏低等，这已经开始严重影响国产工业机器人做大作强的步伐。

## 二、核心技术突破与典型成果

### （一）核心技术突破

近十年以来，在“十五”、“十一五”攻关计划和863计划等科技计划的支持下，我国有组织有计划地发展工业机器人产业，通过研制、生产、应用等多个层面的不断探索，在技术攻关和设计水平上有了长足的进步。总的来看，已经掌握了工业机器人的设计、制造、应用过程中的多项关键技术，能够生产出部分机器人关键元器件，开发出弧焊，点焊、码垛、装配、搬运、注塑、冲压、喷漆等工业机器人。一些相关科研机构和企业已掌握了工业机器人操作机的优化设计制造技术，工业机器人控制，驱动系统的硬件设计技术，机器人软件的设计和编程技术、运动学和轨迹规划技术，弧焊、点焊及大型机器人自动生产线（工作站）与周边配套设备的开发和制备技术等，某些关键技术已达到或接近了国际先进水平，中国工业机器人在世界工业机器人领域已占有一席之地。

1. 基础理论研究方面

较深入地开展了机器人运动学、动力学与构型研究，机器人运动控制算法及机器人编程语言的研究，机器人内、外部传感器的研究与开发，在多传感器控制系统的研究，离线编程技术、自诊断、安全保护技术等方面有所突破，基本掌握了工业机器人所需的基础理论。

2. 关键零部件的研发方面

在机器人单元技术和基础元器件研究开发方面取得了一些成绩，我国研制出了交、直流伺服电机及其驱动系统、测速发电机、光电编码器、液压（气动）元部件、滚珠丝杠、直线滚动导轨、谐波减速器、RV减速器、十字交叉滚子轴承、薄壁轴承等，并涌现出了一批具有较强实力的专业厂家。但就总体而言，我国机器人关键零部件的研发与制造能力还比较薄弱、技术水平较低、性能质量不高，是目前制约我国工业机器人发展的主要瓶颈。

3．系统设计与控制技术方面

基本掌握了机器人操作机的设计制造技术，解决了多项控制、驱动、传感系统的关键技术。我国已经能够设计和生产包括直角坐标式、平面多关节型、空间多关节型等各类构型工业机器人，不少机器人拥有自主知识产权。在机器人控制装置研制方面，我国已经开发出了双CPU、多CPU和分级分层控制装置、模块化机器人控制器及相应控制单元等。但在开放式、模块化、网络化的软伺服和全数字控制器开发方面与国际先进水平仍有差距。

4．行业技术开发与应用方面

目前取得较大进展的行业领域包括数控机床关键技术与装备、隧道掘进机器人相关技术、工程机械智能化机器人相关技术、装配自动化机器人相关技术等。现已开发出金属焊接、喷涂、磨粉设备、浇铸装配、搬运、包装、激光加工、检验、真空、自动导引车等的工业机器人产品，已经逐步走向实用。

同全球主要机器人大国相比，目前我国机器人技术仍存在较大差距，真正大规模进入商用仅是在近几年。尽管在某些关键技术上有所突破，但还缺乏整体核心技术的突破，具有中国知识产权的工业机器人则很少，特别是在制造工艺与装备方面，高精密、高速与高效的关键部件仍依赖进口。为了更好地参与未来的国际竞争，需要集中力量在亟待掌握的多项核心技术方面继续加大投入和研发力度，以期尽快实现突破。

新一代工业机器人的核心技术主要包括：

（1）模块化、可重构的工业机器人新型操作机构设计；

（2）柔性、高加速度、大负载的工业机器人动态设计与优化；

（3）基于实时系统和高速通讯总线的高性能开放式控制系统；

（4）高性能工业机器人运动规划和伺服控制方法；

（5）基于三维虚拟仿真和工业以太网的工业机器人成线技术；

（6）工业机器人关键部件批量制造专用化及性能测试标准化；

（7）非结构化工业现场的工业机器人局部自主与智能决策；

（8）基于外部传感技术的工业机器人运动控制技术；

（9）工业机器人故障远程诊断与修复技术；

（10）工业机器人与成套装备协调作业技术。

## （二）典型成果

1. 高性能焊接工业机器人产品

由沈阳新松公司自行开发研制的6台RD120-A型点焊机器人，及新松公司Ⅱ型电阻焊控制器在一汽轿车点焊机器人应用工程中进行了示范应用，实现了小红旗、世纪星2种轿车车身组焊线中车身前、后风窗和左、右车门点焊焊装工作交钥匙工程。该应用工程堪称我国工业机器人产业化和机器人工程应用的重要里程碑，证明我国已经掌握了点焊机器人研制开发的关键技术，并具有了设计和承揽大型综合性汽车车身焊装机器人生产线项目的能力。

RH06-A弧焊机器人是沈阳新松公司为嘉陵集团摩托车车身生产线设计制造的轻型弧焊机器人。在产品设计开发过程中，在重视产品实用性和可靠性的同时，兼顾了产品的先进性。设计者根据多年的开发经验，从本体到控制器全部进行了重新设计。嘉陵摩托车生产线将装备多台这种6kg弧焊机器人（图6-1）。

点焊机器人生产线（长春一汽）

点焊机器人生产线（华晨金杯）

图6-1　沈阳新松-焊接机器人

2011年苏州博实机器人技术有限公司与安徽巨一集团共同研究开发“20万以上产能高柔性汽车焊接自动化生产线”，进行多平台高柔性汽车焊接自动化技术的研究，自主开发三平台六车型焊接自动化生产线；与广东巨轮股份公司共同研发“面向智能制造车间的工业机器人及单元控制系统”，立足工业机器人和智能制造系统产业化，以此为契机将机器人的研究和应用由机器人工作站转向基于工业机器人自动化生产线（图6-2）。

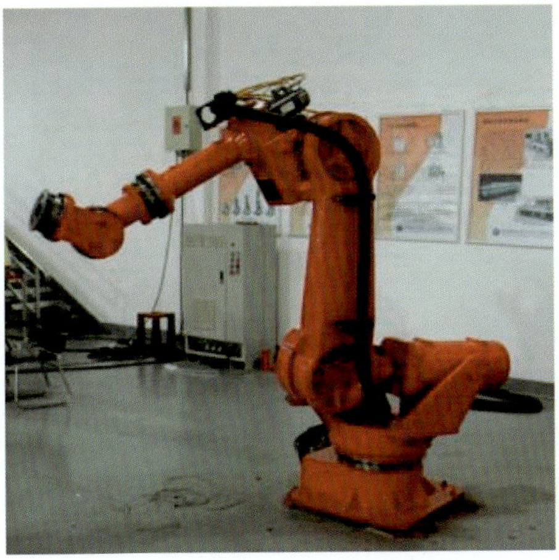

210kg 点焊机器人

300kg 搬运机器人

图6-2 苏州博实加工机器人

安徽埃夫特智能装备有限公司在2008年9月研发完成165kg点焊机器人样机，并在奇瑞焊装线多个工位进行应用，共完成约9万个板件，360万个焊点的焊接（图6-3、图6-4）。

图6-3 210kg点焊机器人

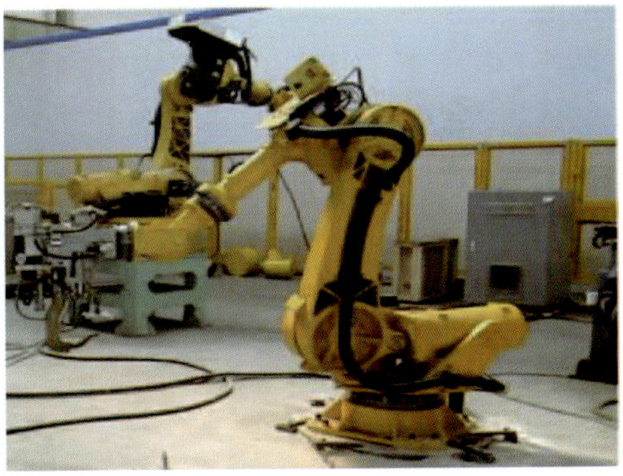

图6-4 165kg点焊机器人

目前，安徽埃夫特智能装备有限公司自主研制的机器人在线应用约50台，分别用于焊接，搬运等场合。

在工业点胶和焊锡机器人系列产品方面，常州铭赛机器人科技有限公司研制出一系列高性能的单轴、两轴、三轴、四轴工业全自动点胶、焊锡和视觉微点焊机器人，提高了劳动生产率，从根本上保证产品的质量。目前该系列已经广泛应用在电声和电子行业中（图6-5、图6-6）。

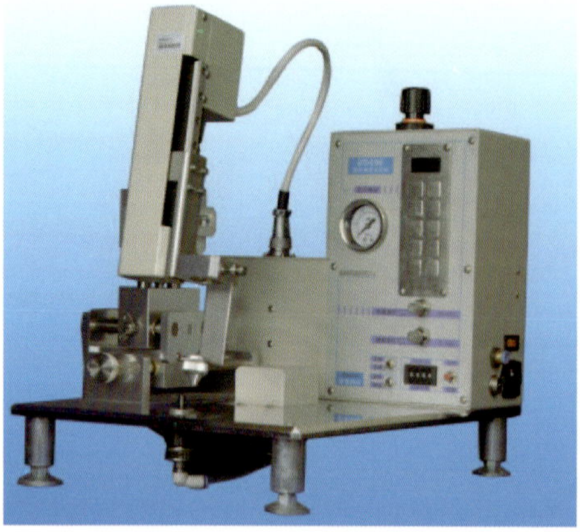

图6-5　DY系列两轴点胶机器人

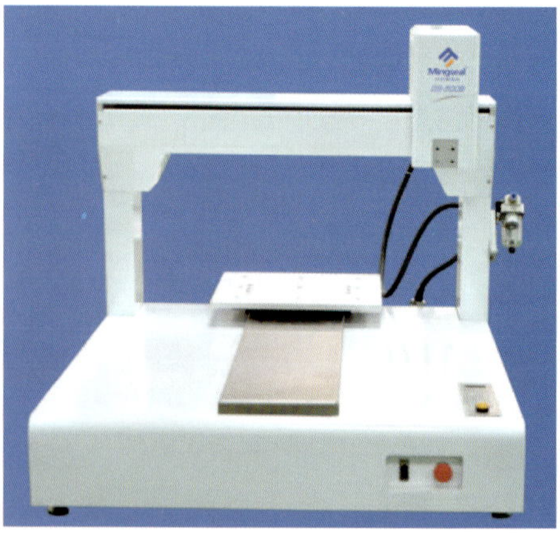

图6-6　DS系列三轴点胶机器人

研发出了一系列的磁路自动装配生产线产品，视觉微点焊、焊锡与检测自动生产线产品，自动涂胶生产线产品，微型麦克风自动装配生产线和蜂鸣器自动装配生产线产品，自动完成点胶、焊锡、微点焊、装配与检测等多个复杂工序的作业要求，节约了大量人工，降低了成本并提高质量，对推动电声电子产业的发展发挥了重要作用。目前该系列生产线已经广泛应用于电声电子行业的生产中（图6–7、图6–8）。

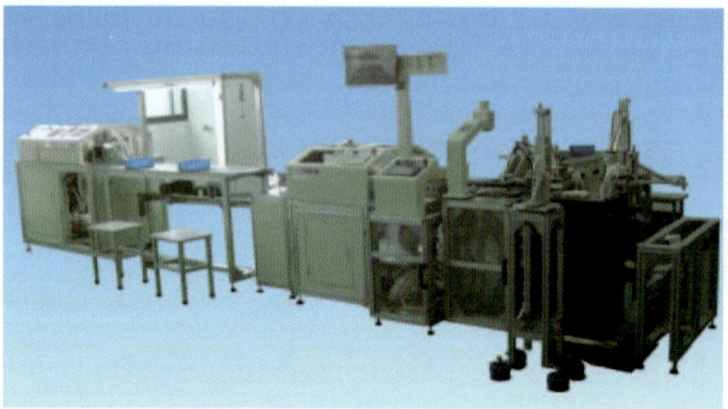

图6-7　DM系列微型麦克风自动装配生产线

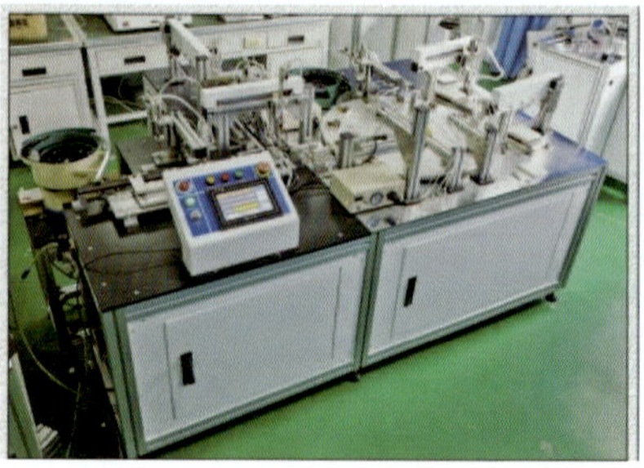

图6-8　DQ系列蜂鸣器自动装配生产线

2．搬运/码垛机器人

在石化、化工后处理成套设备研发、生产和销售方面，哈尔滨博实自动化装备股份公司开发了全自动码垛成套设备（图6–9、图6–10）、顺丁橡胶后处理成套设备等工业机器人生产线（图6–11），产品遍及国内除西藏以外所有省份，综合市场占有率达65%以上，同时产品远销俄罗斯、哈萨克斯坦、泰国等国家，被《福布斯》列入2009年中国最具发展潜力企业200强。

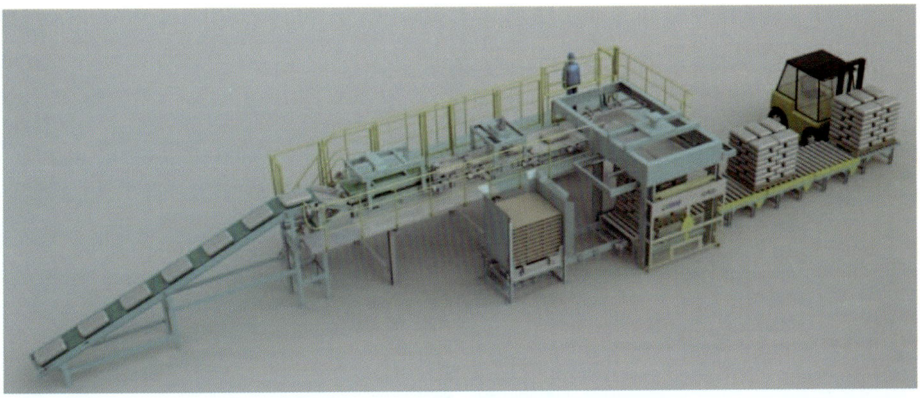

图6-9　ZMFL2000型全自动码垛成套设备

图6-10　ZBML1800型FFS全自动包装码垛成套设备

图6-11　顺丁橡胶后处理成套设备

天津大学先后开发Diamond,Delta-S和Cross-Ⅳ等具有自主知识产权且性能达到国际先进水平的2-4自由度高速搬运机器人3个系列新产品，在锂电池分选（在天津力神应用），医药软袋（在北京双鹤药业应用）、果奶和塑性炸药（在云南安化应用）十余条包装和搬运自动化生产线上得到成功应用（图6-12至图6-15）。

图6-12　锂离子电池机器人分选工作站

图6-13　出口英国Warwick大学（新华社伦敦分社提供）

图6-14　医用软袋机器人包装生产线

图6-15　塑性炸药机器人包装生产线

南京埃斯顿自动化股份有限公司研发的工业机器人，目前已经达到成本比国外机器人低至少30%，性能和可靠性在很多特定应用领域与国外机器人处于同一水平。埃斯顿机器人和机械手成套设备产品已初步产业化，并在冲压搬运，板材折弯、焊接、上下料等工业生产线得到应用（图6-16、图6-17）。

上海沃迪自动化装备股份有限公司在搬运机器人方面开展了相关的研发，面向包装、物流行业，广泛应用于化工、食品、饮料、医药、建材、自动化立体仓库等自动化包装物流生产线。机器人取得CE认证、产品远销欧洲及北美等发达国家（图6-18）。

图6-16　机器人和折弯机工作单元

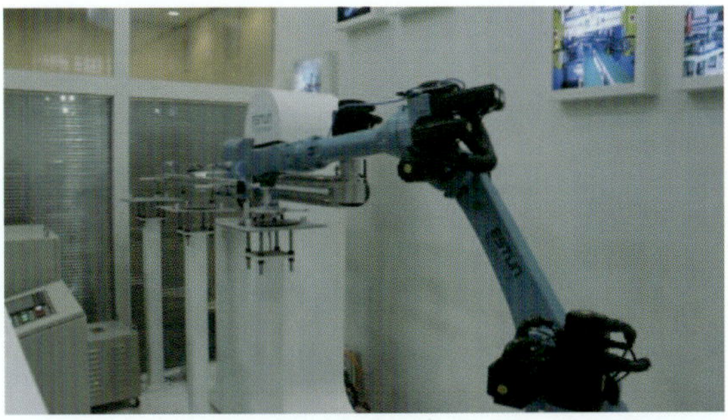

图6-17　机器人和机械手工作单元

图6-18　模块化搬运机器人

3．工业机器人汽车生产线应用示范

2011年3月由奇瑞装备公司自主完成的S11侧围焊装线是我国具有自主知识产权的机器人自动化焊接线，可实现S11车型左右侧围的生产，目前该生产线已经投入使用（图6-19）。

安徽巨一自动化装备有限公司研发的汽车白车身机器人焊装成套技术已经在一汽、东风、北汽、奇瑞、江淮、长城等国内整车企业与伊朗、埃及等国外的整车企业得到了广泛应用，部分关键技术在合肥车桥、昌河汽车等也进行了技术推广。近年来已经为客户方提供焊装生产线40多条，为应用企业新增产值超过40亿元，取得了良好的经济效益和社会效益（图6-20）。

图6-19　由自主机器人组成的S11侧围焊接生产线

图6-20　汽车白车身机器人焊装生产线

北京博创兴盛科技有限公司成功研制出嵌入式模块化工业机器人控制器，并在青岛创想、软控科捷、无锡瑞力生等公司进行批量销售和应用。

从2010年4月开始陆续在奇瑞进行测试，2011年11月份在奇瑞165kg点焊机器人上通过了5台套连续2个月无故障运行测试；2012年4月份在奇瑞焊接车间安装了一台165kg点焊控制器进行实际加工，预计到2012年7月份将车间安装2台套点焊控制器进行实际加工（图6-21）。

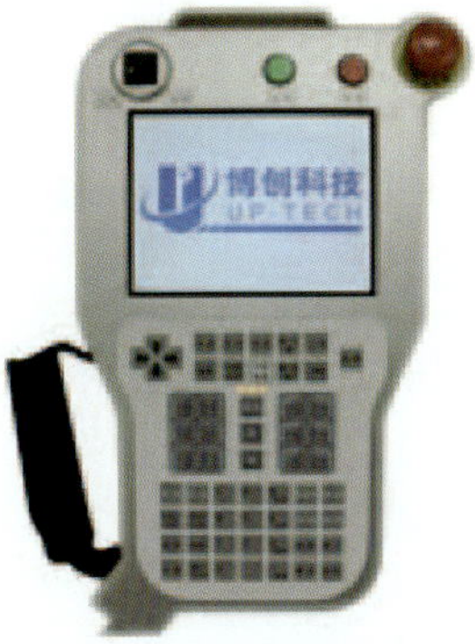


示教器

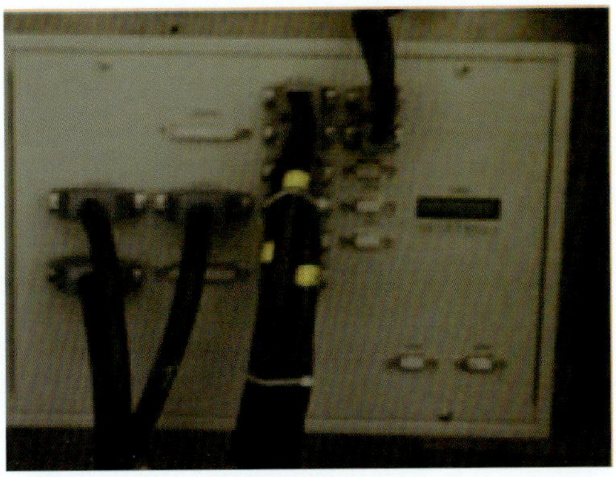

控制器

图6-21 嵌入式模块化工业机器人控制器

4. 用于机械加工的工业机器人

广州数控已完成100多台工业机器人生产，并已实现销售50多台，同时应用推广十余台，产生了1000多万元的经济效益。

广州数控公司目前已建立2条“电机后端盖柔性加工”生产线，由2台RB08搬运机器人和3台数控车床组成的，每天工作8小时，可加工电机后端盖400个左右，可至少替代两位车床操作工。已建立1条电机包装码垛生产线，采用120kg码垛机器人，能自动检测传送带是否有料和识别包装箱类型，拥有完整的安全监控系统，示教支援内含十多种垛型，操作简单。

广州数控与天津大学、重庆大学、南开大学、北京航空航天大学、华南理工大学、广东工业大学、番禺理工职业技术学院等国内院校展开产学研合作，在一些院校展开了示范应用教学与研究（图6-22、图6-23）。

图6-22 GSK工业机器人在上海第三机床厂应用示范

图6-23 GSK工业机器人在兰溪机床厂应用示范

依托哈工大机器人研究所，海尔哈工大机器人技术有限公司研制开发了用于汽车、电子、电器等行业的装配自动化系统（生产线、工作站）、工业机器人（图6–24、图6–25）。

图6-24　装配自动化系统

图6-25　工业机器人及其应用工程

青岛科捷自动化设备有限公司形成了年产4自由度以上机械手200台以上的能力，在黏土成型行业，开发设计出一款迷你两轴伺服控制机械手，实现黏土冲压成型后的取出与码盘，代替人工，提高效率。在注塑加工行业，开发了上下行程3000mm以上的注塑机械手，配合比较大吨位的注塑机使用。

5．AGV工业机器人

至2011年，新松已经生产800多台AGV产品，广泛应用于汽车制造、机械加工、电子、纺织、造纸、卷烟、食品、印刷、图书出版等行业，占据国内AGV市场70%以上的份额。2007年，公司自主研发的AGV一举获得通用3个新建厂项目的底盘合装工程，实现了出口零的突破。从此，新松AGV走出国门，进入国际市场，先后出口到美国、韩国、墨西哥、印度、俄罗斯、加拿大等国家，开创了国产机器人出口的先河。

新松已为汽车、电子、纺织、造纸、卷烟、食品、图书出版等行业客户提供了400多台套AGV系统，拥有许多成功案例，尤其是汽车生产线上使用的装配型AGV处于行业垄断地位（图6–26）。

变速箱装配型AGV

发动机装配型AGV

图6-26　AGV机器人

6．IC洁净机械手工业机器人

北方微电子干法刻蚀机用真空机械手，产品性能高效、可靠，已在国内多家半导体厂广泛应用。北方微电子LED刻蚀机用真空机械手，已经实现40台套量产。芯源微电子涂胶匀胶机机用大气机械手，可搬运300mm、200mm晶圆，与同类国外机械手性能相同。此款机械手已经通过用户的验收，批量用于该公司的产品线中，为后期合作奠定坚实基础。半导体所大负载真空机械手，可搬运5kg的大负载托盘等。产品功能完善，性能稳定，可在部分应用中替代BrooksMag8大负载机械手，为国内外客户提供了更多的选择。上海微电子光刻机用机械手，产品小型化，可替代GENMARK同类机械手，性能稳定，将用于刻蚀机中进行300mm晶圆自动传输（图6–27）。

洁净机械手涂胶系统

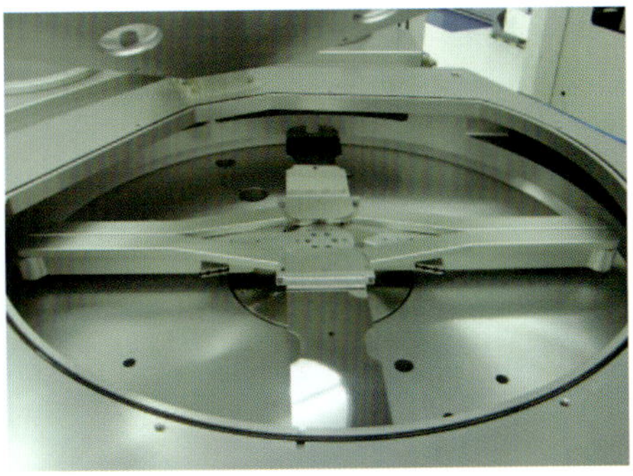

真空机械手刻蚀机系统

图6-27　IC洁净机械手

7. 激光加工机器人应用领域

在冲压模具激光强化加工方面，在机器人与激光结合的集成化智能激光加工系统上，通过离线方式进行编程。通过对加工工件的自动检测，产生加工件的模型，继而生成加工曲线，并在此参数曲面上规划五轴激光加工的等距轨迹，完成冲压模具激光强化加工（图6-28）。

图6-28　智能激光加工系统





中科院沈阳自动化所在机器人激光拼焊生产线方面进行了研究，国产全自动机器人激光拼焊生产线已经在南京宝钢住友金属制品公司投入运行3年多，已为多个汽车制造企业生产300多万张激光拼焊板（图6-29）。

图6-29　机器人激光拼焊机器人

# 第三节　水下机器人

## 一、背景与发展历程

随着我国社会进步与经济发展，海洋尤其深海研究、开发和利用越发重要，对保障国家安全、缓解资源和环境、拓展国民经济和社会发展空间，将起到更加重要的作用。水下机器人是人类开发和利用海洋有效的工具，目前水下机器人技术已成为各国重点发展的技术领域，从20世纪60年代起，发达国家争相投入巨资开展相关研究，力求把握深海技术的制高点。

我国在20世纪80年代初开始发展水下机器人技术，在国家的支持下遥控水下机器人、自治水下机器人研制取得了突破。在国家863计划支持下，1994年1000m“探索者”号自治水下机器人研制成功。1995年8月，与俄罗斯科学院海洋技术研究所合作，CR-01 6000m无缆自治水下机器人研制成功，技术达到国际同期的先进水平，成为世界上拥有潜深6000m自治水下机器人的少数国家之一。

1999年，国家863计划和中国大洋协会共同支持的“CR-02”6000m自治水下机器人在成功完成实验室调试、湖上试验和工程化改造工作后，2006年9月19日至11月10日在南海海域成功进行了深海试验。通过深海试验“CR-02”6000m自治水下机器人进行了在深海环境下的使命与运动控制、监测与遥控、水下探测技术等以及综合性能的验证。2007年6月，“‘CR-02’6000m自治水下机器人研究与开发”课题通过了中国大洋协会办公室组织的验收。“CR-02”自治水下机器人的研制成功，标志着我们在自治水下机器人技术和应用方面又实现了新一步的跨越。

## 二、核心技术突破与典型成果

### （一）核心技术突破

CR-01自治水下机器人可以在6000m水下进行摄像、拍照、海底地势与剖面测量、海底沉物目标搜索和观察、水文物理测量和海底多金属结核丰度测量，并能自动记录各种数据及其相应的坐标位置。CR-01自治水下机器人的研制成功，使我国具有了对除海沟以外海域进行详细探测的能力。

1991年，中国大洋矿产资源研究开发协会被联合国批准为第五个深海采矿的先驱投资者，承担30万$km^2$海底的探测任务，并最终拥有对矿产资源最丰富的7.5万$km^2$优先开采权。CR-01为此提供了强有力的技术手段。继1995年8月CR-01在太平洋完成深海功能试验之后，1997年5月20日到6月27日，又进行了历时39天的工程化试验，对太平洋底的多金属结核矿进行了调查。其中6月10日在水下近10h，海底工作时间6h，进行了照相、侧扫、浅剖、温盐测量，对机器人进行了遥控，获得大量调查资料，圆满完成预定任务。1998年6000m无缆自治水下机器人获国家科技进步一等奖。

“CR-02”除具有“CR-01”的功能外，还具有更好的机动性能，并具有对洋底微地形地貌进行探测和对洋底地形的跟踪能力和爬坡能力，使“CR-02”具备进行多种深海资源调查的能力。“CR-02”机器人首次使用了双电机对转桨推力器，提高了纵垂面运动的机动性；首次研制了非同轴的对转螺旋桨。通过对推进器进行合理布局，提高了潜水器的操纵性，使“CR-02”在复杂海底安全航行的能力得到提高，避碰与爬坡的能力得到增强。“CR-02”半物理数字虚拟仿真平台，为安全、便捷地进行深海应用奠定了基础；研制成功了全新型的测深侧扫声纳系统，使“CR-02”具有进行地形地貌探测和浅地层剖面能力（图6-30）。

图6-30　6000m自治水下机器人

## （二）典型成果

1．深海载人潜水器的研制与海上试验

为了抢占国际海底资源、在“蓝色圈地运动”的赢得主动，同时推动我国深海运载技术跨入世界先进行列，应中国大洋矿产资源研究开发协会（以下简称中国大洋协会）的请求，科技部[2002]179号文《关于“十五”863计划重大专项“7000m载人潜水器”启动的批复》批准设立“7000m载人潜水器”重大专项，2003年863计划先进制造技术领域办公室与中国大洋协会正式签订合同，全面启动了项目研发工作。

“7000m载人潜水器”重大专项的目标是研制一台实用的、采用多种高新技术、新材料和新工艺集成起来的、拥有自主知识产权的7000m载人潜水器，使其总体技术指标达到国际领先水平，以满足我国海洋开发及大洋矿产资源调查的需要，提升我国国防综合实力，保卫海洋国土资源，圈占国际海底资源，推动海洋矿产资源和生物基因资源的开发。同时，希望通过项目研发，对于打破发达国家在海洋学科领域的垄断地位，提高我国在海洋领域乃至国际上的地位（图6-31）。

图6-31　载人潜水器

这台新型潜水器的标志性成果如下：

（1）在世界上同类型的载人潜水器中具有最大工作深度——7000m，这意味着该潜水器可在占世界海洋面积99.8%的广大海域使用。

（2）与其他国家载人潜水器相比具有最为强大的动力，这表明该潜水器能长时间的进行水下作业、具有从事高强度作业的能力。

（3）具有针对作业目标稳定的悬停定位能力，为该潜水器完成高精度作业任务提供了可靠保障。

（4）具有先进的水声通信和海底微地形地貌探测能力，高速传输图像和语音，探测海底的小目标。

（5）配有多种高性能作业工具，确保载人潜水器能在特殊的海洋环境或海底地质条件下完成热液保真取样和岩芯取样等复杂任务。

中国大洋协会、中国船舶重工集团公司第702所、中科院沈阳自动化所和中科院声学所等单位参加人员经过6个春秋奋斗和拼搏，载人潜水器历经设计、加工制造、总装联调、水池功能性试验等研制阶段，于2008年初具备了出海试验的技术条件，载人潜水器2009年8月出海试验。

载人潜水器海试工作是一项复杂、涉及面极广的系统工程，从技术层面讲，牵涉到潜水器本体系统、水面支持系统、潜航员系统、陆地保障系统等诸多方面；从组织层面上讲，涉及国内几个部门和他们下属的单位，包括任务下达部门科技部、专项组织部门国家海洋局、专项具体组织实施单位大洋协会以及任务主要承担单位中船重工集团702所、中科院沈阳自动化所、中科院声学所、中船重工集团701所、为项目提供船舶保障和潜航员队伍保障的北海分局，以及为7000m专项配套的多家科研院所和企业。

2009年8～10月，经科技部批准，在国家海洋局的组织下，中船重工集团、中国科学院、交通部、总参作战部通力协助，来自全国12家单位的178名参试人员不辱使命，严格贯彻“精心组织、安全第一、层层把关、责任到人”的原则，与烈日抗争，与台风周旋，与时间赛跑，试验队伍尊重科学、依靠专家，以坚定的信念、旺盛的斗志、拼搏的精神、科学的决策，沉着冷静，坚毅果敢，战胜了各种困难和挑战，于2009年10月圆满完成了1000m海上试验任务。

载人潜水器1000m海上试验完成20次下潜试验，最大下潜深度达1109 m，实现了载人潜水器本体与水面支持系统之间的适配性磨合；完善了载人潜水器从甲板到水面的布放和从水面回收至甲板的操作规程和操作口令；形成了《深潜部门操作规程》；探索掌握了试验母船在特定作业条件下的协同操纵模式；潜水器各系统和设备功能在海上得到全部实现，潜水器“下得去、上得来”的设计理念得到了充分验证。

同时，载人潜水器1000m海上试验探索实践了民用大型科技项目联合攻关新模式，载人潜水器海上试验组织正规、管理规范、程序严谨、方法科学；建立了政府间、军民间相互协调的机制，形成了有效规范的现场组织指挥体系，建立了各岗位间相互协同的作业模式，形成了规范的试验文件和严格的质量管理制度。

载人潜水器1000m海上试验打造践行了“严谨求实、团结协作、拼搏奉献、勇攀高峰”的中国载人深潜精神。锻炼和培养了年轻的中国载人深潜队伍，使这支队伍基本具备了高效、正确开展海试工作、海上现场排除技术故障及解决问题的能力。

在2009年载人潜水器1000m海试的基础上，经过7个多月的技术改进，2010年5～7月，来自全国13家单位的95名成员再次齐聚向阳红09船，共同执行了载人潜水器3000m级海试任务。

通过载人潜水器3000m海试，多次刷新我国载人深潜深度纪录，最大下潜深度达3759m，创造了水下和海底作业时间9小时3分钟的纪录，完成水下长距离巡航、测深侧扫微地形地貌测量、近底目标搜索、机械手作业、深海水样获取、海底生物捕获、照相、摄像、图文传输、语音通信等一系列工作，完成了真正意义的海底作业任务，潜水器初步具备了深海环境下的作业能力。3000m海试的成功标志着我国真正成为国际上少数几个具备3500米深度载人深潜科学考察和作业能力的国家之一。试验还进一步完善和优化了载人潜水器布放、回收和水下作业操作规程和操作口令；优化并熟练掌握了试验母船与载人潜水器协同操纵模式；制定和完善了一整套应急处置预案，为潜水器实际应用积累了丰富的经验。

在1000m、3000m海试的基础上，2011年7月1日向阳红09船从江阴启航奔赴预定试验海区（E1区：10° 07′ N，154° 13′ W）——中国大洋协会多金属结核勘探合同区。

蛟龙号在5000m,验海区完成5次下潜，5次穿越4000m深度，4次超过5000m深度，创造了最大下潜5188m的深度纪录，蛟龙号各种设备的耐压、密封等关键技术经受了考验和验证，潜水器总体状态稳定，试验内容全面完成。水面支持能力进一步增强，环境调查项目成果显著，全面完成了5000m级海试任务。

2．深海载人潜水器经过5000m级海试，取得的成果如下

（1）中国载人深潜技术已进入国际先进行列

5000m级海试是中国载人深潜第一次真正意义上挑战深海极限环境，是第一次挑战国际性深海技术难题，是继2010年3000m级海试成功后我国深海技术领域的又一个里程碑，是我国海洋发展史上的一次重大历史事件，标志着我国深海载人技术已跨入国际第一梯队，步入国际先进行列。

（2）深海载人潜水器极端深海环境作业能力得到初步验证

实现深海极端环境下海底作业是蛟龙号载人潜水器研发的真正目的。在试验海区的5次下潜中，蛟龙号4次到达5000m极端深海环境海底，实现较长时间的海底航行、海底照相和摄像、沉积物和矿物取样、生物和微生物取样、标志物布放、海底地形地貌测量等作业，初步验证了潜水器作业能力。蛟龙号极端深海环境作业能力的初步显现，标志着我国开始具备在全球70%以上的海洋区域开展深海科学研究和资源勘查的能力（图6–32、图6–33）。

图6-32　E1区的海参

图6-33　布放标志物

（3）深海载人潜水器的独特优势展示了广阔的应用前景

蛟龙号在海底巨型底栖生物视像调查、巨型底栖生物样品采集以及科学家身临深海环境方面具有独特的优势，这种优势展示了其在深海环境调查、资源勘查、科学研究中巨大的应用潜力和广阔的应用前景。

5000m级海试中，我国首次获得多金属结核高清海底录像和照片，清晰分辨以前难以确定的生物种类（如：鼠尾鱼），首次分辨出合同区海底深海巨型原生动物，首次采集到1个极为罕见的、扁平状巨型单细胞原生动物。这些科学成果的取得，均是蛟龙号独特优势的具体体现。

（4）多次辗转试验海区增强了对CC 区资源与环境的认识

受海试海况影响，向阳红09 船被迫4 次长距离跋涉辗转在南北5.5 个纬度跨度，东西3 个经度跨度的三个试验海区，寻机开展下潜试验。在辗转过程中，首次获得了多金属结核合同区外、国际海底管理局的一个环境保全参照区内（E3 区）的部分环境数据、样品和生物照片。根据视像调查结果，E1区至E3区鼠尾鱼和海参等运动能力较强的深海巨型底栖生物均有出现，表明它们的分布较广；而多金属结核的丰度则自北向南逐渐减少，以至于在E3区没有发现多金属结核的赋存。从E1 区、E2区至E3区，随着离赤道越来越近，100m以浅水层中硝酸盐浓度成倍升高，表明具有高营养盐浓度的北赤道流对E1区有较明显的影响。本次海试积累的资料对于国际海底管理局CC区保全参照区和勘探合同区对比研究有一定的科学价值（图6–34、图6–35）。

图6–34　在多金属结核合同区E1区拍摄到的鼠尾鱼

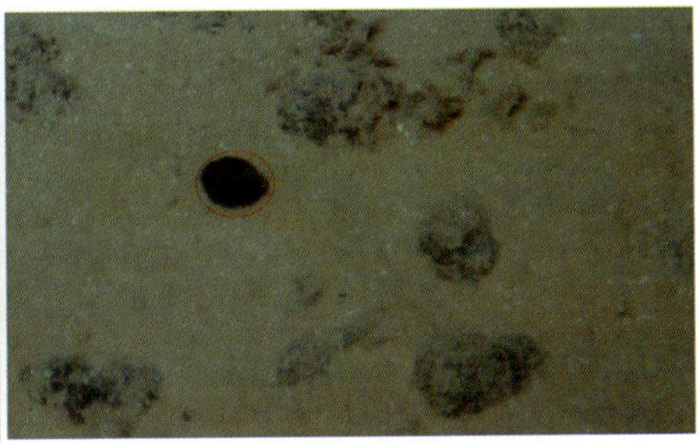

图6–35　合同区巨型单细胞原生动物（左红圈内）

（5）中国载人深潜队伍具备了远征大洋、决胜复杂海洋环境的能力

正是恶劣的海况、极端深海环境的技术挑战成就了中国载人深潜队伍的迅速成长。在参试技术人员总体规模缩减的情况下，圆满完成了5000m

级海试技术保障任务，潜水器技术队伍排除故障和现场技术保障能力进一步增强。在恶劣的海况下，他们积累了高海况布放回收的经验；在能见度不足100m的回收过程中，他们确定了在海面寻找定位潜水器的技术途径；在不同的试验海区，他们提出了对海区资源、环境的新认识。从对海试现场形势的判断与决策，到海试各岗位间的协调与配合；从海试操作规程的归纳制订，到海试应急预案的完善；从设备故障的诊断定位，到现场故障的排除与技术改进；从受训潜航员的初学驾驶，到第一代职业潜航员的熟练操作，从设备研制人员的全程技术操作，到未来应用队伍的逐步介入，每一项工作的出色完成，都反映出中国载人深潜队伍挑战深海极端环境能力的不断提升。中国载人深潜队伍经过1000m、3000m和5000m级海试的磨练和经验积累，已经具备了科学决策、正确应对、得力实施的深海工作能力，这支队伍将成为我国未来深海技术发展的中坚力量。

（6）中国载人深潜精神进一步发扬光大

“严谨求实，团结协作，拼搏奉献，勇攀高峰”是中国载人深潜研制和海试团队在蛟龙号载人潜水器研制和1000m、3000m和5000m级海试中总结凝练并用于指导工作实践的指导思想，是参试队员唱响在大洋深处的一曲传承与创新的时代壮歌。

中国载人深潜精神是中华民族奋斗精神的一个具体缩影，展示了当代中国海洋工作者的宽广胸怀和时代意识，体现了中国海洋科技向深海大洋领域迈进征程上的新特征，是新时期中国海洋事业的宝贵精神财富。

（7）央视现场直播在国内外观众中引起强烈反响

央视通过镜头将蛟龙号下潜的精彩过程直播呈现给全国、全世界观众。中国载人深潜事业取得的辉煌成就，参试队员为祖国深潜事业拼搏奉献的精神，严谨求实的作风，在国内外引起强烈反响。直播报道振奋了民族精神，增强了海洋意识，普及了深海知识，全面提升了中国载人深潜在国内的认知度，得到了国人的理解和支持。参试队员则怀着一颗平常心，克服面对镜头的紧张情绪和心理压力，在镜头下精心操作，保证了蛟龙号布放回收和海底作业的安全，真实地展现了海试队员的精彩。

# 第四节　特殊环境机器人

## 一、背景与发展历程

在不适合人停留、对人危险、乃至人不可达环境下代替人完成使命，是特种机器人的最主要使命。“十五”、“十一五”计划期间，国家863计划先后启动了深海/空间/极地科考、危险品操作、反恐防暴、灾难救援、深海探测、核环境下作业等多个领域的机器人研究项目，极大地推进了我国特种机器人技术的快速发展，促进相关研究从技术变成试验样机、再从样机走向示范应用乃至工程应用的良性发展模式；相关研究成果填补了多项国内空白，为我国经济建设与发展提供了重要的高技术支撑。

1．极地科考机器人

极地蕴藏着巨量的自然、科学资源。一方面，极地冰雪覆盖区作为地球系统的最大冷源，其环境要素的变化对全球气候变化起着关键作用，关系到人类的生存与发展；另一方面，极地资源、能源的进一步开发利用在政治、经济、军事等方面具有无可比拟的战略意义。目前，世界各个主要国家均大幅度增加对极地研究的投入，在权益、资源、科学调查等方面不断争夺，不断角力。但是，极区环境恶劣，频发的时空小尺度天气系统以及海冰潮汐缝、冰盖裂隙、冰雪低温等，随时可能威胁科考队员的生命；目前，极地高危险区域和极端恶劣环境下的科学监测尚无成熟技术手段，仍是科考空白区。高危险性和时空范围局限性，成为限制极地科考纵深发展的主要瓶颈。随着极地科考规模的发展和目标的提升，在安全保障系统和科考手段中引入高技术装备，为更深层次的极地科考寻找新的突破点已经成为迫切需求。机器人作为一种智能化、高技术装备，作为延伸的科学家的眼睛、腿脚、手臂和探测仪器，实现漫游、观测、探测、采样、分析等功能，对大范围、深层次极地探测具有重要意义。

我国863计划于2006年立项研制具有自主知识产权的冰雪面移动机器人和低空飞行机器人，旨在为我国极地科考提供可适应极地恶劣环境、具有一定自主能力和多种观测能力的高技术装备。中国极地研究中心、中国科学院沈阳自动化研究所、北京航空航天大学经过多年的联合攻关，成功研制出冰雪面移动机器人和低空飞行机器人实验样机，在2007年、2009年和2012年三次赴南极开展现场科考试验，验证了在机器人技术用于极地科考的可行性，并在多项关键技术上取得了突破。为“十二五”期间实现极地机器人装备的实用化和新能源极地机器人的研制奠定了良好的基础。

2．危险品操作机器人

随着经济的高速发展，我国部分地区各种恐怖犯罪活动和分裂势力破坏活动也日益增多。我国公安、武警部门迫切需要先进的技术装备以应对突发事件，其中最为经常的是处置爆炸物。十年前我国排爆基本是人工进行，危险性很大。

面向我国急需发展危险品操作装备、保障国家公共安全的重大需求，自2001年以来，在国家863计划的支持下，通过针对危险品操作机器人基础理论和关键技术方面开展的一系列的创新研究，研制开发出性能先进的系列化危险品操作机器人，包括“灵蜥”、“灵豹”及“灵狐”系列危险品操作机器人；其中“灵蜥”、“REX”系列机器人已成为拳头产品，包括“灵蜥－A”、“灵蜥－B”、“灵蜥－H”、“灵蜥－HW”和“REX530”等型号。目前已批量装备公安、武警部队，投入应用达100台套，并被列入“中国警察装备采购指南”。通过多次在公安和武警系统反恐演习和在处置恐怖事件的应用表明，灵蜥和REX系列危险品操作机器人产品性能优良，REX530奥运会期间批量装备北京特警部队，为奥运保驾护航。2011年，REX530作为拳头产品出口10余台套，参加了2011年阿布扎比防务展，受到国外军方的高度关注。本项研究成果不仅是我国特种机器人技术研发与应用的一个新的里程碑，也是对我国反恐装备技术发展的一个重大贡献（图6–36、图6–37）。

图6-36　奥运期间，全国武警部队批量装备REX530排爆机器人

图6-37　REX530机器人参加阿布扎比防务展，受到国内外军方用户高度关注

3．反恐侦察机器人

为应对日益活跃的国际恐怖主义和日趋严峻的国内恐怖活动，国家科技部按照党中央决策部署，坚持走自主创新道路，着眼我国公共安全长远发展，紧盯世界反恐机器人发展前沿，在“十五”期间，根据我国排爆机器人技术明显落后于西方发达国家的实际情况和国内反恐形势发展急需，863计划先进制造领域以攻克行走、操控、多自由度抓取等关键技术为切入点，着重解决复杂环境条件下利用机器人对可疑爆炸物进行检查、拆解、抓取搬运及处置等排爆任务，先后支持启动了“灵蜥”、JW-90、Super-Ⅲ、RT3-E0D、XBOT等系列排爆机器人和防暴弹发射机器人项目的研发及“反恐防暴机器人测试、评估与培训关键技术研究”软课题研究。在支持反恐排爆机器人研发的同时，863计划经严密组织论证，提出了反恐侦察系列机器人的研发课题，为“十一五”期间持续支持国家反恐领域装备发展指明了方向。

“十一五”期间，863计划根据“十五”期间的研发经验和反恐任务需求，在先进制造领域支持研发了系列反恐侦察机器人，力求在反恐作战“查得清”环节和侦察装备的微小型化、灵活性、机动性、环境适应性及噪音控制等关键技术方面取得突破。支持启动了“特殊环境下系列微小型机器人实用化技术研究”课题，研究了墙壁面爬行探测、抛投式探测、飞机壁面爬行探测、地面移动探测等不同探测方式的机器人。通过3个阶段的支持，在科研人员共同努力下，反恐侦察机器人研发经历了原理样机、工程化样机、实用样机，攻克了主要关键技术，在可靠性、实用性方面取得了可喜的成果，正在向产业化迈进。其中低噪声爬壁侦察机器人在噪声控制方面成果显著，达到实用化，完成生产销售8台套；XBOT510

侦察排爆机器人突破了高效可靠履带机构设计制造技术、大负载紧凑型机械臂设计制造、机器人全车防水设计等关键技术，各项性能指标达到美国iROBOT公司同类产品水平，被雪豹特警部队采用，实现生产销售20余台套（图6–38、图6–39）。

图6-38　XBOT510反恐侦察机器人具有全车防水能力

图6-39　XBOT510被雪豹特警部队采用

经过10年的不断研究投入，863计划在先进制造领域对反恐机器人的研发积累了大量经验，在“十二五”开局之年，根据国家公共安全发展形势，对国家反恐、应急救援等任务急需项目继续给予优先支持，通过解决关键性课题和技术瓶颈，为国家在公共安全领域与抢险救援现代化建设方面提供更加有力支撑。

4．旋翼飞行机器人

鉴于飞行机器人重要的战略和战术意义，21世纪以来，以美国、日本、以色列为首的发达国家全力开展了飞行机器人相关领域的应用研究，多种型号实现产品化并得到装备应用。但飞行机器人强烈的军事应用背景，发达国家对于具有15kg以上载荷能力的飞行机器人本体以及可实现全自主飞行的控制系统硬件与软件实行了对我国的全面技术封锁。

从2003年开始，中科院沈阳自动化研究开始了对旋翼飞行机器人的研究，早期采用了航空模型本体加载传感控制系统的方式，重点开展自主控制方法的探索性研究。于2007年自主研发出第一代具有全自主飞行控制能力的飞行机器人控制系统。在“十一五”期间，旋翼飞行机器人得到国家863计划重点支持，实现了从理论研究到飞行实验验证再到实际工程应用的跨越式发展，于2010年成功研制出具有40kg能力的全自主型旋翼飞行机器人系统，并针对我国民用市场的需求，积极与电力、农业、消防等相关企事业单位合作，广泛展开飞行机器人系统的实际应用。目前，已经在旋翼飞行机器人气动设计、飞行器导航与控制系统、机载电子系统、结构优化、新型复合材料等关键领域拥有完全自主知识产权并申请多项国家专利，实现了旋翼飞行机器人系统的系列化研制，并在输电线路巡检、高压线路架设、农田施药、地震救援、超高层火情监控等方面进行了广泛地示范应用，取得了明显的经济和社会效益，得到了用户的普遍认可。作为国家863计划重点支持项目，系列化旋翼飞行机器人打破了国外对我国的技术封锁，填补了多项国内空白。

“十二五”期间，旋翼飞行机器人系统研究以应用需求为背景，面向三个方向开展：在学术研究方面，主要针对飞行机器人动力学设计、高机动飞行与容错控制、多飞行机器人协作等国际热点与难点问题展开方法研究，为系统实际应用奠定坚实的理论基础；在民用方面，立足于高可靠的智能化飞行机器人装备研制，积极开展输电线路巡检与架设、农业低空农药喷灌、公共安全等领域的应用与产业化运作，为飞行机器人提供广阔的发展空间；在军事方面，研制具有舰船自主起降能力、高抗风扰能力和强容错能力的军事装备级飞行机器人系统，已完全打破西方国家对于我国的装备级飞行机器人战略技术封锁。

5．农业机器人

农业问题是关系到中国社会经济发展的根本问题。农业机械化极大提高了农业生产效率，但并不能解决农业作业中全部问题。并且，随着科学技术和经济的发展，人们对农业生产的观念已从单纯追求产量、效率和效益变为对基于环境、生态、资源、人口等协调的可持续发展的向往。实施精确农业，广泛应用农业机器人，以技术代替资源，可提高资源利用率和农业产出率，解放劳动力，提升经济效益，是未来农业发展的必然趋势。

针对我国农业生产的特点，在“十五”、“十一五”期间，863计划对当前农业生产中急需的田间及设施农业作业的农用机器人进行了重点部署，研发出包括果蔬采摘机器人、田间锄草机器人、智能施药机器人、嫁接机器人及果蔬分选机器人等多款实用型机器人，部分产品已经开始产业化，并在国内市场进行推广应用。

6．救灾机器人

救灾机器人是一种高技术装备，能够在幸存者/遇难者搜索、救援通道建立、近场监测以避免次生灾难损失、有毒有害物质检测、传送救生食品药品、快速大范围信息获取等方面辅助或代替人进入危险现场，完成搜救使命。对于提高灾难搜救的效率、效果、以及减少救援人员所面临的危险具有重要的实际意义。

中国是一个灾害频发的国家，采用高技术手段实现对灾害现场的快速响应、信息获取、救助决策以及对受害者的辅助救援，是我国保障社会稳定，构建以人为本和谐社会所必须的关键支撑手段之一。针对中国的国情，我国的救灾救援危险作业机器人技术研究主要从幸存者搜索、灾情获取、辅助救援这三方面进行，经历了“十五”期间的原理样机研究阶段、“十一五”期间关键技术攻关及示范应用阶段，“十二五”期间将进入救灾机器人的产品化和产业化阶段。

在国家863计划资助下，“十二五”间我国研制出多种搜救机器人实验样机，如中国科学院沈阳自动化研究所研制的模块化便携式移动机器人、蛇形机器人、可变形机器人等实验样机；北京航空航天大学机器人研究所了一种模块化可重组履带机器人结构，目的在于解决履带机器人的通用性、地形适应性、便携和微小化问题，得到一个几者之间兼顾的最佳解决方案；针对井下搜索探测机器人，中国矿业大学研制出了一台样机；哈尔滨工业大学与唐山开诚电器公司及开滦煤矿救护队联合研制出小型井下搜索探测机器人样机；中科院沈阳自动化所与鞍山凯信集团合作，研制小型煤矿井下搜索机器人。

在国家863计划资助下，“十一五“期间我国研制出多种搜救机器人实验样机及实用系统。中国科学院沈阳自动化研究所研制出废墟表面搜索与辅助救援机器人系统、废墟内部搜索与辅助救援机器人系统、废墟搜索与辅助救援飞行机器人系统；上海大学研制出废墟缝隙搜索与辅助救援机器人系统，这些救灾机器人系统在国家地震紧急救援训练基地成功地进行了示范应用；唐山开诚电器公司研制的小型井下搜索探测机器人已开始装备煤矿救护队。

在国家863计划资助下，“十二五”期间我国将重点开展灾害现场机器人化破拆装备、机器人化生命探测与搜索装备等研究，同时在国家支撑计划的资助下，面向灾难发生后救援领域对高技术装备的迫切需求，在“十一五”关键技术攻关的基础上，研制多种实用的废墟搜救机器人化装备，并建立测试和生产基地，为我国灾难救援领域提供新型的高技术装备。

## 二、核心技术突破与典型成果

1．极地科考机器人

为应对极地冰雪面的复杂环境，极地冰雪面机器人采用履带作为基本的运动机构。第一代极地冰雪面移动机器人履带为自制的带刺三角形金属带板，对硬质冰面有较好的防滑能力，主要应对冰表面覆薄雪的环境。机器人安装有前后主动摆腿，可以在保持机器人小尺寸的同时，对冰缝、雪台阶、雪坑等特殊地形提供更好的越障通过能力；第二代极地冰雪面移动机器人采用橡胶履带行走系统的方案，通过对驱动轮系及履带的配置及设计参数进行优化，使其更加适应南极内陆冰盖区域覆盖较厚硬质积雪的地表环境。在极地冰雪面环境建模及自主控制技术方面，针对极地冰雪面阳光反射强、缺乏纹理信息及明显地表特征的环境特点，采用了基于栅格高程图/高斯混合模型的激光传感器环境建模方案，实现了较好的极地环境建模效果。在冰雪面履带机器人控制方面，建立了带有滑动参数的机器人运动学和动力学模型，通过对机器人的纵向和横向滑动参数进行在线估计，结合基于在线滑动模型的控制方法，提高了极地机器人在复杂地面的通过性和稳定性。

极地飞行机器人通过气动布局、动力系统和起飞回收系统综合优化，适合极地环境使用，具有8kg载荷以及5级抗风能力，通过了海拔1000m以上的40km测试，并在南极中山站完成了大范围的海冰观测飞行，获取了海冰图像和皮温数据。通过深入研究微惯性器件的随机误差建模方法，开发更为优化的滤波和捷联估算算法，提高了自主研发的IFLY-G2 GPS/INS组合导航系统的精度和可靠性，使得该模块达到国际先进水平，高度测量精度达到1m满足了极地科考飞行机器人低空科考飞行的导航控制要求。通过基于XPLANE飞行仿真软件的半实物仿真系统，研究实现了基于自抗扰控制器（ADRC）的高度控制方法，提高了低空飞行的抗扰性和稳定性。提出了适合极地低空飞行的光流定高测量方法，并采用SIFT算法初步实现了对极地低空飞行光流的提取。

2007年11月～2008年1月在中国第24次南极考察期间，极地机器人完成相关试验研究并达到了预期目的。现场实验中，冰雪面移动机器人验证了在南极恶劣环境下的机动能力、适应能力以及自主环境建模能力；低空飞行机器人主要验证了在冰雪面上的起飞与降落能力、超视距自主飞行能力，同时通过搭载于两种机器人的科学载荷包括红外辐射计、自动气象观测站、高精度GPS和航拍相机等，分别在海冰研究领域和冰盖研究领域内实现了大范围的关键参数的自动获取，取得了预期成果。2009年11月～2010年2月，极地机器人再次参加中国第26次南极科考队，在南极“进步一站”完成了低空飞行机器人系统的实地试验，开展了大范围的海冰观测，完成了雪龙船破冰航线航线侦查（图6-40至图6-43）。

图6-40　2007年首次南极实地实验

图6-41　2012年再次极地试验为Amery冰架科考奠定基础

图6-42　雪雁飞行机器人2007年首次在南极实现海冰观测无人飞行

图6-43　贼鸥飞行机器人首次实现从雪龙船上起飞降落，为破冰安全提供空中侦察

2. 危险品操作机器人

“灵蜥”系列机器人突破了机器人移动载体复合移动机构技术，将轮-腿-履带等三种不同的移动机构有机集成，使机器人具有适应多种地形的能力。使得同一机器人系统既能在平坦道路快速移动，又能够攀爬楼梯和跨越障碍，从而能有效应对复杂环境快速开展危险作业。

“灵蜥”系列机器人在机器人操作控制技术方面，突破了非结构环境下人机合作目标物安全、快速抓取技术，并建立了“异构式主从机械臂末端直接控制系统”和“头手伺服跟踪系统”，解决了目前危险品操作机器人抓取作业普遍存在的抓取方式复杂，控制难度大，安全性差的问题。

研制出“灵蜥”系列危险品操作机器人，经过实际应用，不断改进，已形成“灵蜥－A”、“灵蜥－B”、“灵蜥－H”和“灵蜥－HW”等多种型号的危险品操作机器人。自2002年起在公安和武警部队投入使用近60台套，遍及全国20多个省、市、自治区。此外，针对不同应用研究开发了“灵豹”和“灵狐”系列机器人。研制开发的系列化危险品操作机器人具有全部的自主知识产权，申请发明专利8项，实用新型专利6项，外观设计专利1项，获得国家授权的发明专利5项、实用新型专利4项和外观设计专利1项。研制出的系列化危险品操作机器人技术性能达到国外同类产品先进水平，通过产学研结合实现国产化制造，有效降低了产品成本，在国内市场处于领先地位（图6–44）。

图6–44　危险品操作机器人进行实习

该项成果于2010年获得国家科技进步二等奖。

“REX”系列机器人突破了履带移动机器人紧凑化设计技术，机器人可以收缩到警用轿车的行李箱里，提高了应急处置的响应速度，同时通过优化设计的三角形履带结构，同样可以适应多种地形。

“REX”系列机器人在反爆炸遥控操作控制技术方面，突破了线控、无线遥控多种控制方式，并建立了“多视角监控操作系统”和“夹持力柔性调节系统”，帮助操作人员快速把握机械臂抓持角度、距离，实现爆炸物的柔性牢固抓持。在雪豹特警部队组织的反爆炸演练中，“REX”以其快速展开性能和高效的人机交互操作方式，击败了多款国内外排爆机器人，获得了总分第一名成绩（图6–45、图6–46）。

图6-45　广州亚运会期间，REX机器人批量装备广州军区

图6-46　REX排爆机器人在武警组织的反爆炸演练中获得总分第一

3．反恐侦察机器人

墙壁面爬行探测机器人通过可靠的行走机构设计，能够爬行通过弧形墙壁、玻璃幕墙、瓷砖壁面、水泥粉刷壁面等多种表面进行侦察探测，在噪音控制、运动灵活性，密封方式等取得了重要技术突破，处于国外同类产品领先水平。

抛投式探测机器人突破了机器人微小型化、抗落地冲击过载、姿态调整与姿态保持机构设计、实时音视频传输以及微型全向柔性天线等关键技术，可通过抛投、弹射、发射等方式能快速进入反恐侦察现场，将目标区域的现场动态信息实时回传至远程遥控设备，满足实时侦察和快速部署任务要求。

地面移动探测机器人突破了微小型机器人大功率高可靠履带驱动、结构优化、可靠控制和视频传输抗干扰能力、危险品探测模块化载荷设计等关键技术，重点解决了“可靠性、易用性、牢固性”等关键问题，达到在复杂城市环境下“通得过、传得回、可靠耐用、便于携带”的实用性要求。

飞机壁面爬行探测机器人突破了微小型移动机构、小型低功耗控制系统、吸附单元可靠性、机器人降噪及密封等实用化关键技术，可在飞机壁面及金属、玻璃等光滑表面实现直线行走和平面旋转运动实施侦察。

在国家科技部的大力支持和广大科研工作者的协力攻关下，系列反恐侦察机器人正按计划向产业化迈进，其成果也越来越受到社会的关注。2007年，墙壁面爬行探测机器人作为国家863机器人领域重要成果在圣彼得堡举行的中国—俄罗斯年科技交流论坛中进行了现场展示；2009年，墙壁面爬行探测机器人在第24届世界大学生冬季运动会圣火采集仪式的重要环节中圆满完成了采集任务；2011年，墙壁面爬行探测机器人在国家“十一五”重大科技成就展上展出。地面移动探测机器人在国家“十一五”重大科技成果展上高调亮相，并由中央电视台新闻频道进行了现场采访直播，目前已经在武警部队进行应用，受到了官兵们的好评。移动式车底检查机器人攻克可全向移动平台技术、近距离大幅面车底扫描技术、车底环境无线传输和图像处理等关键技术，实现了固定式、移动式和全向移动式三种产品化的车底检查产品，为重大活动保驾护航。2008—2012年两会期间，完成了人民大会堂两会代表的车辆安检任务，2008年奥运会期间，移动式车底检查系统完成了天安门广场近30天的大型车辆安检任务，奥运会闭幕式前夜完成了超规格道具车的安检任务，发挥了不可替代作用。2010年世博会期间，全向移动式车底检查系统协助特警完成了多个场所的突发安检任务，得到了特警的称赞。

经过863计划在先进制造领域10年间持续的不断支持和投入，我国的反恐机器人在疑似爆炸物安全排除、特殊环境下实施有效侦察等关键技术、核心技术方面取得了很大突破，打破了西方国家的技术垄断，研发的系列机器人性能接近或达到了国际先进水平，为公安和武警部队在执行反恐作战任务时保证人身安全、圆满完成反恐任务提供了具有自主知识产权的保障装备（图6-47至图6-50）。

图6-47　墙壁面爬行探测机器人

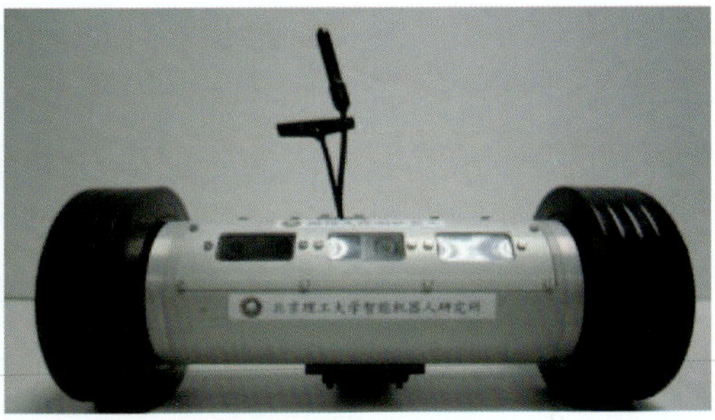

图6-48　抛投式探测机器人

图6-49　全向移动式车底检查机器人参加上海世博会安检工作

图6-50　移动式车底检查机器人参加北京奥运会安检工作

4．旋翼飞行机器人

在大载荷、长航时旋翼飞行机器人本体结构设计技术方面，采用国际先进的主动式飞行机器人结构设计理念，即先由飞行控制研究人员与飞行机器人机构设计人员共同提出飞行动力学数学模型，再依据数学模型设计本体的机械构造，使其满足系统设计的预期指标。大量的实验数据表明，所研制的旋翼飞行机器人的各项动力学系数较之西方发达国家已经公开的型号更加合理，飞机在低空低速状态下的稳定性更好。

在飞行机器人导航控制系统设计技术方面，借鉴现有的成熟经验，针对飞控系统的安全性、控制策略的先进性、多任务实时性、模块化设计等核心内容积极创新，研究成果达到国际先进水平。

在飞行机器人人机接口系统设计技术方面，研制了具有宜人化接口的地面站系统，可实现飞行状态的实时监控。地面站系统采用便携式移动箱设计，方便整个系统移动，并可以实现全天候应用。

在多飞行机器人编队飞行控制技术方面，采用相对动力学建模编队控制方法，通过在线计算相对的状态以实现机动飞行中的高精度编队控制，为未来多飞行机器人协同作业铺平技术道路。

飞行机器人研究成果在“十一五”期间开始向产业化转型，已经应用到多个领域，并取得了一系列应用成果：2009年在中国南海实现了舰面起降与海面巡航飞行应用；2009年在863计划支持下研制的地震救援用飞行机器人，在国家地震救援中心完成了地震救援演习，并受到回良玉副总理检阅；2010年在本溪冰灾、抚顺洪灾时的输电线路巡检发挥了重要作用，并通过了省级成果鉴定；2011年在赤壁成功实现了跨长江不断航初级引导绳牵引作业，取得了较高的经济效益；2011年飞行机器人农药喷灌系统在新疆伊犁生产建设兵团进行了小规模示范运行，并建立了2000亩的示范区等等。大量示范应用的成功完成，标志着旋翼飞行机器人技术研究成果在未来有着广泛的应用前景和发展潜力（图6–51、图6–52）。

5．农业机器人

中国农业大学研制的国内第一台黄瓜采摘机器人采用机器视觉识别黄瓜目标，通过双目立体视觉测定目标位置，控制4自由度机械臂由柔性手指抓取黄瓜目标。目标识别率达97％，采摘成功率达95％，采摘速度为15s/根。该采摘机器人亮相2010年信息化与现代农业博览会，并引起重大反响。

图6-51　央视新闻联播数次报道飞行机器人在救灾、水面等方面的示范应用

图6-52　旋-翼飞行机器人进行高原测试飞行

智能化蔬菜田间锄草装备国际上目前仍处于关键技术的单项攻关阶段。关键技术包括机器视觉苗草定位与伺服控制技术，苗间、行间混联锄草机械手轨迹规划控制技术，锄草机具与动力系统集成控制技术。我国目前在智能田间锄草装备技术方面还处于刚刚起步阶段，中国农业大学、南京农业大学、中国农业机械科学研究院在智能锄草关键技术方面进行了探索性研究，在机器视觉苗草识别、移动式锄草割台等方面取得了一些成果。

近年来，施药喷雾技术一直朝着提高农药有效利用率的精确喷施方向发展，中国农业大学的何雄奎等人采用近红外传感探测技术，探测靶标有无，设计了与国产小中型拖拉机配套的果园自动对靶静电喷雾机，将传统的连续喷雾转变为自动对靶控制喷雾，可节省药液50%～75%。中国农业大学工学院研制的智能化温室对靶施药机器人，采用计算机视觉技术，实现了病虫害区域的精准对靶施药。该喷雾机器人在田间固定轨道完成自动行走以及自动喷雾的作业要求，利用线性霍尔器件实现田间喷雾机移动位置的信号传感。

中国农业大学开发的自动嫁接机器人采用贴接法，可完成砧木和穗木的取苗、切苗、接合、固定、排苗等嫁接过程的自动化作业，可大大促进果蔬生产规模化、产业化。其后，又成功开发出基于图像处理技术的蔬菜嫁接机器人砧木自动定位系统。华南农业大学开展了蔬菜嫁接机器人产业化技术开发，并成功自国内市场上推广。

浙江大学通过自主创新，攻克了诸多关键技术问题，解决了利用单摄像机实现双列水果多表面检测和水果多指标同步检测等难题，研制成功了国内拥有完全自主知识产权的“基于计算机视觉的水果品质智能化实时检测与分级生产线”，并获2008年国家技术发明二等奖。中国农业大学开发了果蔬分选机器人，适用于苹果、番茄、柑橘等多种类球形果蔬的分级作业，并在国内市场推广应用（图6–53至图6–56）。

图6–53　施药机器人

图6–54　黄瓜采摘机器人

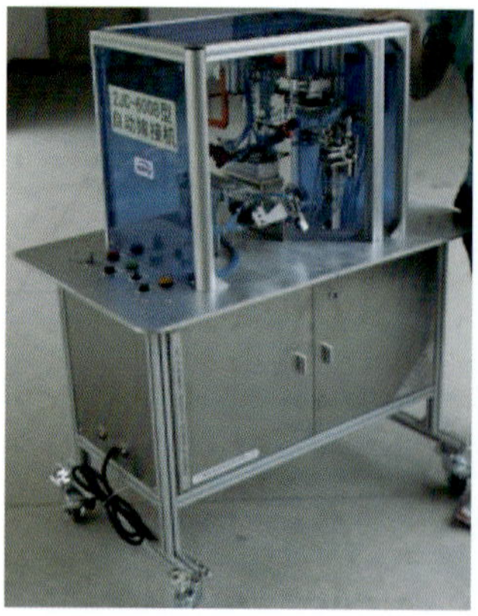

图6–55　嫁接机器人

图6–56　水果分级生产线

6．地震废墟搜救机器人

在废墟中搜索生命体并实施必要的救助，是地震应急救援中的首要使命和最迫切需求。由中国地震应急救援中心作为牵头单位，在明确需求、量化指标的基础上，重点突破了具有废墟环境适应能力的移动机构技术、自主行为控制辅助遥控的操作技术、废墟复杂环境下的通讯技术、任务载荷“即插即用”的开放式接口与信息集成技术、面向实用的系统集成技术等核心技术。研制出废墟表面搜索与辅助救援机器人、废墟内部搜索与辅助救援机器人、废墟缝隙搜索与辅助救援机器人等实用机器人系统，为后续产品化奠定基础。

废墟表面搜救机器人采用履带、摆腿复合移动机构，能够在瓦砾表面上行走，具有20kg负载能力。废墟内部搜救机器人，可根据环境和任务变换自身形状，能够由狭窄入口（400mm×400mm）进入废墟，在倒塌建筑物形成的不稳定瓦砾堆缝隙中运动。两类机器人均具有通用的搜救载荷接口，能够携带光学探测载荷，将废墟环境信息实时传回控制站；携带有毒有害气体探测传感器，探测现场环境；携带机械臂、氧气（管）、流体食物（管）等生命支撑物质输送载荷，实施辅助救援。

废墟缝隙搜救机器人，可适应8cm缝隙，由能单兵携带和操控，具有自动推进功能，推进距离3.5m；采用模块化的探测头技术，可携带微型光学摄像头、力觉传感器、拾音器等传感器和对讲系统4种传感器；可携带辅助救援软管系统，对救援目标提供氧气、饮用水或流质食品（图6–57、图6–58）。

图6–57　废墟表面搜索与辅助救援机器人系统

图6-58 废墟内部搜索与辅助救援机器人系统

7. 煤矿井下搜索机器人

煤矿井下搜索机器人是能够适应井下恶劣环境探测矿难现场情况的机器人系统。研制出履带摆臂式和多节履带式2种类型的井下搜索机器人。履带摆臂式机器人采用全封闭式前后摆臂履带式移动机构，提高了机器人在松软的煤矿井下环境以及非结构环境的适应能力，提高了机器人跨越壕沟、爬越垂直障碍的能力。多节履带式机器人可以进入截面210mm × 200mm的狭窄缝隙，提高了塌方等矿难情况下的机器人通行能力。

两类机器人组成子母机器人系统，以适应井下多样的环境及需求，弥补单个机器人功能不足的缺点，高效完成井下搜救任务。母机器人不携带能源，与控制中心间采用有缆供电和遥控通讯。子机器人自带电池，与母机器人间采用无线和微波通讯，并利用母机器人作为基站，实现与远端控制中心的联系。母机器人利用收放设备，实现子机器人的释放和回收。

针对井下长距离非直视区域的通讯问题，采用有线与多跳通讯网络相结合的技术。母机器人采用有线方式，子机器人通过由多个无线射频（RF）通信节点构成的多跳无线通讯网络与母机器人通讯。同时，通信节点带有冗余通讯模块作为备份，提高了通讯安全性和可靠性。采用负载平衡机理和最小能量原则进行网络的资源规划和节能控制。

针对井下环境的自主定位导航问题，采用了以遥控为主、以局部自主为辅的共享控制。基于多传感器融合，实现对环境的感知，利用模糊控制策略，实现对越障、转弯的模糊控制，达到一定程度的局部自主。

子母型井下搜索机器人系统可携带$CH_4$、CO、温湿度、风量等检测传感器，和摄像机、拾音头、扬声器等电子装备，在事故发生后或检测封闭坑道时，进入井下，实时采样并就位检测、分析有毒有害气体，探测井下温度，并将井下图像及传感器检测到的数据实时传到远端控制中心。该项研究已经建立实用化工程样机，并完成了工程示范验证（图6-59至图6-61）。

图6-59　履带摆臂机器人

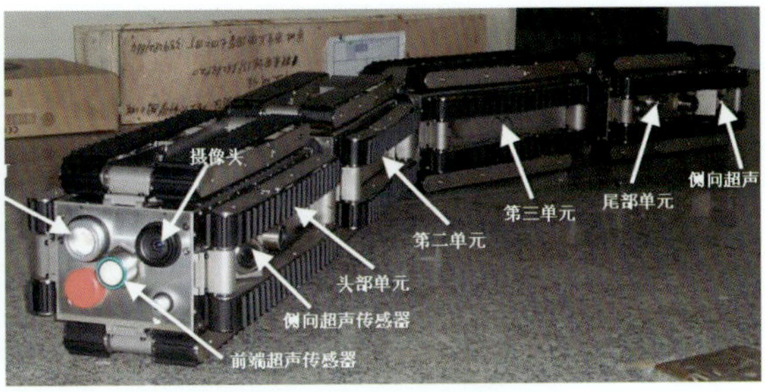


图6-60　多节履带式机器人

图6-61　履带式井下机器人进行生产矿井试验

## 第五节　医疗机器人

### 一、背景与发展历程

医疗机器人涉及医学图像处理、虚拟现实、机械电子、机器视觉、传感器、计算机网络以及临床外科等多个学科，能够从视觉、触觉和听觉上为医生进行手术操作提供便利，扩展医生的操作技能，有效提高外科手术诊断与评估、靶点定位、精密操作和手术训练的质量，缩短患者康复周期。随着20世纪80年代信息技术的迅猛发展，以及微创外科理念的出现，大大促进了图像引导外科手术的应用和推广，机器人技术开始进入外科领域并首先在神经外科获得了临床应用，随后扩展到骨科、颅颌面、腹腔、泌尿、眼科、耳鼻喉、心脏等多种外科领域，为外科手术的诊断治疗和辅助操作提供了一类新型工具。医疗机器人已成为21世纪数字化医疗器械开发的新领域。

自20世纪80年代初期，以各种医学图像为数据源，以计算机技术为媒介，先后出现了多种外科治疗理念和方法，典型的有图像引导手术IGS（Image-guidedsurgery）、微创手术MIS（Minimal invasive surgery）、计算机辅助手术CAS（Computer assisted surgery）等，在手术诊断和辅助治疗方面发挥了重要作用。

20世纪80年代后期，机器人技术开始进入外科领域。当时，机器人与自动化设备已经在工业领域获得了广泛应用，在操作灵活性、稳定性及准确性方面显示出了很大优势。为了解决外科手术中存在的精度不足、切口较大、操作疲劳等问题，人们开始探讨如何在外科手术中引入机器人技术，借助机器人、传感器等新技术的自身优势，为外科医生提供一类新的治疗方法和系统，提高外科手术的操作精度，减缓医生操作疲劳，实现微创手术，以期改善手术效果。医疗机器人作为一类智能化和自动化系统，其研发与应用亦遵循自动化研究的“感知/推理/行动”三原则，即建模、规划和执行三个阶段。建模阶段主要完成图像的采集、处理与特征分析，规划阶段主要是确定手术实施策略，执行阶段是借助手动操作或者机器人辅助来实现手术策略。可以说，医疗机器人整合了智能器械与自动控制技术，能够以成像设备和传感器为工具，直接或者间接地引导操作，实现微创手术。

自1985年报道了第一例医疗机器人至今，医疗机器人技术已经取得了显著发展，从早期的简单定位功能到目前的多功能、远程手术操作，可以说，医疗机器人设备已经形成了自己的发展特色，正在形成一个新型的医疗器械产业。

医疗机器人可分为专用和通用两类。专用医疗机器人是针对一种外科类型开展手术的机器人，比如神经外科、骨科。早期的专用医疗机器人大多采用工业机器人平台，比如世界上第一台医疗机器人采用PUMA560工业机器人来完成脑组织活检中穿刺针的定位。由于工业机器人精度和安全性不高，早期的专用医疗机器人不符合医生的操作要求。随着微创技术要求的提高和机器人技术不断提高，专用医疗机器人出现了小型化、模块化的发展趋势。以色列Mazor公司推出了用于脊柱外科的小型并联机器人

SpineAssist，机器人高度不足70 mm，重量不足200g，可直接安装在骨骼上，大大提高了定位精度和稳定性。法国Praxim-medivision公司也推出了可直接安装在骨骼上的小型机器人Praxiteles，用于全膝置换的骨骼磨削。

通用医疗机器人是可以完成多种外科手术的机器人，比如目前世界上最成功的商业医疗机器人—达芬奇系统可以开展胸腔、腹腔和盆腔等多种手术。通用医疗机器人的发展趋势是：第一，手术者无需站在手术台边，而是坐在远离手术台的机器人控制台上，实现了外科医师们“坐在沙发上开刀的梦想；手术器械不是由手术者直接操作，而是由机器人的机械手臂，按手术者遥控的指令实施切割、分离、止血、结扎、缝合等外科操作动作；第二，通过计算机处理提供给手术者的不再是电视屏幕那样的二维图像，而是清晰明亮放大了20倍的三维空间，手术者感觉好像置身于患者的腹腔，几乎没有视野死角；第三，机器人末端的智能化器械比常规器械运动灵活，可以提供几乎与人手相媲美的手的旋转、弯曲等动作，这在重要脏器和血管、神经的分离和处理时，提供了精确性的保证。

我国医疗机器人的研究应用开始于20世纪90年代，比国外落后10年左右，但是近年来发展速度很快。1997年，北京航空航天大学和解放军海军总医院联合研制了基于Puma262的神经脑外科机器人辅助定位系统，并成功开展了临床应用，填补了我国医疗机器人研究和应用的空白。1998至2007年两家单位继续合作，陆续自主开发了五代“黎元”系列脑外科立体定向手术机器人，提高设备的实用性和自动化程度，成功开展了大量的临床应用。该系统在空间映射、机器人机构、计算机辅助手术规划等方面形成具有自主知识产权的核心技术，符合我国的数字化医疗器械发展要求。随后，北京航空航天大学与北京积水潭医院研制了小型模块化机器人，在创伤骨科进行了多次成功临床应用。该机器人结构紧凑，可术中快速装拆，适合于长骨骨折、股骨颈骨折和骨盆骨折等临床适应证。在此基础上，北京航空航天大学又与多家医院合作进行远程外科手术的探索，2003年利用“黎元”医疗机器人在北京和沈阳之间完成了国内第一例远程遥控操作手术，在视觉标定、ADSL多路视频网络同步传输、基于预测的增强现实等关键技术方面取得了进展。2006年在北京和延安之间成功完成了异地骨折髓内钉内固定遥控操作手术试验。

随着国内医疗机器人的开发应用成功，许多科研单位积极投入到这一新兴数字化医疗设备的研制中。2003年，哈尔滨工业大学研制成功了基于

Motoman工业机器人的正骨手术机器人试验平台。2004年，天津大学研制了基于主从操作的“妙手”机器人系统，实现了显微镜下的手术微操作。上海交通大学与上海第二医科大学合作研制了由5自由度小型串联机器人、7自由度可调式支撑臂和光学定位跟踪器组成的用于关节置换的医疗机器人系统。

国内的产品化方面，许多老牌和新兴医疗器械公司都对这一领域产生了浓厚的兴趣。天津华志公司与北京航空航天大学合作，将脑外科机器人的早期技术转化为无框架脑立体定向仪，已经在国内市场销售20余台。北京天智航公司的骨科手术定位导航系统也正在进行产业化工作。

应该说，医疗机器人的市场前景广阔，产业化也已经初具规模，后期医疗机器人产业化的工作将重点集中在以下几个方面：①优化现有医疗机器人的人机交互性能，使之更符合外科医生操作习惯，提高人机工程学；②开发新型的小型化、模块化系统，降低系统造价和维护成本，加大推广普及力度；③积极培养医疗机器人的管理及销售人才，加大成果转化力度，培育高新技术企业；④建立医疗机器人的产业化标准，加强行业监管，促进医疗机器人产业的良性、稳定发展。



## 二、核心技术突破与典型成果



### 1. 远程脑外科机器人系统

具有完全自主知识产权的“黎元”远程脑外科机器人系统是用于脑神经外科手术，术前进行三维路径规划，术中提供可视化导引和监控，异地远程实现多传感器机器人手术定位，辅助医生高质量完成手术的机器人集成系统。它包括手术规划、手术定位和远程手术系统。手术规划系统重构病灶三维图像，实现术前规划和手术模拟；手术定位系统利用机器人和视觉注册，实现图像空间、机器人手术空间的统一，在定位过程中取消框架，减轻患者痛苦；远程手术系统通过网络和人机交互设备控制机器人实现异地手术。系统将手术辅助规划、导航和远程手术操作平台三者统一。

“黎元”系统在海军总医院和延安大学附属医院、沈阳医学院附属中心医院、解放军313医院进行了126例远程手术临床实验。手术顺利，均一次定位成功，无手术并发症。新一代的“黎元”系统2011年首次在中国“和平方舟”号医院船应用，赴太平洋完成海上急救任务。中央电视台新闻频道、军事频道，国防部网站，新华网，中国广播网中国人民广播电台，搜狐，中国网络电视台，新浪网等网站对其进行了报道。通过远程操作机器人手术，不仅可以充分利用大医院的医疗资源优势，迅速提升地区医院医疗水平，而且使边远地区和特殊环境下的患者得到及时有效的治疗（图6–62、图6–63）。

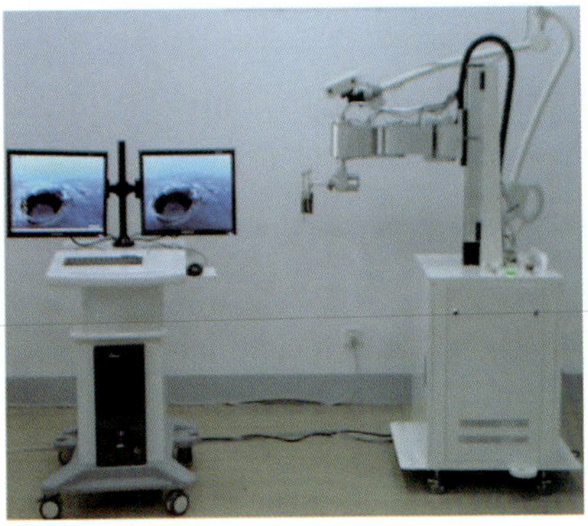

图6–62　远程脑外科机器人系统组成

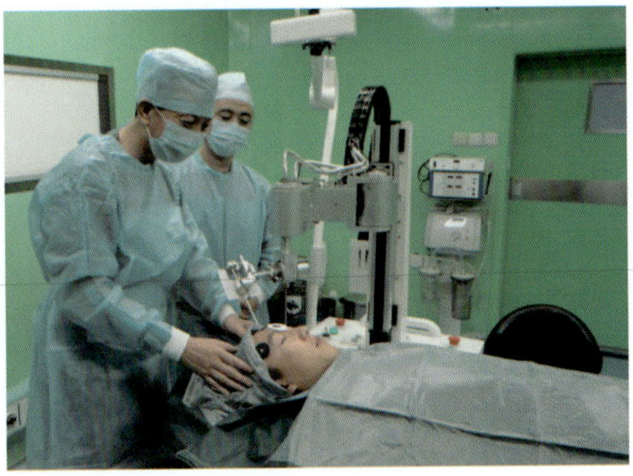

图6–63　远程脑外科机器人临床手术

远程脑外科机器人攻克的关键技术包括：

（1）远程脑外科机器人机构设计与优化

远程脑外科机器人是实现远程手术的重要工具，是远程手术平台完成精确定位操作的执行模块。结合脑神经外科手术环境，研制了具有灵活的运动学特性的外科机器人，表现在避障、从多种姿态完成手术、避免接近奇异位形等方面。攻克了机器人的拓扑结构和构型优化关键简述，以适应手术需要。同时，对机器人的工作空间、刚度和灵活性等性能指标进行优化，以保证机器人满足手术工作空间要求，并提高了机器人的刚度和灵活性。

（2）远程脑外科机器人的远程控制

远程手术操作中的网络通讯时延会影响机器人运动的稳定性和可靠性，进而影响手术的安全。因此，重点研究了视频图像与仿真模型融合方法，将机器人线框模型与患者模型同时叠加在视频图像上，减少了网络时延引起的操作失误，从而提高了医生远程手术操作的实时真实感。

（3）手术导航跟踪和安全监控

在对手术图像采集设备（C型臂、CT机）几何参数标定的基础上，攻克了基于光电信息导航的手术目标（手术对象、手术器械、机器人等）位姿监控与主动追踪、基于电磁导航的器械形变监控与实时校正等核心技术。进而建立了基于多信息融合的自主多层安全监控系统，具备报警、自动故障分析、急停等多种安全保障功能，实现了对不同类型手术操作的导航跟踪和安全监控。

2．创伤骨科机器人系统

创伤骨科机器人系统主要是用于辅助医生进行髓内钉骨折复位手术，利用术中C臂实时X-Ray图像，确定髓内钉远端孔的位置。通过虚拟仿真，使得机器人在术中能不断地调整螺钉的前进方向，让它的方向和螺孔的中心法线方向重合，提高了锁定的精度。

先进制造领域支持课题所研制的创伤骨科机器人成功进行了小腿手术26例临床实验应用，包括闭合胫腓骨骨折23例、开发胫腓骨骨折3例，成功率100%，而且X-Ray暴露时间从5～10min缩短到2min以内，提高了手术质量，减少了X-Ray对医生伤害。

在创伤骨科手术中，长骨骨折占有很大的比例，而目前对长骨骨折进行治疗最常采用的是闭合髓内钉内固定。闭合髓内钉内固定在骨折固定手术中的优点是创口小，固定好，愈合快，但是髓内钉的远端锁定在临床手术中却是一个重大难题。由于髓内钉插入长骨髓腔之后，远端螺孔的位置和方向无法确切获悉，因此，需要有外部锁定装置确定远端锁孔的位置，然而精度不高。另外，在实际临床手术中，为了较准确的确定髓内钉的位置，在锁定过程中还要有多次X线照射来确定其位置，如果一次锁定不成功，还需要重新再来，这很容易造成医生和病人接受大剂量的射线照射，以及多次钻孔给病人带来的极大痛苦和损伤。

创伤骨科机器人系统涉及到图像的采集和处理，病人的固定以及髓内钉的末梢孔的空间定位等关键技术。

系统机械本体分为牵引机构和双平面机器人两部分。牵引机构除了可以实现牵引复位的功能外，也充当了系统的底座，双平面机器人可以固联在牵引机构上，构成一个整体，如图6-64所示。系统在功能上分为图像采集平台、电控牵引模块、双平面导航机器人模块等模块。其中电控牵引模块和双平面机器人模块都可以单独的用于临床手术中，同时也可以将二者组合起来提供更加完善的临床手术辅助功能。而且双平面导航机器人模块也采用了组合式的结构，方便术后的拆卸、消毒，同时也可以根据不同的手术种类进行不同的组合，以适应不同的手术部位对操作空间的不同要求。

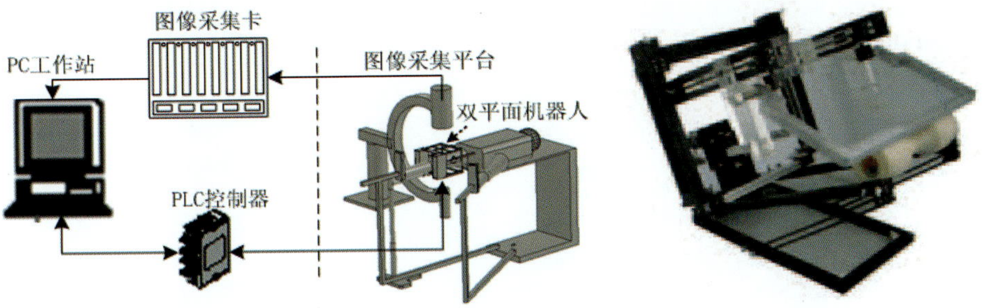


图6-64　双平面创伤骨科机器人系统

在手术开始后，应先进行牵引操作，医生可以通过手动控制盒控制牵引机构的直线运动，实现牵引和复位。当导航软件计算出轨迹后，将数据通过计算机串口送入机器人控制系统，再由控制系统驱动步进电机自动调整前后两平面的坐标。调整完毕，经医生确认无误后继续进行下一步操作。如调整过程中出现意外情况或需要微调位置，可通过手动控制盒上的八个方向键来进行手动控制调节。

3．血管介入手术机器人系统

北京航空航天大学机器人研究所和解放军海军总医院开展了对血管介入手术机器人机构综合与优化、基于DSA图像的三维重建和导航、微型力传感器集成、虚拟力反馈的手术培训等技术难点的研究，研制了稳定可靠、定位准确和引导信息全面的血管介入手术机器人系统。

该血管介入手术机器人系统成功开展了动物（犬）血管造影研究，表明血管接入手术机器人系统是安全和可行的，可实现导管的远程操作，基本上满足血管造影的要求，为进一步开展深入的血管介入手术和临床应用打下坚实基础（图6–65、图6–66）。

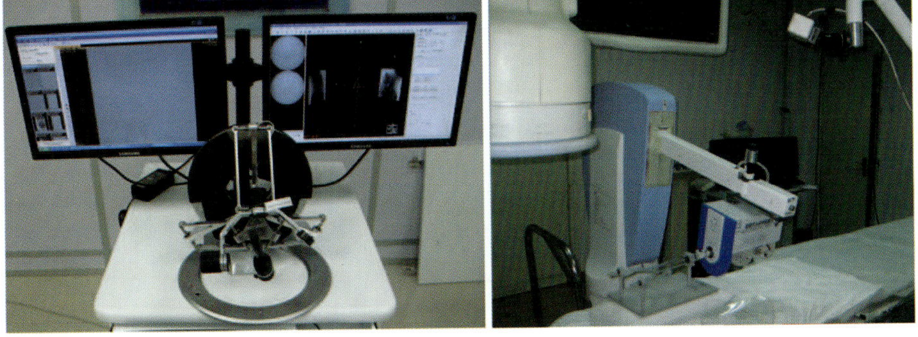

图6-65　主从血管介入手术机器人系统

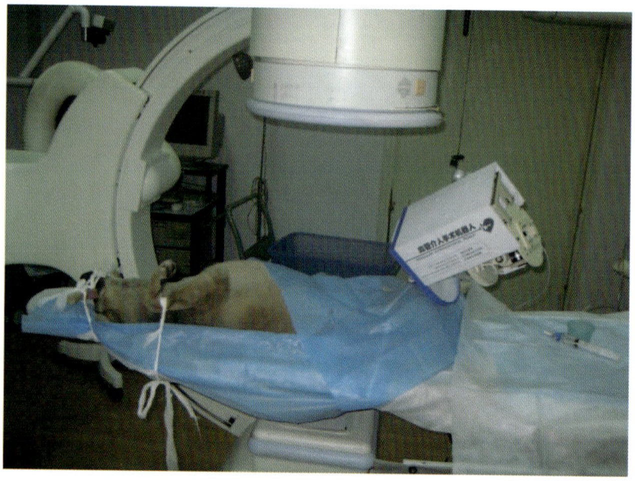

图6-66 血管介入手术机器人系统动物实验

现代外科手术的发展趋势是朝着微创方向发展，介入手术代替了“开放”手术，以微小的创伤实现了治疗。与传统手术相比，介入手术无需开刀，具有出血少、创伤小、并发症少、安全可靠、术后恢复快等优点。目前，血管介入手术也存在迫切需要解决的技术问题：①医生在射线环境下工作，长期操作对身体伤害很大；②现有手术方法技巧性强，风险性高，专科医生手术培训时间长；③由于操作复杂、手术时间长，医生疲劳和人手操作不稳定等因素会直接影响手术质量。这些缺点限制了血管介入手术的广泛应用，机器人技术与血管介入技术有机结合是解决上述问题的重要途径。

针对以上问题，该血管介入机器人系统分为三个模块：机器人机构、图像导航和手术培训。其中机器人机构模块通过优化综合，设计出导管推进机构，实现了导管的轴向、旋转推进，定位误差小于1mm。导管推进机构采用模块化设计，方便拆装和消毒，其结构紧凑，性能稳定，能很好地辅助医生完成血管介入手术。图像导航模块借助传统介入手术中的血管造影图像和实时透视图像，引入基于有限投影的血管三维重建技术获取血管的三维模型，能够为医生提供直观、准确的三维血管形态，并使血管三维参数的定量测量成为可能；通过将术中透视图像配准、映射到术前的三维血管模型中，实时监测治疗导管与血管的位置关系。图像导航系统将提供导航信息辅助医生操作机器人机构实施介入手术。为了尽可能真实地模拟手术环境，让操作者熟悉手术操作流程，按照手术规划在计算机上形象化显示整个手术过程，开发了基于力反馈的手术模拟系统。手术培训模块通过研究碰撞检测及响应、导管的运动算法，医生利用交互设备在计算机中完成介入手术的虚拟操作，逼真的感觉到手术器械与血管之间的接触力变化。手术培训模块为介入医生提供全面、逼真的图像和力觉培训，配合血管介入手术机器人系统的应用和推广。

另外，天津大学、哈尔滨工业大学、重庆金山公司等单位也在医疗机器人方面开展了深入的研究，取得良好的社会和经济效益。

## 第六节　仿人机器人

### 一、背景与发展历程

仿人机器人是指具有两手、两足、头部和躯干等类人的形体和外观，用双足移动及具有其他类人行为和功能的机器人。因此，仿人机器人相对于其他类型的机器人，更适合在人们生活和工作的现实环境中代替人类或与人类协同工作，而不需要专门为其对现有人们生活和工作的环境、人们所用的工具进行大规模改造，把人类从有害、危险的工作环境下解放出来。另一方面，仿人机器人与其他机器人相比，更具亲和力，容易得到人们情感上的认同，更易成为人们工作和生活的好伙伴。

仿人机器人是集机构、驱动、传感等核心部件，以及仿生、感知、交互、智能等前沿技术于一体的综合平台。仿人机器人的研究成果和水平是衡量一个国家高科技实力和发展水平的重要标志。仿人机器人作为机器人领域的高技术前沿，具有潜在的巨大应用前景、良好的社会和经济效益，已成为智能机器人技术研究的制高点和焦点，其研究成果对于机器人技术和产业的发展具有重要的支撑和引领作用。国际上，形成了研究仿人机器人的热潮，日本、美国、韩国等发达国家通过实施仿人机器人国家专项，实现了先进机器人关键技术的突破、核心功能部件的更新换代和产业发展，提升了感知与运动智能技术的整体水平（早期的研究着重于仿人机器人双足行走的实现，目前逐渐深入开展仿人机器人作业、感知和智能化研究）。

“十五”期间，我国仿人机器人研究重点在于仿人机器人集成、双足稳定行走以及复杂动作的实现，并在此基础上开展复杂动作的研究，为后期仿人机器人作业奠定基础。在国家863计划先进制造与自动化领域资助与支持下，国内仿人机器人的研究取得了重大突破，研制出了“汇童”BHR-1、BHR-2仿人机器人，掌握了集机构、控制、传感器、电源于一体的仿人机器人系统集成技术，实现了无外接电缆独立行走，掌握了复杂动作的设计和稳定控制技术，实现了仿人机器人太极拳、刀术等武术复杂动作。

“十一五”期间，我国仿人机器人领域研究重点是在“十五”成果基础上开展仿人机器人拟人化、高端器件部件国产化、快速感知和作业能力的研究，并开始了仿人机器人的实际应用。北京理工大学突破了仿人机器人的稳定控制及可靠性设计技术，使仿人机器人走出实验室，研制的“汇童”BHR-3M仿人机器人应用于国家科技馆、广东科学中心等进行科技展示，向市场化迈出了第一步，打破了日本垄断的局面。研制了具有环境感知和作业功能的“汇童”BHR-4高仿真仿人机器人，突破了仿人机器人的环境识别、手脚协调作业、表情设计与人机交互技术，实现了仿人机器人基于视觉的行走与抓取作业、表情动作以及与人的人性化交互。北京理工大学、浙江大学、国防科技大学、哈尔滨工业大学、中国科学院自动化研究所、南开大学、北京航空航天大学等单位开展了仿人机器人感知与基于感知的快速作业研究，研制了“汇童”BHR-5仿人机器人、Wu & Kong仿人机器人、KDW-6仿人机器人，突破了一体化关节设计、动态平衡控制、高速视觉伺服的快速灵巧作业等核心技术，攻克伺服单元、力觉等微小型高性能单元，实现仿人机器人自主乒乓球竞技等具有高度感知与运动能力的演示验证。

通过这些高新技术的自主创新，保持我国仿人机器人在国际领先行列中的地位，提高了我国在科技平台上的国际影响力，带动了先进机器人的智能技术发展，促进了高性能部件更新换代，推动先进机器人产业的跨越发展，为我国机器人新兴产业提供技术支撑与储备。形成了完备的仿人机器人自主知识产权群，实现了从模仿到具有自主知识产权的跨越，打破国外垄断。

## 二、核心技术突破与典型成果

近十年，国内仿人机器人研究取得重要进展，突破了仿人机器人系统集成、行走规划理论与方法、复杂动作设计、实时动态步态控制理论与方法、拟人化表情实现与人机交互技术、多机器人群体协同、环境感知、基于视觉伺服的快速灵巧作业与动态平衡控制等仿人机器人核心技术，攻克了伺服单元、多维力传感器等核心高性能单元，研制了系列仿人机器人。

1．仿人机器人系统集成

掌握了集机构、控制、传感器、电源于一体的仿人机器人系统集成技术，实现无外接电缆独立行走。突破了仿人机器人的稳定控制及可靠性设计技术，使仿人机器人走出实验室，研制的仿人机器人应用于国家科技馆、广东科学中心等进行科技展示，向市场化迈出了第一步。

2．行走规划理论与方法

提出了不需要预先设定ZMP（零力矩点）轨迹而设定ZMP稳定裕度的动态步态的原理和方法，被同行认为是最有效地解决复杂地面条件的一种行走规划方法。其优点在于：一方面，仅利用两个关键参数就能迭代求解出规划轨迹，有效地减少了运算量；另一方面，提出的无需预先设定ZMP轨迹的方法通过迭代都能求得高稳定、平滑规划轨迹。其主要内容发表在国际著名期刊IEEE Transactions on Robotics and Automation上，该文SCI单篇他引76次，是近10年来该期刊发表的双足步行仿人机器人方面SCI单篇引用次数最多的论文。

3．实时动态步态控制理论与方法

提出了一种动态步态规划加传感反射的行走控制方法。建立了基于力觉、加速度计、陀螺仪等传感器的传感反射控制方法，实现了未知地面高度变化的稳定行走，其主要内容发表在国际著名期刊IEEE Transactions on Robotics上。步行控制由前馈的规划步态和反馈的传感反射构成。动态步态是考虑了机器人全身动力学的有韵律的周期性的运动。传感器反射控制是基于力觉和身体姿态传感信息的快速局部反馈，它无需明确的数学模型。采用该控制方法，使得仿人机器人能自我调整，适应未知地面的稳定行走。

4．复杂动作设计理论与方法

提出了基于人体运动轨迹的仿人机器人复杂动作匹配方法，提出了求解具有高相似性并满足运动学约束条件的机器人运动算法。到目前为止，国内外的动作规划的方法大都采用是首先建立运动解析方程，然后求解运动轨迹以得到仿人机器人各关节轨迹。但是,对于人类的复杂动作，如人类舞蹈和体育运动等，如果仍然采用这种方法,运动方程解析式不仅复杂，建立困难，而且有时难以求解甚至无解。为了解决这个难题，研究了基于人体运动捕获的机器人运动学匹配、运动学和动力学约束及相似性评价，建立了仿人机器人与人体的相似性函数，提出了相应的仿人机器人复杂动作的规划方法，完成了仿人机器人的太极拳、刀术等单脚支撑、手脚协调等高难度武术复杂动作设计及验证，获得著名国际会议 IEEE IROS（智能机器人与系统），获优秀论文奖（图6–67）。

图6–67　仿人机器人太极拳表演

5. 拟人化表情实现与人机交互技术

仿人机器人从外形、举止、表情等方面与人类极为相似，具有良好的亲和力和感染力，更易与人和谐共处。为了使仿人机器人得到更广泛的应用，进入人们的工作、生活，要求仿人机器人具有人类习惯的、自然的表情交互能力。为此开展相关研究，突破了人体表情建模、表情机构设计、人机表情映射、情感决策和表情表达等技术，研制了高仿真仿人机器人，实现了仿人机器人再现人类表情动作、人机表情交互的演示验证（图6–68）。

6. 多机器人群体协同技术

研究多台仿人机器人间协调规划，实现协同工作，并能完成和对手的对抗。突破了多仿人机器人自身定位、视觉、力觉等信息的快速处理、仿人机器人间的信息交换及协调、环境识别与定位、路径规划等多机器人协同技术，实现了多仿人机器人的群体协同武术表演及多机器人足球比赛（图6-69）。

图6-68　高仿真仿人机器人

图6-69　多仿人机器人系统表演

7. 基于视觉伺服的快速灵巧作业规划与实时动态平衡控制技术

针对仿人机器人自主灵巧作业需求，突破了单目/双目视觉快速精确自定位算法、快速运动物体高速识别算法、多目视觉下运动物体精确定位算法、乒乓球反弹与飞行建模和轨迹预测方法、实时在线击球规划算法、冗余自由度手臂运动优化方法，有效提高了快速运动物体识别速度、视觉自定位精度和轨迹预测精度，平均识别时间0.2ms，自定位误差小于7.5mm，轨迹预测位置误差小于10mm，时间误差小于4ms。

针对仿人机器人乒乓球竞技过程中，作业手臂对机器人本体的较大反作用力问题，提出了实时反射式调整机器人下肢和腰部关节，补偿和卸放快速作业中的手臂对本体的反作用力，实现仿人机器人快速灵巧作业中的动态平衡与稳定。

以仿人机器人自主打乒乓球竞技为例，实现了基于视觉伺服的快速灵巧作业等具有高度感知与运动能力的演示验证，促进高性能部件更新换代，带动先进机器人智能技术发展，为我国机器人新兴产业提供技术支撑与储备，保持我国仿人机器人在国际领先行列中的地位。研制的“汇童”BHR-5仿人机器人全身30个自由度，身高1.62m，体重65kg，最快行走速度达到2km/h。目前，北京理工大学和浙江大学研制的仿人机器人连续对打最高可达110回合，机器人与人对打最高可达140回合。这些成果可广泛应用于工业、服务、公共安全等领域的各类机器人系统中，能有效提高机器人的智能化，促进机器人的发展与应用（图6-70、图6-71）。

图6-70 “汇童”BHR-5仿人机器人对打乒乓球

图6-71 仿人机器人Wu & Kong对打乒乓球

8. 高性能伺服系统与单元

针对仿人机器人灵活运动需求，浙江大学研制了一种基于EPA的机器人驱动控制总线技术，有效减小了多电机分布式并行控制模式下的控制周期，提高了机器人的响应速度，30个电机分布式并行控制周期可为1ms。北京航空航天大学开发了基于双核CPU的机器人实时Linux操作系统，实时任务和非实时任务独自运行在各自的CPU核上，任务间通过共享内存通信。

结合仿生学原理开展了欠驱动控制方法研究，突破原有的规划加跟踪的思想，采用时不变规划思想结合基于事件的状态控制策略，以姿态传感信息为主的仿人欠驱动运动控制方法，国防科大研发了KDW-6仿人机器人，完成三层分布式控制系统设计实现确定环境中多种动作与步行方式的实验演示。

中科院合肥智能所研制了体积小、重量轻的六维力/力矩传感器（图6-72），性能指标达到国际同类产品的指标水平。北京华凯汇公司研制了分布式高功率密度关节伺服控制器（图6-73），其性能处于国际先进水平，已形成产品，替代了国外进口。北京理工大学研制的仿人机器人的虚拟仿真系统，已成功应用于机器人的理论研究和产品开发化中，缩短了研发周期、减少了开发过程中的损害风险和开发成本。

图6-72　六维力/力矩感知单元

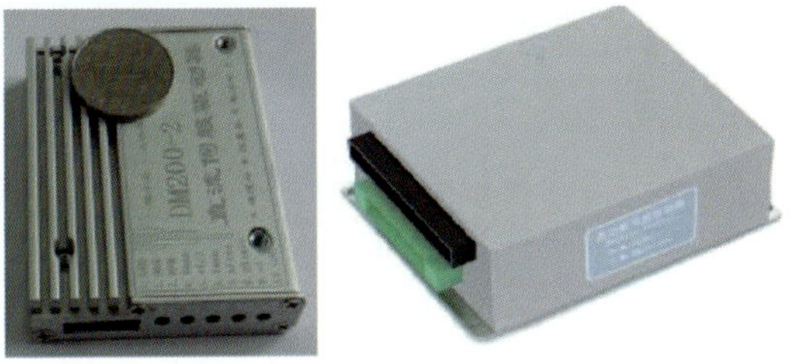
图6-73　高功率密度关节伺服控制器

## 第七节　助老助残机器人

### 一、背景与发展历程

服务机器人不仅是一个战略性、前瞻性的前沿高技术，而且将成为国家之间高技术激烈竞争的战略性新兴产业，是未来先进制造业与现代服务业的重要组成部分，也是世界高科技产业发展的一次重大机遇，特别是在未来家庭生活支持、助老助残、教育娱乐等方面具有十分广阔市场前景。

“服务机器人”重点项目极大地提升了我国服务机器人的目标识别、双臂协调、人机交互、定位和导航等核心关键技术的研发水平，申请了服务机器人发明专利总计30余项。研制开发出具有自主知识产权的世界上首台中餐烹饪机器人和世界上首台中医按摩机器人，其中中餐烹饪机器人“爱可”入选2010年上海世博会，以“未来机器人厨房”的形式在上海企业联合馆展出，一直被各方关注，目前正在进行产业化市场推广；中医按摩机器人已形成了面向老年腰腿疼痛等慢性疾病的产品标准，现已完成200例的示范应用，按摩效果均达到显效。除此之外还开发了床椅一体化机器人、智能轮椅、多功能护理床、肢体康复机器人、陪护机器人、多功能助行机器人、上下楼梯助行系统等一系列服务机器人样机，部分样机技术达到国际先进水平，部分样机实现了产业化。

服务机器人示范应用方面，在北京四季青敬老院和上海第一社会福利院构建助老/助残（康复）机器人两个综合演示平台，集中演示助老/助残服务机器人高技术成果和产品，形成未来老年和残疾人生活的新模式和新概念，引导助老/助残机器人产品的发展，取得了很好的社会展示效果。

在世界范围内，服务机器人市场需求正在快速增长，其产业刚刚初露端倪。推进服务机器人发展的产业化战略，对于培育服务机器人战略性新兴产业，充分利用我国未来先进制造技术优势，把握世界未来产业结构调整与竞争机遇，促进中国未来经济的新增长点等具有重要意义。

## 二、核心技术突破与典型成果

1．烹饪机器人

中国烹饪历史悠久，烹饪方式多种多样。由于烹饪工艺操作技术的传承和提高，长期以来依靠师傅的传授和徒工的领悟，中国烹饪的很大部分还停留在手工的、个体的、小生产者的状态。现代科学技术在烹饪领域的欠缺，限制了烹饪技术的继承和发展。为了满足中式烹饪工业化的需求，从而减少人们的日常劳动力负担，烹饪机器人的研制已经刻不容缓。

烹饪机器人“爱可”（AIC-AI Cooking robot），是深圳繁兴科技公司与上海交大、扬州大学等共同研发，历时4年于2006年3月研制成功并亮相，且具有完全自主知识产权。AIC是现代机械电子工程学科和中国烹饪学科第一次交叉融合，是全世界首台实现中国菜肴自动烹饪的机器人。由此，复杂而微妙的中国菜肴烹饪有望实现标准化和自动化。

自动烹饪机器人能实现中餐烹饪所需的功能要求，能较好实现烹饪过程的自动化，机器人可按照西式的烤、炸、煮、蒸，中餐的炒、爆、煸、烧、熘等技法，进行操作。目前测试菜肴已经涵盖8大菜系的400多道菜，对中餐菜肴的烹饪具有良好适应能力。

自动烹饪机器人加工出的菜肴口味和普通厨师一样，且工艺稳定性十分高，能加工的菜肴的种类理论上没有限制。根据各种测试和展示的效果显示，烹饪机器人烹饪出来的菜肴较受普通大众的欢迎。

图形化的操作界面及触摸式操作，使用者操作简单，普通人只需要简单的学习即可掌握本机器人的操作和使用，界面和ATM机类似。

控制机构模块化保证设备工作的稳定性，控制算法的冗余也使机器人性能稳定，并具有一定纠错能力，实践证明机器能较长时间可靠运行，并具有一定的自动错误诊断和修复功能。

自动烹饪机器人具有一定的学习功能，能较好复现厨师手动的操作，现在已经能够简单复现厨师操纵控制盒的动作（图6–74）。

图6–74　深圳繁兴公司的烹饪机器人

目前已在深圳市南山区政府大楼、深圳南山区某幼儿园等地完成试用等测试活动。作为餐饮行业最前沿的烹饪科技力量，自动烹饪机器人已受到社会各界的强烈关注，并顺利通过了深圳高新技术展览会、上海世博会等重大活动的洗礼。该机器人已经落户京城的中式快餐连锁——“嘉和一品”亚运村店。

图6–75展示的为在菜肴实验中实践和开发的菜肴的部分图片。

AIC烹饪机器人市场划分为两个走向，一是商用AIC，主要是针对酒店、快餐行业所设计的一种可用于连续生产的专业烹饪机器人；一是家用AIC，主要面向城市家庭。AIC将以配菜标准化、工艺自动化为依托，在大幅解放生产力的同时，还可大幅提升菜肴生产效率和出品质量，从而催生出两个新的产业：以工业化、智能化为依托的中国菜肴机器人制造业和以工业化、标准化配菜为依托的净菜加工产业，形成一种以轻松、健康、美味、丰富为特征的新饮食文化。

图6-75 部分机器人烹饪的菜肴

2. 中医按摩机器人

我国已进入老龄化社会，且正处于快速老龄化的阶段。不断增加的老年人口对医疗和保健有着巨大的需求，成为我国面对的重大社会服务问题。目前，老年退行性疾病和慢性疾病带来的各种疼痛已成为困扰老年人的主要病痛之一，其中又以老年腰腿疼痛最为普遍和严重。

中医按摩在漫长的按摩实践中，总结了人体特定部位和防病治病的关系，即中医穴位、经络理论。通过对穴位的手法和力量变化的刺激，激发经络系统功能，调畅气血，通过“神经-内分泌”网络的调节作用，促进血液循环，缓解疼痛，解除疲劳，达到防病治病的目的。但是，在按摩手法的推广过程中，由于无法用语言来准确、定量地描述那些影响按摩效果的关键因素：按摩的位置、力量及其变化、手法运用、患者心理调节等，从而影响了按摩手法的推广。

中医按摩机器人从中医按摩理论及实践出发，解决了影响按摩效果的制约因素。采用传感器技术和中医按摩理论，研究疼痛阈值与按摩力量的关系，建立个性化的按摩力基准，并在此基础上采集专家按摩数据，建立专家数据库系统。使用先进的传感器技术，研究人性化的按摩数据测量装置，在线测量专家的手法数据，在此基础上，构建专家按摩数据库，采用双目视觉定位技术，实现按摩位置自动识别；采用混联机器人构型和仿生技术，实现按、揉、振、滚、捏等基本手法；通过力位混合控制的方法，达到按摩力量和位置的调节和控制；通过三指按摩灵巧手来模拟专家手法、实现了高效按摩操作；采用计算机仿真技术和音乐心理学，研究心理放松与音乐节拍的关系，搭建使老年人心理放松的虚拟按摩环境，使按摩在一个相对放松的环境下达到更好的按摩效果。

中医按摩机器人突破了中医按摩机器人体系结构、中医按摩手法建模、中医按摩机器人构型设计、基于多模信息的按摩机器人控制、基于虚拟场景的按摩环境等多项关键技术，搭建了拥有自主知识产权的集机器人技术、虚拟现实技术、先进传感器技术、中医理论、音乐心理学理论等为一体的老年腰腿疼痛康复保健平台，辅助按摩医师采集患者疼痛阈值，制定科学合理的按摩方案，调节老年患者的心理，缓解腰腿疼痛。

中医按摩机器人为按摩手法教学提供数字化的教学方法，有利于我国中医按摩技术的发展和按摩机器人的应用推广。同时，有效地缓解老年人的腰腿疼痛困扰，改善其生活质量，减轻经济负担，有利于我国构建和谐社会的目标。中医按摩机器人还有着显著的经济效益，具有巨大的市场潜力和广阔的发展前景（图6–76）。

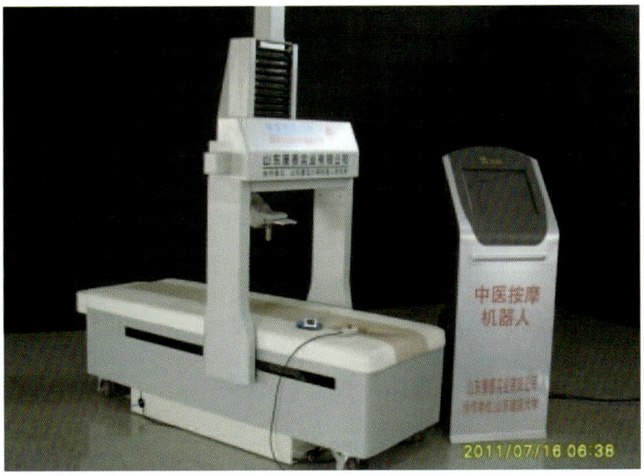


图6–76　中医按摩机器人

3. 智能轮椅

智能轮椅是面向助老/助残需要的一种典型服务机器人，“十一五”期间，上海交通大学牵头承担了国家863计划重点项目课题“助老/助残机器人概念样机研究与开发”，“交龙”智能轮椅作为该项目的标志性成果，在技术创新和社会效益上取得了重要进展。

独立移动能力是人类自立与自尊的重要方面，在独立生活能力方面起到关键作用。轮椅是当前首要的移动辅助设备。但常见的感官损伤、运动功能障碍和认知障碍，严重影响了轮椅的使用效用和安全性。

针对上述问题，自2005年以来，将移动机器人技术与传统的轮椅技术相结合，研制具有更高自主性和安全性的智能轮椅。7年来持续改进完善，先后研制了多代“交龙”智能轮椅样机。

2006年，开发了面向助老助残应用的第一代智能轮椅概念样机，具有自主避障、避碰、防跌等功能。2007年，针对上肢残疾等操作能力受限的残疾人，研制一种具有轻型化和高安全性特点的操作臂系统，并与第一代智能轮椅进行系统集成，集移动辅助和操作辅助于一体，可完成包括辅助吃饭、辅助饮水、取物、开/关门、倒水等多项辅助功能，显著提高了重度残疾患者的独立生活能力。

在前几代样机基础上，研制成功了新一代“交龙”智能轮椅。提出并实现了基于混合地图的大规模环境地图创建、基于拥挤度的改进粒子滤波自定位、多目标优化的自适应共享控制等新方法，提升了智能轮椅的自主性、安全性和实用性。其配备有激光雷达和视觉等多种传感器，具有地图创建、自定位、导航、避障、防跌等智能感知与控制功能。人机交互接口更丰富，配置操纵杆、语音、手势和脑电信号多种人机接口模块，可以运行在全自动、半自动或手操模式，适用于多种类型的残疾用户。

2010年，“交龙”智能轮椅全程参展上海世博会城市生命阳光馆（残疾人主题馆）（图6–77），接待了200多万名参观游客，进行了6个月的现场示范演示和观众试用，经受了大人流、高度动态、拥挤狭窄等复杂环境条件的检验，表明了其技术性能的先进性。

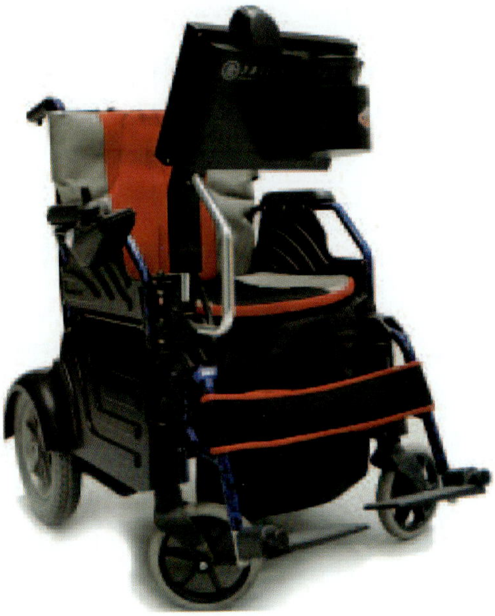

图6-77　智能轮椅

4．床椅一体化机器人

当前，我国正处在经济结构和社会结构重大变革时期，人口快速老龄化伴随现代化而来，面向卧床老年人和残障人的自理生活需求，开发研制了模块化可变形的多功能床椅一体化系统，该系统既可自动从护理床变形为轮椅，又可从轮椅反向变换回护理床。该系统可大大减轻护理人员的负担，同时还扩大了被护理者的活动范围和独立生活能力。我国行动不便人群基数大，潜在市场很大。

自2009年10月开始进行"e-Bed"系列床椅一体化服务机器人相关调研和原理样机的设计工作以来，截至目前共已研发出三代具有完全自主知识产权的床椅一体化服务机器人系统样机，并已经在北京市海淀区四季青镇敬老院进行应用示范，取得了良好的效果。

（1）在充分调研分析国内外现有护理床和电动轮椅设计方案的基础上，并结合老年人的实际需求和中国家庭及养老院的室内布局特点，提出床面坐姿侧向分离的床椅一体化构型，兼顾了轮椅的灵活性和床的舒适性，有效地辅助长期卧床人士移动出行。

（2）采用基于结构力学/动力学的床椅一体化系统技术样机机械结构

设计方法，依据同时使稳定性、机动性和可控性最大化的原则，根据动作优化方案，采用适当的运动合成，设计各模块的合理布局和驱动机构，建立三维模型，通过三维模型仿真分析各个机构的工作空间，优化机构参数，是床椅一体化机器人在最小的体积下实现了丰富的设计功能。

（3）突破机器人自主导航与交会技术，实现了床椅的自动分离和对接技术，综合了护理床和电动轮椅各自的特点和优势，并提供了简单易用的一键操作控制方式。

（4）具有适合老年人需求的外观设计和人机界面设计，实现了语音控制，触摸屏控制等多种简单友好的操控方式，并实现了自主导航和壁障等智能化功能，并具备一定的容错能力，自动错误诊断和修复功能。

（5）与智能空间相结合，使用者能否通过多功能护理床的操作界面方便的操作房间内的相关设备，并能实现网络远程通讯和监控等功能。

目前，床椅一体化服务机器人已经在北京市海淀区四季青镇敬老院完成试用等测试活动，并已接受北京晚报，英国卫报等多家国内外媒体的采访报道，受到社会各界的强烈关注（图6–78）。

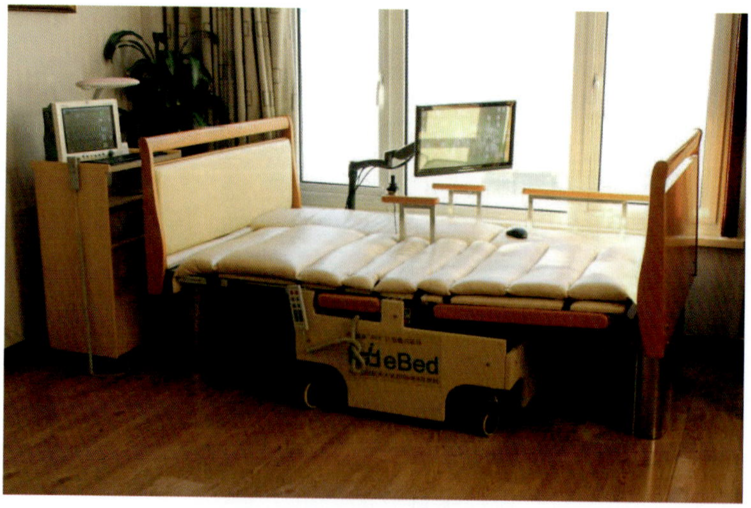


图6–78　床椅一体化机器人

## 第八节　经验与启示

在前沿技术发展方面，智能机器人技术是多学科交叉最复杂、最具挑战性的技术领域之一，根据国外技术发展规律与国内工业基础和应用现状，一方面从国家经济与安全战略需求的角度，需要加大工程化产品与应用示范研发；另一方面从工业应用环境与工艺需求出发，大力发展机器人集成应用，与此同时应该注重核心部件攻关与成套应用示范；另外，瞄准世界前沿发展趋势，研发高端科技集成平台，注重未来战略性新兴产业的培育，抢占世界科技的制高点。

在技术研发体制创新方面，围绕智能机器人产业化的发展，应该进一步突出企业投入为主体，产学研联合为技术支撑，积极探索商务模式的创新、市场融资、保险支持等发展。

在单位组织实施方面，国家注重把研究任务落实到确有优势的单位和团队，集中优势力量组织研究队伍，特别是领军带头人，形成若干具有特色的技术平台和研发基地。

在项目管理方面，落实责任，引入竞争，滚动支持。采取定期、不定期、集中和现场检查等多种方式加强课题的过程管理，及时发现和纠正问题。任务分工和过程管理引入竞争机制，采取前期支持与滚动支持结合的管理方式，实行优胜劣汰、动态管理的研究队伍，保证项目如期高质量完成。

# 大事记

**2002年** 科技部正式批准在先进制造技术领域设立“7000米载人潜水器”重大专项。

**2003年6月** 秦山核电公司与和利时公司签订《秦山核电公司电站计算机系统更新项目合同》。2005年6月，计算机系统改造项目验收。验收文件载明：电站计算机系统投运两个月来，运定、系统功能正常，性能满足合同要求。

**2003年12月** 向IEC/SC65C正式提交了中国的EPA标准提案。

**2003年** 863计划先进制造技术领域办公室与中国大洋协会正式签订合同，全面启动了“7000米载人潜水器”重大专项的研发工作。

我国第一例创伤骨科机器人在临床成功应用和第一次远程异地脑外科机器人在临床成功应用。

**2004年10月** 863计划支持的国产首台直径6.34m土压平衡盾构下线，随后于2008年相继研发出直径6.4m复合式盾构和直径11.22m泥水平衡盾构。标志着国产化盾构步入产业快速发展期。

**2004年** 大亚湾KIT/KPS系统改造项目终于启动了。2008年12月完成KIT/KPS 项目2号机的改造。2009年8月，受国家能源局委托，中国机械工业联合会重大办在深圳召开了大亚湾核电站1号、2号机组KIT/KPS系统技术鉴定会，项目通过技术鉴定。

MEMS重大专项支持的重庆金山科技公司研制的我国第一个智能胶囊通获产品注册证书和生产许可证。

**2005年3月** EPA通过了国际电工委员会IEC/SC65C的投票，被发布为IEC/PAS 62409标准化文件。

**2005年4月** EPA被正式采纳列入实时以太网应用行规国际标准IEC 61784-2和现场总线国际标准IEC 61158，开始了EPA国际标准的正式程序。

**2005年8月** 863计划支持的第三代8英寸100nm高密度等离子刻蚀机正式交付中芯国际试用，实现了在主流集成电路生产线上第一次出现“中国制造”的集成电路装备，填补了国内在IC装备空白。

**2006年6月** 由科技部、国家发展改革委、商务部、信产部等十五个部委共同编制的《中国无线射频（RFID）技术政策白皮书》在北京正式发布。

**2006年10月** 科技部发布先进制造技术领域“十一五”863计划重大项目“射频识别（RFID）技术与应用”2006年度课题申请指南，该项目为先进制造领域“十一五”期间唯一启动的重大项目。

国家射频识别产业化（上海）基地在上海张江正式揭牌。

国家射频识别产业化（上海）基地承办了由科技部等十四个部委和上海市人民政府共同主办的首届“中国射频识别（RFID）技术国际研讨会”。以后每年举办一届。

**2006年12月** MEMS重大专项“人体腔道诊疗微系统”课题选入中央电视台“创新中国”栏目，现场表演了研发的智能胶囊。

**2007年3月** “大型石化装置分布式控制系统国产化应用攻关”项目成果成功中标武汉石化分公司500万t/年炼油项目，产品进军中石化第一个项目。

**2007年11月** 国电大连庄河电厂600MW超临界机组国产自动化控制系统投产暨1000MW超超临界机组国产自动化控制系统项目合作协议签字仪式。

极地机器人—冰雪面移动机器人、低空飞行机器人在中国第24次南极考察期间获得应用，完成相关试验研究。2009年11月至2010年2月，极地机器人再次参加中国第26次南极科考队，在南极“进步一站”完成了低空飞行机器人系统的实地试验，开展了大范围的海冰观测，完成了雪龙船破冰航线航线侦查；2012年极地科考机器人再次极地试验为Amery冰架科考工程奠定基础。

2007年12月，EPA通过IEC/SC65C的投票，正式成为现场总线国际标准IEC 61158/TYPE14和实时以太网国际标准IEC 61784-2/CPF14。

**2008年8月** WIA工作组正式向IEC/SC65C提交了中国的WIA—PA标准提案。

**2008年10月** WIA通过了国际电工委员会IEC/SC65C的投票，被发布为IEC/PAS 62601标准化文件。

**2008年** 以IC制造装备，LED制造装备，IT制造装备，平板电视制造装备和RFID制造装备为核心的“极大规模集成电路制造装备与成套工艺专项”通过了专家论证，被列为国家重大科技专项。

“蛟龙号”7000米载人潜水器在863计划先进制造技术领域的支持下，完成了本体研制，完成了水面支持系统研制和试验母船改造，完成了潜航员的选拔和培训，并转交863计划海洋技术领域继续开展海上试验工作。

“远程无框架脑外科机器人系统”获得2008年度国家科技进步二等奖。

第一次车底检查机器人在北京奥运会成功应用，反恐防爆机器人奥运会期间批量装备北京特警部队，为奥运保驾护航；反恐防爆机器人已批量装备公安、武警部队，并出口10余台套；2010年，危险品操作机器人获2010年国家科技进步二等奖。

“汇童”BHR-3M仿人机器人应用于国家科技馆、广东科学中心等进行科技展示，向市场化迈出了第一步，打破了日本垄断的局面。

863计划支持的“超临界600MW火电机组成套设备研制与工程应用”研究成果在我国三大动力15家制造企业应用，达到国际领先水平，获国家科技进步一等奖。

国家科技之城863计划支持的“150MN自由锻造水压机”成功用于我国核电大型构件的锻造，取得重大社会和经济效益，获得国家科技进步一等奖。

863计划支持的“重大工程结构的健康监测集成系统与应用”成果用于奥运“水立方”和“鸟巢”的结构安全健康实时监测，首次在大跨度空间结构上大规模采用新型光纤光栅应变及温度传感器在线监测，获国家科技进步二等奖。

863计划支持的“沿海重大混凝土桥梁耐久性试验方法与寿命评估技术”成果成功用于杭州湾跨海大桥等多座重大桥梁工程的耐久试验和安全评估，获得国家科技进步二等奖。

**2009年3月** 首届“两岸三地RFID技术与应用交流会”在深圳召开。

**2009年4月** “大型石化装置分布式控制系统国产化应用攻关”项目成果研制成功并顺利通过中石化组织的专家鉴定。

**2009年11月** 红沿河核电站数字化仪控系统首批设备顺利出厂，是向实现核电数字化仪控系统自主化、国产化目标迈出的关键一步。

《中国射频识别（RFID）技术发展与应用报告》蓝皮书在上海张江发布。

**2009年** 沈阳新松机器人自动化股份有限公司首次发行股票并在创业板上市，工业机器人实现了跨越式发展。

微纳制造技术专题支持的西安天隆科技有限公司研制的PCR仪在我国预防控制甲型H1N1流感病毒中发挥重要作用。

作为“十五”期间国家科技支撑计划中“数控关键技术与装备产业化支撑技术及应用”等项目的延伸，“高档数控机床与重大基础制造装备”国家重大科技专项正式启动。

863计划支持的国内第一条具有国际先进水平的高性能RFID电子标签封装生产线通过验收。国家IC重大专项启动，首批58个项目覆盖了IC制造的前后道流程，体现了我国全面掌握IC制造装备领域的决心和力度。

**2010年10月** EPA功能安全通信技术EPASafety被发布为IEC 61784-3-14，EPA高可靠性技术DRP（分布式冗余协议）被发布为IEC 62439-6，EPA本质安全设计与线缆安装被发布为IEC 61784-5-14。

**2010年** 863计划支持的“混凝土泵车远程监控及维护应用系统研制”，“三一重工工程机械技术创新平台建设”引领了我国工程机械制造服务业发展，成果获中国专利金奖和国家科技进步二等奖。

国家能源局批准国电智深公司自主研发的国内首套1000MW超超临界机组DCS的依托工程谏壁电厂项目为国家新技术示范项目。

**2011年1月** 国家射频识别（RFID）系统工程技术研究中心批复建设，依托单位南京三宝科技集团有限公司。

**2011年3月** 奇瑞装备公司自主完成的S11侧围焊装线是我国具有自主知识产权的机器人自动化焊接线，可实现S11车型左右侧围的生产，该生产线已经投入使用；上海沃迪自动化开发的应用于化工、食品、饮料、医药、建材、自动化立体仓库等自动化包装物流生产线，机器人取得CE认证，产品远销欧洲及北美等发达国家；广州数控形成了年产8万台伺服电机能力，其工业机器人专用伺服电机和驱动装置也进入小批量试制阶段。

**2011年5月** 国内首个采用自主产权DCS的国电谏壁发电厂1000MW超超临界机组顺利通过168小时试运，正式投入商业运行。

**2011年7月** WIA—PA经国家标准化管理委员会批准发布为国家推荐性标准GB/T 26790.1—2011。

**2011年8月** “蛟龙号”载人潜水器完成5000m级海底探测作业。

**2011年10月** WIA-PA的FDIS以100%的得票率通过IEC/SC65C的投票，正式成为工业无线国际标准IEC 62601:2011。

**2011年** 国电智深公司签订国电汉川电厂2×1000MW超超临界机组DCS供货合同，自主产权百万千瓦超超临界机组控制系统进入批量推广阶段。

863计划支持的“大型石化装置系统长周期运行风险的控制与评估关键技术及工程应用”技术成果用于千万吨炼油、百万吨乙烯、液化天然气集输等10种重大装备设计制造与安全维护，获国家科技进步二等奖。

863计划支持的“航空发动机复杂曲面零部件精密电解加工”解决了新一代战机发动机整体涡轮盘等关键部件制造技术难题，获得国家技术发明二等奖。

床椅一体化服务机器人在北京市海淀区四季青镇敬老院完成试用等测试活动，并已接受《北京晚报》、英国《卫报》等多家国内外媒体的采访报道，受到社会各界的强烈关注。

自动烹饪机器人在深圳高新技术展览会、上海世博会等重大活动进行展览，受到社会各界的强烈关注，该机器人已经落户北京“嘉和一品”亚运村店。

**2012年初** EPA本质安全设计与线缆安装被发布为IEC 61784-5-14还被德国标准化委员会DKE采用为德文的德国标准。

863计划微纳制造技术主题支持的6个项目获国家科技进步/技术发明二等奖。